高等専修学校における適応と進路

後期中等教育のセーフティネット

伊藤秀樹

東信堂

はじめに

　高等専修学校という学校種の名称を耳にしたことがあるだろうか。
　高等専修学校は、いわゆる「高専」(高等専門学校) ではない。後期中等教育段階（つまり高校段階）の専修学校であり、中学校卒業者の0.8％ほどの進学先となっている、小規模な学校種である。生徒たちは各々の学校で、「工業」「商業」「医療」「衛生」「教育・社会福祉」「商業実務」「服飾・家政」「文化・教養」に関する専門的な技能を学ぶことができる。
　しかし、高等専修学校に在籍する生徒たちは、必ずしも「専門的な技能の習得」という点に惹かれて入学したわけではない。学業不振・不登校・高校中退などの背景をもち、全日制高校への進学・編転入が難しかったために、高等専修学校を入学先として選ぶことになった生徒も多い。高等専修学校は、そうした彼ら／彼女らを受け止め、「高卒扱いの学歴」「学力」「専門的な技能」「学校生活で得られる経験」を提供し、就職先や大学・短大・専門学校といった次の進路へと送り出してきた。同様の生徒たちを受け入れている一部の全日制高校や、定時制高校・通信制高校・サポート校などとともに、高等専修学校は、「後期中等教育のセーフティネット」の役割を担ってきたといえる。
　高等専修学校の中では、日々さまざまなトラブルが起こる。生徒間のいざこざが起こったり、無断欠席する生徒がいたり、急に学校からいなくなる生徒がいたり、逸脱行動があったり……。学校外での生徒のトラブルも多い。そうした生徒たちと根気強く関わり続けることで、彼ら／彼女らを中退させずに、卒業まで導く教師たちがいる。お互いが抱える心の「痛み」に配慮しながら、日々の学校生活を支え合う仲間たちがいる。そうした学校生活の中

で、将来のことについて何も考えていなかった生徒たちが、将来の目標を徐々に見つけていく……。本書では、高等専修学校であるY校（仮名）を事例に、社会的自立に向けて困難に見舞われるリスクが高い生徒たちが、さまざまな形で支えられながら学校適応や進路形成を成し遂げていくその道のりを描き出していく。

2016年5月に出された教育再生実行会議の第九次提言では、「多様な個性が生かされる教育の実現」がテーマとして取り上げられている。そこでは、「発達障害など障害のある子供たちへの教育」「不登校等の子供たちへの教育」「学力差に応じたきめ細かい教育」といった論点が具体的に示されている。しかし、これらの提言だけでは、実際に上記のような特徴をもった生徒たちにどのように教育実践を行っていくべきかについて、具体的な像を思い浮かべることは難しいかもしれない。そうした中で、本書で描かれるY校の教育実践は、上記の特徴をもつような生徒たちをY校と同様に受け入れてきた定時制高校や通信制高校、サポート校、さらには一部の全日制高校などにおいても、教育実践の中での大きなヒントになるのではないだろうか。

ただし、Y校の教育実践も、すべてが順風満帆なわけではない。卒業後すぐに仕事や学校を辞めざるをえなくなる卒業生も少なからずいる。そのため教師たちは、生徒の社会的自立を支えようとする教育実践の中で、さまざまなジレンマに直面することになる。Y校の卒業生や教師たちが直面する苦悩は、個々の学校による努力だけでは乗り越えがたいものである。では、後期中等教育のセーフティネットを経由して社会へと出ていく生徒たちのために、どのような施策が必要とされるのだろうか。

本書では、Y校の事例研究を軸として、後期中等教育のセーフティネットを通した社会的自立の可能性と限界について検討していく。なお本書は、筆者の博士論文がもととなっているために、研究者以外の方には読みづらい部分も多いかもしれない。もし研究上の背景には興味がないが、Y校の教育実践を知りたいという方には、第4章から読み進めていただければありがたい。

研究者だけでなく、学校の先生方や政策立案者の方々、その他こうしたテーマに関心のある方々にもそれぞれの観点から読んでいただき、さまざま

な気づきや日々の実践へとつながるような本になることを、心から願っている。

  2016年10月30日

伊藤　秀樹

高等専修学校における適応と進路 —— 後期中等教育のセーフティネット

目　次

はじめに ……………………………………………………………… i

第1章　後期中等教育のセーフティネットへの着目 …………… 3
1　問題設定 ……………………………………………………… 3
2　先行研究の検討 ……………………………………………… 12
3　方法と事例 …………………………………………………… 37
4　本書の構成 …………………………………………………… 42

第2章　後期中等教育のセーフティネットの多様性 …………… 47
1　問題設定とデータの概要 …………………………………… 47
2　全日制高校以外の後期中等教育機関 ……………………… 49
3　学校種間・学校種内の共通点と相違点 …………………… 58
4　中退率と進路未決定率 ……………………………………… 61
5　まとめと考察 ………………………………………………… 66

第3章　入学機会の不平等 —— 「不登校トラック」化の意図せざる帰結 …… 71
1　問題設定 ……………………………………………………… 71
2　分析の視点：隠れた選抜基準 ……………………………… 73
3　対象と方法 …………………………………………………… 75
4　選抜基準としての学業達成 ………………………………… 77
5　高等専修学校における3つの隠れた選抜基準 …………… 79
6　都立定時制高校・通信制高校と3つの隠れた選抜基準 … 85
7　まとめと考察 ………………………………………………… 88

第4章　事例の紹介と調査の概要 ………………………………… 94
1　Y校の概要 …………………………………………………… 94

2　Y校の日常 …………………………………………………… 98
　3　調査の概要 …………………………………………………… 114

第5章　不登校経験者の登校継続 …………………………………… 119
　1　問題設定 ……………………………………………………… 119
　2　分析の視点：ボンド理論による不登校生成モデル ……… 123
　3　事例の特徴と分析の手順 …………………………………… 125
　4　不登校のきっかけ …………………………………………… 126
　5　Y校に通えている理由 ……………………………………… 132
　6　生徒の登校継続を支える4つの教育実践・背景要因 …… 136
　7　登校継続と卒業後の就業・就学継続の非連結 …………… 154
　8　まとめと考察 ………………………………………………… 159

第6章　指導の受容と生徒の志向性 ………………………………… 165
　1　問題設定 ……………………………………………………… 165
　2　分析の視点：志向性 ………………………………………… 167
　3　事例の特徴と分析の手順 …………………………………… 172
　4　指導の受容の契機と3つの志向性 ………………………… 176
　5　生徒を指導の受容へと導く3つの教育実践・背景要因 … 184
　6　留意すべき課題 ……………………………………………… 193
　7　まとめと考察 ………………………………………………… 199

第7章　進路決定と出来事の創出／制御 …………………………… 204
　1　問題設定 ……………………………………………………… 204
　2　分析の視点：出来事と志向性 ……………………………… 206
　3　事例の特徴と分析の手順 …………………………………… 210
　4　学校内の多彩な出来事による「やりたいこと」の発見 … 212
　5　「やりたいこと」の発見と志向性 ………………………… 216
　6　生徒を進路決定へと水路づける教育実践・背景要因 …… 226
　7　留意すべき点 ………………………………………………… 234

| 8　まとめと考察 ………………………………………………… 240

第8章　卒業後の就業・就学継続と自立支援のジレンマ …… 246
　1　問題設定 ………………………………………………………… 246
　2　分析の視点：想起される学校経験 …………………………… 248
　3　事例の特徴と分析の手順 ……………………………………… 251
　4　離職・中退の危機の解消と「想起される学校経験」……… 253
　5　「想起される学校経験」を生み出す教育実践 ……………… 257
　6　「想起される学校経験」の限界 ……………………………… 265
　7　教師が直面するジレンマ ……………………………………… 267
　8　まとめと考察 ………………………………………………… 270

第9章　後期中等教育のセーフティネットをめぐる可能性と課題 … 274
　1　知見の要約 ……………………………………………………… 274
　2　学問的意義 ……………………………………………………… 279
　3　実践的意義 ……………………………………………………… 289
　4　課題と展望 ……………………………………………………… 302

引用文献 …………………………………………………………………… 307

おわりに …………………………………………………………………… 318

事項・人名索引 …………………………………………………………… 323

高等専修学校における適応と進路
―― 後期中等教育のセーフティネット ――

第1章　後期中等教育のセーフティネットへの着目

　本書の目的は、全日制高校ではない後期中等教育の学校・教育施設において、生徒の学校適応・進路形成を支える教育実践・背景要因と、そうした教育実践のもとで新たに見えてくる困難を描き出すことにある。具体的には高等専修学校であるY校の事例研究を軸に、この目的にアプローチしていく。

　日本の後期中等教育では、学業不振・不登校・高校中退などの事情を抱える生徒たちが、ある一定の学校・教育施設に集まる傾向にある。こうした学校・教育施設を対象としたこれまでの先行研究では、生徒たちの学校適応と進路形成を支えることの困難ばかりがクローズアップされてきた。本書は、こうした学校・教育施設で生徒の学校適応と進路形成を支える道筋と、そうした中で直面する困難の両者を、先行研究とは異なる分析の視点を取り入れながら提示するという学問的なオリジナリティをもつ。同時にそれらの知見は、各学校・教育施設の教育実践やそれを支える教育システム、さらには労働や福祉などのシステムをどのような形に再編成していくかについて、実践的・政策的示唆を与えるものとなる。

1　問題設定

　中学校卒業者の98％以上が後期中等教育へと進学している現在の日本では、高卒資格を取得しないことがその後の進路形成にとって大きなハンディとなる。妻木（2005）の言葉を借りるならば、学歴が中卒である者たちは、労働市場からの排除と不安定・低賃金職種への組み込みという、経済的自立（さらには社会的自立[1]）に関する2つの職業キャリア上の困難にさらされうる。

彼ら／彼女らは正社員の職どころかアルバイトの求人すらなく、面接までたどり着いても不採用になり続け、失業と不安定・低賃金の労働の間を往復せざるをえなくなるような立場に置かれているのである（妻木 2005）。

　学校教育は、人々を選り分け格差のある社会的地位へと送り込む、選抜・配分の機能をもつということが、長らく指摘されてきた。そうした中で、後期中等教育に進学し高卒学歴を取得するか否かは、社会的地位の格差を生じさせる分水嶺の1つになってきた。高卒学歴を取得するかしないかの境目にある人々に、今、何が起きているのかについて、目を配る必要があるだろう。

　そうした関心に基づき、本書では、高卒資格を取得するかしないかの境目にある人々を受け入れる学びの場として、定時制高校・通信制高校・高等専修学校[2]・サポート校[3]などの学校・教育施設に注目する。これらの学校・教育施設は、後期中等教育の中で圧倒的な主流である全日制高校に対して、「非主流の後期中等教育機関」と呼ぶことができる。しかし、後期中等教育の主流である全日制高校への進学者は、実際には中学校卒業者全体の92.6%であり、残りの7.4%の者たちは別の進路を選んでいる。現在、4.2%の中学校卒業者は、定時制高校、通信制高校、高等専修学校などの学校や、サポート校などの民間の教育施設（非主流の後期中等教育機関）を進学先として選ん

《本書での「非主流の後期中等教育機関」の定義》

　本書では、全日制高校以外の後期中等教育段階の教育機関のうち、①全日制高校への進学（・転編入）に困難を抱える生徒を受け入れ、②生徒への教育と卒業後の進路への移行支援を行う施設を、「非主流の後期中等教育機関」と定義する。具体的には、定時制高校、通信制高校、高等専修学校、サポート校、（一部の）技能連携校、高卒認定予備校、（教育を主目的とした）フリースクール・フリースペースを、非主流の後期中等教育機関の定義の中に含める。ただし本書では、在籍する生徒数がとくに多いと考えられる、定時制高校、通信制高校、高等専修学校、サポート校の4つの学校種に焦点を当てて検討する。中等教育学校（後期課程）、高等専門学校、特別支援学校高等部は、受け入れる生徒層が他の非主流の後期中等教育機関と異なるため、本書の非主流の後期中等教育機関の定義からは除外する。

表1-1　2015年3月の中学校卒業者の進路状況　（平成27年度学校基本調査より算出）

全日制高校・中等教育学校	定時制高校	通信制高校（注1）	高等専修学校（注2）	高等専門学校	特別支援学校	その他進学（注3）	就職（注4）	不就業・不就学
92.6%	2.0%	2.0%	0.2%	0.9%	1.1%	0.1%	0.3%	0.8%
			98.9%					

注1）サポート校の在籍者は、通信制高校の在籍者の中に含まれる。
注2）専修学校高等課程には、実際には8,985人が入学している（全体の0.8%）。数値が異なる理由としては、通信制高校との技能連携を行っている高等専修学校の生徒が「通信制高校」に含まれていることなどが考えられる。
注3）「その他進学」は高等学校別科、専修学校一般課程、公共職業能力開発施設などへの進学。
注4）「就職」には就職しながら学校に通っている者は含めない。

でいる（**表1-1**）。

　これらの非主流の後期中等教育機関は、学業不振・不登校・高校中退などの事情を抱え、全日制高校への進学（・転編入）が難しい者を、後期中等教育上で受け入れる場となっている。そして、彼ら／彼女らに後期中等教育として「高卒（扱い）の学歴」「学力」「学校生活で得られる経験」を提供し、次の進路へと送り出している。彼ら／彼女らは、仮に非主流の後期中等教育機関に進学しなかったとしたら、中卒学歴のまま社会に送り出され、より困難な社会的自立への道をたどることになるだろう。そうした点をふまえると、非主流の後期中等教育機関は、後期中等教育におけるセーフティネット、さらには10代の若者の社会的自立に向けたセーフティネットの役割を担っていると考えることができる。

　しかし、非主流の後期中等教育機関では、生徒たちを中退させずに上級学校や就職先へと送り出し定着させるまでの過程、つまり彼ら／彼女らを社会的自立へと水路づけるまでの過程で、さまざまな困難に直面することも予想される。

　日本の後期中等教育は、各高校が入学者の学業達成の水準によって総序列化されており、その結果「実質的にはどのコース（学校）に入るかによってその後の進路選択の機会と範囲が限定される」（藤田1980: 118）、トラッキングの構造を有していることが指摘されてきた。さらに、こうした後期中等教育の学校間の格差構造（以下、学校格差構造）に基づき、各学校で生徒の下位

文化や学校適応のあり方が分化していることも明らかにされてきた（岩木・耳塚1983; 武内1983など）。

こうした学校格差構造の中で下位に位置づけられる学校では、生徒の学校適応・進路形成にまつわる困難を抱えていることが示されてきた。たとえば、学校格差構造で下位に位置づく全日制高校（以下、下位ランクの全日制高校）では、逸脱行動の多発や教師＝生徒関係の悪化、中退率の高さなど、生徒の学校適応に関する課題を抱えてきた（門脇・陣内編1992; 酒井編2007; 青砥2009など）。また、これらの学校では、進路未決定のまま卒業しフリーター・無業となる生徒も多く（粒来1997など）、進路形成についての課題も抱えている。そして、中退者や進路未決定のまま卒業した者は、不安定・低賃金労働へと水路づけられ、正規雇用と非正規雇用の移動障壁が高いために（本田2006など）、正規雇用への再就職が難しくなる。

非主流の後期中等教育機関は、全日制高校に入学できなかった生徒の受け皿になるというその役割を考えると、学校格差構造上では下位ランクの全日制高校よりさらに下に位置づくと考えられる。そうした学校格差構造上の位置づけをふまえると、非主流の後期中等教育機関における生徒の学校適応と進路形成に向けた教育実践は、下位ランクの全日制高校と同等、もしくはそれ以上の困難をはらむものであると予測できる。

実際、非主流の後期中等教育機関に入学してくる生徒たちは、学業不振や不登校・高校中退経験だけでなく、非行傾向、発達障害、異文化などの背景や、それに付随したさまざまな指導上の課題を抱えて入学してくる（西村2002など）。また、社会経済的に厳しい家庭環境の中で育つ生徒たちも多い（手島2007、高口ほか2008）。その結果教師たちは、生徒の不登校や中退、逸脱行動や教師への反発、学習の放棄、将来展望のなさなど、学校適応や進路形成に関するさまざまな指導上の課題に向き合うことになる（手島2007など）。

学校格差構造で下位に位置づけられる全日制高校や、定時制高校・通信制高校・高等専修学校・サポート校などの非主流の後期中等教育機関は、生徒の学校適応・進路形成にまつわる課題が集積する傾向にある。これらの学

校・教育施設は、そうした実態をふまえ、「課題集中校」と呼ぶことができるだろう（**図1-1**）。

ただしそうした中でも、これらの課題集中校は必ずしも高い中退率・進路未決定率を運命づけられているわけではない。2節で詳しく説明するが、

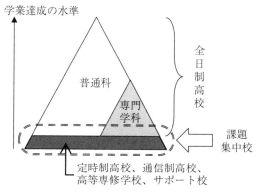

図1-1 学校格差構造と課題集中校の範囲

下位ランクの全日制高校の内部でも、その中退率や進路未決定率には一定の差異がある。またそれは、非主流の後期中等教育機関についても同様である。学校格差構造で下位に位置づけられる学校・教育施設においても、中退率や進路未決定率を低く抑えることができるという可能性が見出せる。

生徒たちの中退や進路未決定を抑えるものとしては、以下の3つの要因が考えられる。

1点目は、教師たちの教育実践である。教師たちは、生徒の学校適応や進路形成に関する指導上の課題に対して、何も対応せずにただ日々をやり過ごしているわけではないだろう。知念（2012）では、下位ランクの全日制高校において、教師たちが生徒の全員進級と卒業後の自立という目標に向けて、生徒たちを巻き込みながら教育実践を遂行する姿を描き出している。多くの教師たちは、生徒の中退を少しでも食い止め次の進路へと送り出すために、指導上の課題に向かい合い、その克服に向けて日々の教育実践を組織しているはずである。また、生徒たちもそうした教師たちの教育実践に何らかの意味づけをし、自らの行動を選択しているであろう。

2点目は、学校・教育施設内の背景要因である。当然のことだが、生徒たちの学校生活に影響を及ぼす要因は、教師の教育実践だけではない。例を挙げると、城所・酒井（2006）は夜間定時制高校について、生徒たちが自己を再定義していく過程を支える重要な背景要因として、年齢・価値観などの多

様性が非常に高い生徒集団や、アルバイトで「大人」と働く時間を挙げている。この指摘からは、どのような生徒層が入学してくるか、また、学校外のどのような人たちとつながりをもつかによって、生徒たちの意識のもちように差異が生まれるという点が示唆される。生徒たちが学校内／学校外でどのような人々と関わりをもつことになるかは、教師の教育実践を越え、一定程度学校・教育施設の運営方針（誰を入学させ、学校外の人々と関わる機会をどのように設定するか）に規定されるだろう（ただし、運営方針に規定されない部分もある）。また、生徒の進路を方向づけるであろう学校のカリキュラム編成も、教師の教育実践というよりは、学校の運営方針によって規定されていると考えるべきだろう。教師の教育実践に限定されない学校・教育施設内の背景要因（運営方針に規定されるものと規定されないものの両者を含む）が、生徒たちの学校適応・進路形成に影響する可能性についても、留意しておく必要がある。

　3点目は、学校・教育施設を取り巻く構造的背景（社会的文脈）である。学校・教育施設は社会的真空にあるわけではなく、さまざまな影響力をもつ社会的文脈の中に存立している（苅谷1981）。そうした中で、苅谷（1981）は、日本の後期中等教育の教育活動を拘束する重要な社会的文脈として、学校格差構造と制度的統制の機構の2点を挙げている。この指摘からは、学校格差構造で同様の位置づけにあったとしても、学習指導要領、法律、校長会・教頭会の取り決め、学校設置基準などによる制度的統制の違いによって、学校・教育施設の運営方針や教師の教育実践に差異が生じるということが示唆される。また、その他の社会的文脈としては、学校・教育施設が置かれている地域的背景や、学校外とのネットワークなども挙げられるだろう。

　もし非主流の後期中等教育機関への入学が生徒の中退・進路未決定を強く運命づけるのであれば、中学校までの教育経験によって職業選択の幅と将来の社会的自立の可能性が大きく狭められてしまう。その場合、非主流の後期中等教育機関は、10代の若者の社会的自立に向けたセーフティネットとして機能しているとはいえないだろう。非主流の後期中等教育機関は、10代の若者の社会的自立に向けたセーフティネットの役割を担う以上、（場合に

よっては不本意な）その入学によって社会的不利が運命づけられてしまう場ではなく、より幅広い進路選択へと可能性を広げる場である必要がある。そうであるためには、いかなる教師の教育実践や学校・教育施設内の背景要因が生徒たちの学校適応や進路形成につながるのかについて、学校・教育施設が置かれる構造的背景にも目を配りながら、そのメカニズムを明らかにしていく必要があるだろう。

そこで本書は、以下の問いを1つ目のメインクエスチョン（MQ）とする。

MQ1　非主流の後期中等教育機関では、いかなる教育実践や背景要因のもとで生徒の学校適応や進路形成が支えられているのか

本書の関心の1つは、非主流の後期中等教育機関ではいかなる教師の教育実践や学校・教育施設内の背景要因によって生徒の社会的自立を支えることができるのか、という実践的な点にある。そのためには、生徒たちの学校適応と進路形成をいかなる形で支えることができるのかについて、検討する必要がある。

日本の後期中等教育における生徒の学校適応と進路形成のあり方は、主に教育社会学によって、学校格差構造との関連のもとで論じられてきた。そして、教育社会学の学校格差研究では、課題集中校における生徒の学校適応と進路形成について、その困難さばかりを描き出してきた。その結果、生徒の学校適応や進路形成に関して教師の指導をどのように組織していけばよいのかという実践的課題に対しては、明確な指針を示してこなかった。また上記の理由から、過去の研究では、教育実践を支える背景要因の探索という視点も欠けていた。

そこで本書は、生徒の学校適応と進路形成に向けて有効な教育実践と、それを支える背景要因を抽出するという目的から、生徒の出席率・進路決定率が非常に高いある高等専修学校（Y校）を事例に選び、分析を進めていく[4]。

ただし本書では、非主流の後期中等教育機関が生徒の学校適応・進路形成を支えようとする教育実践のもとで、新たに直面することになる困難につい

ても明らかにする。というのも、本書が事例とするY校の営みからは、すべての生徒を社会的自立へと導くことがいかに困難かということも、同時に見えてくるためである。

　Y校では、少数ではあるものの、中退していく生徒や、進学も就職もしないまま卒業する生徒もいる。また、卒業後に就職先・進学先を早期離職・中途退学してしまう生徒も一定数存在し、学校側もそれを課題として認識している。当然のことながら、生徒・卒業生たちは学校以外に、家族や地域、仲間集団、若者文化、さらには卒業後の就職先・進学先など、さまざまな環境に影響を受けながら生活を送る。学校はすべての問題に対して無力であるという「学校無力論」が誤りであるのと同時に、学校がすべての問題を解決可能であると考える「学校万能論」に陥ることも避けなければならない (Mortimore 1997=2005；西田 2009 など)。

　そこで本書では、以下の問いを2つ目のメインクエスチョンとして設定する。

MQ2　非主流の後期中等教育機関が生徒の学校適応・進路形成を支えようとする教育実践のもとで、新たに見えてくる困難はいかなるものか

　MQ1の検討からは、非主流の後期中等教育機関が生徒の社会的自立を支えるために、いかなる教育実践が有効なのか、またいかなる背景要因が影響しているのかについて理解することができる。しかし、そうした教育実践のもとで突き当たる困難からは (MQ2)、非主流の後期中等教育機関が10代の若者にとってのセーフティネットの役割を完全に果たすことが、いかに難しいかということを見出すことができる。そしてその困難の背景をたどることで、教育・労働・福祉のシステムをいかに再編成すべきかについての手がかりを得ることができる。

　本書はこれらの2つのメインクエスチョンに対して、Y校での参与観察・インタビューに基づく事例研究を軸として検討を進めていく。事例研究という研究デザインを軸とした本書の知見は、統計的な研究のように、非主流の

後期中等教育機関に一般的にみられる傾向性を示すものではない。そのため、本書で1校の事例をもとに描き出された効果的な教育実践が、他のいかなる学校・教育施設でも同様の効果をもつとは限らない。それぞれの学校・教育施設がおかれる社会的文脈は異なり、それによって生徒層や実現可能な教育実践も変わってくるだろう。

しかし、3節で詳しく述べるが、学校適応・進路形成の詳細なメカニズムの探究を目的とし、また対象の新規性が高く事前の仮説設定が難しい本書には、事例研究というアプローチが適切だと考える。また、事例研究は、各学校・教育施設に対して、教育実践のヒントをより詳細な形で提示することができるというメリットがある。メリアム（S. B. Merriam）は、質的研究には、特殊な状況で学んだことを類似した状況に当てはめたり一般化して利用したりするという、「利用者あるいは読者の側の一般化可能性」があると指摘する（Merriam 1998=2004）。事例研究は、そのメカニズムの深さ・詳細さゆえに、各学校・教育施設が適用可能な教育実践のヒントとなる知見を数多く、そして別の要因との関連性がよりよく見える形で提供することが可能である。

なお、本書では、学校適応として、とくに「不登校経験者の登校継続」「教師の指導の受容」という2つのメカニズムに注目する。なぜなら、非主流の後期中等教育機関では、不登校・高校中退・非行傾向などの経緯をもつ生徒が多く入学してくるが、不登校や教師への反発、逸脱行動の継続は、中退へと深く結びつくためである。進路形成については、フリーター・無業ではなく進学・就職を選び取るという「進路決定」のメカニズムに加えて、「卒業後の就業・就学継続」のメカニズムについても注目する。というのも、先行研究では後期中等教育段階の学校・教育施設と卒業生の就業・就学継続との関連について十分な検討がなされていないが、非主流の後期中等教育機関の生徒たちの社会的自立を考えるうえでは、非常に重要な問題だと考えられるためである。

2　先行研究の検討

　なお、本書は、学問的にも新たな知見を付け加えることになる。本節では教育社会学における学校格差研究、若者の自立支援に関する研究、非主流の後期中等教育機関を対象とした研究についてレビューし、それらの検討から導き出される本書の学問的オリジナリティを示す。

　本書の主要な学問的オリジナリティを先取りして述べるならば、以下の3点である。第1に、学校格差構造で下位に位置づけられる学校・教育施設を対象として、生徒の学校適応・進路形成における困難だけでなく、その困難が克服されていくメカニズムに焦点を当てる。第2に、そうした困難の克服のメカニズムを、生徒が有する「志向性」や学校内での人間関係のポジティブな側面という新たな分析視角によって導き出す。第3に、非主流の後期中等教育機関における学校適応と進路形成のメカニズムについて、要因間の複雑な絡み合いを包括的に捉える形で提示する。

2.1　学校格差研究
2.1.1　学校格差研究が明らかにしたもの

　後期中等教育における生徒たちの学校適応と進路形成は、主に教育社会学によって、学校格差構造との関連をふまえて論じられてきた。まずは、学校格差構造との関連のもとで後期中等教育における生徒の学校適応と進路形成のあり方を論じてきた研究（学校格差研究）が、これまでに何を明らかにしてきたかについて整理しておきたい。

　学校格差研究の歴史は、1970〜80年代にさかのぼる。この時代には、入学者の学業達成の水準によって学校ごとに高等教育進学率や進路志望が大きく異なることが、数々の研究によって指摘されてきた（江原1973; 藤田1980; 岩木・耳塚1983; 吉本1984など）。藤田（1980）は、「たとえば複線型学校システムのように法制的に生徒の進路を限定するということはないにしても、実質的にはどのコース（学校）に入るかによってその後の進路選択の機会と範囲が限定される」（藤田1980: 118）状況を、トラッキングとして定義したが、

当時の高校の格差構造もトラッキングであると言及している。その認識を引き継ぐ岩木・耳塚 (1983) も、「職業科高校からの四年制大学進学は容易ではないにしても可能な現実がある」(岩木・耳塚1983: 6) が、「進路選択のオプションは学校タイプ・ランクによって限定されており、あたかも走路変更の許されないランナーのように目的地が制約される」(岩木・耳塚1983: 6) 状態にあると論じている。

　生徒たちが学校格差に基づき異なる進路へと送り出される選抜・配分の過程では、そのトラックにふさわしいパーソナリティや価値を生徒たちが内面化する「社会化」の過程も伴うことが明らかにされてきた (岩木・耳塚1983)。その1つの過程として、どの学校に入学するかに伴う進路意識の分化が挙げられる。苅谷 (1983) では、「進学校」「就職校」といった学校への社会的な定義づけが、入学前にすでに生徒を予期的に社会化し、その定義に見合う進路意識を形成させていると論じている。また吉本 (1984) では、学力水準の高い学校に行くほど学力が高まるのではなく、むしろ進学アスピレーションが高められるために、進学校の生徒たちは浪人という選択を伴う形で高い進学率を達成していると指摘している。

　さらに、学校格差に基づく生徒の下位文化を通して、生徒の学校適応のあり方についても分化が生じる様子が示されてきた。岩木・耳塚 (1983) では、生徒集団の下位文化の類型として「向学校的下位文化」「反学校的下位文化」「脱学校的下位文化」の3タイプを挙げるが、学校格差の上位トラックでは向学校的下位文化、下位トラックでは反学校的下位文化や脱学校的下位文化が形成されやすくなると論じている。その結果、上位トラックと下位トラックでは学習への関与や生活目標、社会的地位達成へのアスピレーションなどが違ってくるという。また武内 (1983) は生徒の下位文化として《エンジョイ型》《なげやり型》《孤立型》《勉強型》の4つの類型を見出し、学校格差上の地位によってその分布に大きな差があることを明らかにしている。

　1990年代には、個性化・多様化を中心とする教育理念が高校教育政策や教育現場に浸透した。また、高等教育の門が広がると同時に高卒労働市場は狭き門となり、高卒無業者は漸増してきた (樋田ほか編2000)。こうした変化

を受けてもなお、学校格差構造に基づくトラッキングやそれに伴う生徒の学校適応・進路意識の分化の現象は、依然として残り続けた。

樋田ほか編（2000）では、1979年に実施した質問紙調査を1997年にほぼ同一の対象・方法で再度実施し、「トラッキングの弛緩」という仮説の検証を試みた。そこでは、高等教育進学をめぐる競争が著しく緩和され、また高校の特色化が進み学校間の一元的な序列構造が曖昧となった結果、生徒の進路・行動様式や高校の教育指導においてトラック間の差異が小さくなった、という予想が立てられた。しかし各章の分析では、こうした「トラッキングの弛緩」という仮説に反して、学校ランク別の差異が際立つ結果も示された。耳塚（2000）の分析によると、依然として学校ランクによる生徒の進路希望の差異は残っているという。また荒川（田中）（2000）は、すべての学校ランクの高校で大学進学にシフトした指導が行われる一方で、大学入学の手段や目標とする大学のレベルについては依然として学校格差による差異があり、微細な差異に向けてのトラッキングが生じている可能性があると指摘する。大多和（2000）も、生徒の学校適応や逸脱文化へのコミットに関して、学校ランク間の差異がほぼ維持されていることを示している。

こうして1990年代にも残存していた学校格差に基づくトラッキングは、2000年代でも同様に残存していたと考えられる。たとえば中西（2011a, 2011b）は、2009年に実施した高校生調査においても、学校ランクごとに生徒の希望進路や学習コミットメントに明確な差があることを示している。学校格差に基づくトラッキングやそれに基づく生徒の社会化現象は、現在においても依然として存在していると考えてよいだろう。

こうしたトラッキング現象の解明に派生して、これまでの学校格差研究では、以下の2つの解決すべき問題を明らかにしてきた。

1つは、後期中等教育の学校格差が社会階層の再生産の装置になっているということである。入学する学校のランクと生徒の家庭背景に関連があることは、数多くの研究によって指摘されてきた（秦 1977; 岩木・耳塚 1983; 吉本 1984; 中西ほか 1997など）。中西ほか（1997）は、入学した学校のランクと本人の初職の間にも関連がみられることを受けて、「『出身階層－高校ランク－

到達階層』間には社会的トラッキングが成立している」(中西ほか 1997: 75)と述べている。進路展望・進学アスピレーション・生徒文化の分化といった学校格差による社会化機能をふまえるならば、後期中等教育はその社会化機能によって、生まれによる地位達成の機会の不平等を促進する装置になっていると考えることができる。

　もう1つは、学校格差で下位に位置づく全日制高校（下位ランクの全日制高校）が抱える困難である。これらの学校については、学習意欲に乏しい不本意入学者が大量に入学し、逸脱行動の多発や教師＝生徒関係の悪化、中退率の高さなどの問題を抱えている様子が描き出された（門脇・陣内編1992; 酒井編2007; 青砥2009など）。また、1990年代に漸増した高卒無業者も、主としてこれらの学校から多く出現する傾向にあることが示されてきた（粒来1997など）。当然教師たちは生徒指導のなかでさまざまな困難に直面することになり、ミクロな教育活動の場面の「困難」を読み解く（古賀2001）、さらには教師たちの対処戦略を描き出す研究も数多くなされている（古賀1992; 竹内1995; 吉田2007など）。

　しかしこれらの研究は、教師たちの対処戦略が結果的に負の帰結を招くものであることを示してきた。教師の生徒指導に着目した数々の研究では、「サバイバル・ストラテジー」（Woods 1979）や「現地化」（竹内1995）などの概念に基づき、生徒との衝突をやりすごそうとする戦略とその負の帰結に焦点が当てられることとなった。

　たとえば古賀（1992）では、授業場面の秩序を維持するために、平常点による「評価」、授業にコミットしていないが妨害をしていない生徒をやりすごす「回避」、学校のルールを少し緩めて生徒に歩み寄る「交渉」などの戦略がとられていることを指摘している。そして、これらの戦略によって教師＝生徒間の葛藤は回避され授業の環境は維持されるが、結果として授業は形式化し、教育的意義を疑問視されるものになると論じている。また吉田（2007）では、生徒との関係を保ちつつ秩序を維持するための個別の教師のサバイバル・ストラテジーとして、生徒が出席日数などの規準をクリアできるよう支援する者としてソフトにふるまう様子を描き出し、これを「お世話

モード」と名づけている。しかしこうした「お世話モード」は、困難の背景にある生徒の多様な事情を看過し処遇を画一化するために、生徒たちがしずかに学校を去っていくという意図せざる結果を生むと指摘している。

　進路選択の場面に関しても、教師の不関与を正当化するロジックとそれによる負の帰結が描き出されている。千葉・大多和（2007）では、教師たちが「生徒の自主性の尊重」という理念に基づき、フリーターや進路未決定者に対する学校の不関与を正当化するロジックをもっていることに言及している。そこでは、進路未決定者を個別指導の失敗ではなく、個別指導に乗らなかった者／離脱した者とカテゴライズするため、生徒の自主性を尊重するため関与できないというロジックで、無支援状態で卒業していく生徒に対して責任をとらないことが正当化されていると指摘している。

　シム（2005）は、質問紙調査の結果から、日本の下位ランクの全日制高校では授業を面白くさせる努力も生徒のアスピレーションや学習意欲を向上される努力もほとんどみられず、生徒たちが学校内部において「レフトアウト」（のけ者に）されていると論じている。シムの指摘に代表されるように、これまでの研究では、下位ランクの全日制高校が抱える困難と、それへの対処戦略が生む負の帰結を強調してきたといえる。

2.1.2　学校格差研究が抱える問題点

　これまでの学校格差研究は、トラッキングによる社会階層の再生産現象や下位ランクの全日制高校における生徒の学校適応・進路形成の困難を描き出すという点で、十分な意義があった。しかし、本書の関心に照らすと、これまでの学校格差研究には2つの問題があったといえる。

　1つ目の問題は、学校格差構造で下位に位置づけられる学校の内部でも生徒の学校適応・進路形成の状況に差異が生じていることが見逃されてきた、ということである。

　前述のように、下位ランクの全日制高校の研究では、学校格差構造の影響をふまえて、その困難さばかりに焦点が当てられてきた。その結果、教師たちの教育実践についても、対処戦略の負の帰結など、ネガティブな側面ばか

りに目が向くこととなった。一方で、同じ下位ランクにありながらも、生徒の中退率・進路未決定率（それぞれ学校適応と進路形成の代理指標と考えられる）を低い水準にとどめている学校があるということは、これまでの研究では看過されていた。そのため、生徒の学校適応や進路形成がどのような教育実践・背景要因のもとで支えられているのかという、本書が目的とするような課題には、十分にアプローチしてこなかった。

　たしかに、学校ランクごとに学校適応や進路選択の状況の平均をとるならば、学校ランクごとの差異や下位ランクの学校の困難さが顕著に浮かび上がってくる。しかし、学校格差構造上で同じ位置づけにあると考えられる学校の間でも、学校適応と進路選択の状況には差異があり、しかも下位ランクの学校の間でその差異は顕著であることが、図1-2からは示唆される。

　図1-2は、東京都の全日制高校について、入学者選抜の際に必要とされる偏差値[5]と、中退率[6]、さらには進路未決定率[7]との関係を示した散布図である。入学者選抜の60%合格基準の偏差値が40未満の学校においては、中退率では1.3%〜10.9%、進路未決定率では0.0%〜26.0%と、大きな差異がみられる。

　もちろん、こうした中退率・進路未決定率の差異には、年度ごとの誤差や、地理的条件などの社会的文脈の影響も含まれているだろう。しかし、図1-2は「東京都」の「都立全日制高校」という地理的条件や制度的統制の分散がある程度制限されているデータである。そのことに留意するならば、中退率・進路未決定率に教師の教育実践の差異が影響している可能性も、十分に想定することができる。

　なお、学校適応・進路形成の状況に学校ごとの差異がみられるのは下位ランクの全日制高校に限らない。第2章で詳しく論じるが、非主流の後期中等教育機関についても、学校種間・学校種内での中退率・進路未決定率にはかなりのバラつきが認められる。

　そもそも、学校格差構造による進路の制約に対して、生徒個人は完全に無力なわけではなく、その制約を打開する余地が残されている。竹内（1995）が指摘するように、日本では、後期中等教育段階でどの学校に入学したかと

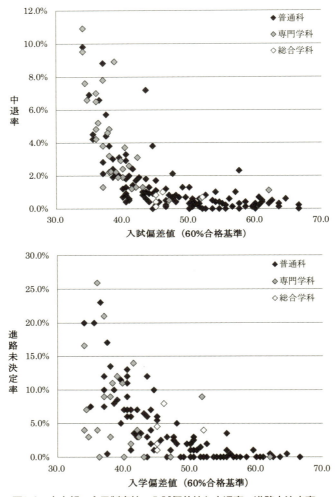

図1-2 東京都の全日制高校の入試偏差値と中退率・進路未決定率

いうことそのものは、大学受験や就職試験などの次の進路での選抜には引き継がれずにご破算になる（「リシャッフリング型選抜規範」）。そのため生徒たちは、高校受験に失敗しても大学受験で挽回するというようなリターン・マッチが可能になる（竹内 1995; 苅谷 2010）。学校格差構造の下位に位置づけられる学校・教育施設においても、教師の教育実践や生徒の努力がリターン・マッチと呼べるような進路形成へとつながる可能性があるはずであり、また

そうした中で生徒たちの学校適応の様相が変化することも考えられるだろう。

　当然のことだが、下位ランクの全日制高校の教師たちは、生徒との葛藤に対して自らの保身を優先し、やりすごそうとするばかりではない。むしろ、生徒の学校適応や進路形成に向けて心を砕く教師も、数多くいるはずである。

　大多和（2014）は、バブル崩壊後に学校から社会へのトランジションの状況が悪化する中で、生徒を支援することで学校に巻き込むところから教育実践を再構築しようとする動きが登場していることを指摘している。そして質問紙調査の結果では、その傾向がとくに下位ランクの全日制高校で顕著であることが示されている。2000年代の首都圏の下位ランクの全日制高校では、上位・中位ランクの全日制高校に比べて、「学校に話しやすい先生がいる」と答えた生徒が多かったという（大多和 2014: 135）。

　下位ランクの全日制高校の事例研究では、実際に教師たちが生徒を教育活動へと巻き込もうとする教育実践が描き出されている。知念（2012）は、教師たちが逸脱行動をくり返す生徒たちを教育活動へと巻き込むために、さまざまな「ペタゴジカル・ストラテジー」[8]を用いている姿を示している。これらの知見からは、生徒との葛藤を回避するために「現地化」しつつも生徒の学校適応と進路形成をよりよく実現していこうとする、そうした教師の姿から、教師の教育実践がもつ可能性を探索することもできるのではないかということが示唆される。

　下位ランクの全日制高校を対象とした先行研究は、生徒たちの学校適応や進路形成に関する困難さや、そうした状況の維持へとつながる内部過程を描き出すことに専念してきたといえる。たしかに、これまでの研究が暴露してきた問題点や逆機能は、下位ランクの全日制高校が直面している困難に関心を惹きつける素材にはなるだろう。しかし、それらのネガティブな側面が見出されたところで、教師たちが日々直面する指導上の困難を克服していくための道筋が示されるわけではない。むしろ教師たちに無力感を与え、「予言の自己成就」へと導く危険性もあるだろう。

　今後必要とされているのは、その困難を乗り越えていくメカニズムの解明

と、その過程で直面する新たな困難への向き合い方についての考察ではないだろうか。そのため、今後の研究では、課題集中校が有している内部過程の多様さ、とりわけ、生徒の学校適応や進路形成が支えられていく内部過程を描き出す方向へと進んでいく必要があると考える。

なお、近年では、本書と同様の関心をもち、下位ランクの全日制高校で生徒の学校適応や進路形成を支えようとする試みに注目する研究も出てきている（酒井編 2007; 菊地 2012）。

酒井編（2007）は、下位ランクの全日制商業高校で実施された、大学生・大学院生がボランティアとして高校3年生に大学・短大進学の支援を行うプロジェクトへの、アクションリサーチの結果についてまとめたものである。そこでは、プロジェクトの中で生徒たちの進路展望が「あきらめ」「考えない」状態から「ゆらぎ」へと移行したこと、その過程では「どうするんだい？」ではなく「どうしようか？」と一緒に考えるスタンスが働きかけとして有効であったことなど、学校における実践上の可能性が示されている。菊地（2012）では、生徒のエンパワメントを目指した学校づくりを行っている下位ランクの全日制高校2校の教育実践を取り上げている。そこでは、生徒の「しんどさ」に寄り添う教師の実践や、地域との連携によるデュアルシステム科の導入と時を同じくして、生徒の中退率低下や逸脱行動の減少、進路決定率の上昇がもたらされていることが示されている。

ただし、これらの研究は、学校内の一部の生徒に及ぼされる影響を描き出すにとどまっている。酒井編（2007）における支援プロジェクトの対象者は、商業高校において大学・短大進学を志望する一部の生徒のみに対象が絞られる。菊地（2012）に関しても、学校の教育実践によってエンパワーされた一部の生徒の語りは示されているが、はたして生徒全体が事例2校の教育実践にいかなる形で影響を受けているのかという、その総体的な様子はみえてこない。今後は、多様な生徒層を抱える中でいかなる教育実践が行われ、それらが多様な生徒たちにいかなる形で浸透していくのかという、より広い射程をもった研究を展開していく必要があるだろう。

2つ目の問題は、学校格差研究では非主流の後期中等教育機関の存在がほ

ぼ等閑視されてきたということである。これまでの学校格差研究で主に扱ってきたのは、後期中等教育の中でも、全日制高校のみの間で生じている格差であった。そのため、同様に学校格差構造で下位に位置づけられる学校の中でも、非主流の後期中等教育機関の存在は看過され、全日制高校が抱える困難のみに焦点が当てられる傾向にあった。

ただし、定時制高校に関しては、学校格差との関連のもとで論じている研究も少数ながら存在する（片岡1983；片岡1994；城所・酒井2006など）。

片岡（1983）は、かつては学力は高いが経済的余裕の少ない家庭出身の勤労青少年を受け入れていた定時制高校が、学力の低い者を多数受け入れるようになり、成績原理に基づく高校ピラミッド（つまり学校格差構造）の底辺に位置づけられるようになったことを示している。そして、低い出身階層→定時制高校→初職・現職での低い威信地位というルートが徐々に固定的になり、定時制高校による不平等の再生産機能が年々強化されてきたことを明らかにしている。片岡（1983）は、定時制高校が学校格差構造の底辺に位置づけられることで、生徒の進路形成により強い制約がかかるようになったという、これまでの学校格差研究が示してきたトラッキングによる負の帰結を提示したものである。

しかし定時制高校については、学校格差構造のもとでもたらされる負の帰結ばかりが描き出されてきたわけではない。片岡（1994）では、定時制高校に対するチャーター（社会からの意味づけ）[9]をスティグマとして認知しない生徒層にとっては、定時制高校はむしろ教師・生徒が支持集団となることで、楽しく通うことができる場となると論じている。また、城所・酒井（2006）では、生徒たちが夜間定時制高校で提供される生活や学習の枠組みに基づいて自己を再定義し、チャーターに抵抗しながら将来展望や学校教育のニーズを形成していく姿を描き出している。

これらの研究では、定時制高校の生徒たちの意味づけのあり方や学校適応の要因、進路の帰結について描き出している。ただし、チャーターへの理解や自己の再定義過程以外にも、生徒の学校適応・進路形成を支えうる要因があるだろう。本書は、生徒の学校適応や進路形成のメカニズムに焦点化し、

生徒の意味づけや教師の教育実践、学校・教育施設内の背景要因、学校・教育施設を取り巻く構造的背景などがどのような複雑な関連性をもつかをより詳細にみていく点にオリジナリティがあるといえる。

なお、非主流の後期中等教育機関が下位ランクの全日制高校と学校格差構造の中で延長線上にあり、教師が抱える指導上の課題やそれをふまえた教育実践も同様の傾向をもつと捉えることもできるかもしれない。その場合、非主流の後期中等教育機関を改めて研究対象にしなくても、下位ランクの全日制高校の知見を敷衍すれば状況が理解できるということになる。しかし、その捉え方には再考の余地がある。

非主流の後期中等教育機関は、学業不振層の受け皿となる点では、下位ランクの全日制高校と共通している。しかし、多くの学校・教育施設では、学業成績の問題で下位ランクの全日制高校を不合格になった生徒も少なからず入学してくる。生徒の学業達成の水準でみるなら、多くの非主流の後期中等教育機関は学校格差構造では下位ランクの全日制高校よりさらに下位にあると考えることができる。そのため、下位ランクの全日制高校よりさらに手厚い形での授業の補習や生徒指導上の対応が必要になることが想定される。

また、非主流の後期中等教育機関では、不登校・高校中退経験者を多く受け入れるなど、下位ランクの全日制高校とは生徒のタイプの比率が異なると考えられる。非主流の後期中等教育機関では、不登校・高校中退経験者を多く受け入れるにあたって、登校を支えるための心理的なケアなど、学校適応に向けて下位ランクの全日制高校とは異なる教師の教育実践がより重要性を帯びてくると考えられる。

そして、非主流の後期中等教育機関と下位ランクの全日制高校とでは、制度的な統制の強さと質も異なる。非主流の後期中等教育機関は、夜間・通信の形での授業や、学習指導要領への準拠の必要性の有無、授業選択・登校日数の自由度など、全日制高校と比べて教育制度からもたらされる統制が質量ともに異なる。非主流の後期中等教育機関は、下位ランクの全日制高校よりも相対的に緩やかな制度的統制を生かしながら、生徒のニーズに適合するような教育実践を組織していることが予測できる。

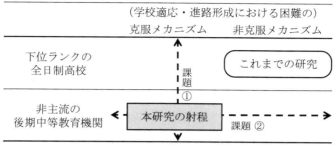

図1-3　これまでの研究と本書の射程

　非主流の後期中等教育機関と下位ランクの全日制高校では、受け入れる生徒層や彼ら／彼女らの学校適応・進路形成のメカニズムにいかなる共通点と相違点があるのか、また教師の教育実践にいかなる特徴があるのかということは、事例研究などを積み重ねていきながら改めて検討していくべき問いであるだろう。

　これまでの研究と本書の射程について示したものが、**図1-3**である。本書は、後期中等教育上のセーフティネットとなる学校・教育施設について、指導上の困難を克服していくメカニズムを提示し、そうした中で直面しうる新たな困難について把握するという実践的な関心がもとになっている。しかし、こうした本書の射程は、学校格差研究に対して、①学校格差構造上で全日制高校よりも下位に位置づくと考えられる非主流の後期中等教育機関の学校適応・進路形成に注目する、②学校適応・進路形成上の困難を抱える学校で、それらが克服されていくメカニズムに焦点を当てる、という2点の学問的オリジナリティにつながるものである。

　もちろん本書の研究デザインでは、学校格差研究が検討してこなかったことのすべてを検討できるわけではない。本書は基本的には1校の事例研究という研究方法をとるため、他の非主流の後期中等教育機関における教育実践やといかなる共通点・相違点があるのかなどについて、十分な検討をすることは難しい。また、下位ランクの全日制高校における困難の克服メカニズムの検討は、同様に重要なテーマではあるが、本書ではその問題を直接扱うことはない。下位ランクの全日制高校における困難の克服メカニズム（右上）

や、非主流の後期中等教育機関における困難の非克服メカニズム（右下）については、別途に明らかにされていく必要がある。

さらにいえば、非主流の後期中等教育機関の中でも、各学校・教育施設が置かれている社会的文脈は非常に多様であり、それに伴い、困難の克服メカニズムも多様だと考えられる。そうしたメカニズムの多様さを明らかにしていくことも今後の課題となる。

しかし、本書の研究方法・対象設定には、以下のような学問的な意義があるといえる。本書では、学校格差構造で下位に位置づけられる学校・教育施設（課題集中校）における生徒の学校適応・進路形成について、1校（Y校）の事例で生じている複雑なメカニズムを提示することになる。研究者たちは「利用者あるいは読者の側の一般化可能性」(Merriam 1998=2004) に基づき、Y校の事例から学んだことを類似した状況に当てはめたり一般化したりして、本書の知見を別の研究に利用することができるだろう。そして、描き出すメカニズムが詳細であるからこそ、(a) 非主流の後期中等教育機関の内部や、(b) 非主流の後期中等教育機関と下位ランクの全日制高校の間での共通点・相違点を把握していく際に、本書の知見は比較対象として利用することができるだろう。本書の知見は、各学校・教育施設での学校適応・進路形成に関連する多様な状況とそこでの内部過程について、共通点・相違点を検討する際の基点や仮説となり、考察を広げる役割を果たすことができると考える。

なお、意義について1点付け加えておくと、本書は課題集中校における卒業生の就業・就学継続支援とその帰結について扱う初めての研究でもある。これまでの学校格差研究（のみならず全日制高校を対象とする研究全般）では、学校が生徒の進路選択に与える影響に注目する一方で、同じ進路形成についての問題であるにもかかわらず、在籍する高校やそこでの教育実践と卒業後の就業・就学継続との関連については十分に目を配ってこなかった（詳しくは第8章）。本書は、課題集中校を経由した進路形成の問題に関して、卒業後の就業・就学継続の問題にまで視点をのばし、分析結果を通してその視点の必要性を提示するという意義も兼ね備えている。

2.2 若者の自立支援に関する研究

これまでの学校格差研究では、下位ランクの全日制高校を主に対象とし、学校が抱える困難の非克服メカニズムを解明することに焦点を置いてきた。困難の克服メカニズムに着目する本書では、従来の学校格差研究と同様の視点や枠組み（サバイバル・ストラテジー、反／脱学校的下位文化など）ではその状況をうまく捉えることができないと考える。そこで本書では分析の各章を横断する視点として、困難を抱える若者などへの自立支援に関する研究をもとに、新たに2つの視点を用意する。1つ目は、学業達成・地位達成のアスピレーションに限定されない、生徒たちのさまざまな目標の達成への願望（「志向性」）への注目、2つ目は、生徒集団、教師＝生徒関係をはじめとした学校の人間関係がもつポジティブな側面への注目である。

議論の導入として、まず若者・青少年の自立支援について論じた柴野（2009a；2009b）の主張を確認しておきたい。柴野（2009a）では、学校教育における規範への同調と支配の正当性が失われる中で、若者・青少年の自立支援を考えるうえで、社会適応よりも自己適応を機軸とする自己成長モデルが理論的土台として有効であると述べている。そしてその基本的条件として、グループというセーフティネットの創出が前提となると主張している。

この主張について詳しく読み解くと、主張の根拠となっているのは、若者の人間的成長を促すことで自立支援の役割を果たしている、ユースワークの事例である（柴野2009b）。ユースワークとは、青少年が、学習、楽しみ、チャレンジなどのさまざまな達成と結びついた諸活動を通じて、「自己理解」や「他者および社会についての理解」を深めるための支援である。ユースワークの基本的スタンスは、青少年に対して、トラブルを抱えているとか、問題を起こしそうだからという対策的発想をとるのではなく、彼ら／彼女らをアイデンティティ、意味、価値を追求する存在として捉える。そして、安全な場所を提供することによって個人の成長を支援するという、成長モデルに立脚する（柴野2009b: 9-10）。

しかし、柴野によると、個人を自由にし、自己成長と市民性の獲得を促すためには、それにふさわしい集団的状況が必要になるという。というのも、

パーソナリティは個人をとりまく集団的雰囲気の中で異なる形に形成される（Lewin 1948=1954）ためである。ユースワークでは、グループワークが意識的・意図的な活動方法として重視されてきたという歴史をもつ。そのとき、ユースワーカーの役割も当然重要なものであり、グループワークの中でメンバーの個別的な要求や集団の雰囲気を察知し、メンバーを達成目標にいかに近づけるかを考えることが期待される（柴野 2009b: 14-18）。

　柴野（2009b）のユースワークに関する説明からは、若者の自立支援について考えるうえで、以下の2点が参考になる。第1に、自立支援においては、彼ら／彼女らが抱える「問題性」のみに着目するのではなく、彼ら／彼女らをアイデンティティ・意味・価値などの何らかの目標を追求する存在として捉え、その獲得に向けて支援することが有効であるという点である。

　こうした議論の前提は、ユースワークに限らず、他の領域にもみられるものである。たとえば、犯罪者の「立ち直り」（社会再参入）に関して近年注目されているモデルとして、「長所基盤アプローチ」がある。長所基盤アプローチは、本人がそもそももっている長所や資源を手がかりに、立ち直りの道筋をつけようとするものである（津富 2009）。また、犯罪者の変化に対する動機づけに注目するところが、特色の1つであるといえる（Maruna and LeBel 2011）。

　長所基盤アプローチの代表的な例であるGood Lives Modelは、提唱者のワード（T. Ward）によると、犯罪者の長所を基盤として更生を促すことを目指し、犯罪者の具体的な関心・能力・願望に応答するものである。犯罪行為は、社会に受け入れられる手段で自らの価値観を実現したくてもそれに必要な内的・外的資源がないときに起こると考えられている。そのため、更生の取り組みでは、他者に危害を及ぼさない方法で人生の価値観を満たすために必要な知識、技能、機会、資源を授けることを目指すべきだとされる（Ward 2012=2012: 85-86）。

　また、ベイジー（B. M. Veysey）らの指摘からは、犯罪者の立ち直りには「問題」へのアプローチだけでなく、当人が望む価値の実現や社会的役割の獲得への支援が必要であることが示唆される。ベイジーらは、立ち直りには

犯罪歴などのスティグマ化する「問題」のみを治療するだけでは不十分であると主張している。彼らの調査によると、薬物・アルコール依存症や刑務所への収監を経験した人々の大半にとって、彼ら／彼女らの問題は依存症や刑務所への収監経験ではなく、乏しい自尊感情、孤立、失業などの別の困りごとであったという。また、そうした人々は、良好な家族関係や強固な友人関係、仕事、教育、有意義なことをすることなど、大多数の市民と同様の目標を思い描いているという（Veysey 2008; Veysey and Christian 2011）。

　自立に向けた困難を抱えた人々の「問題性」にではなく、長所や資源に注目した支援を行うという方向性は、精神保健福祉サービスにおけるストレングスモデルの理念においても共有されるものである。

　代表的な論者であるラップ（C. A. Rapp）とゴスチャ（R. J. Goscha）は、精神障害者に対するこれまでの処遇が、個人や環境の問題・欠陥・病理を重視することで、彼ら／彼女らへの非難や抑圧へとつながってきたことを批判している。そして、すべての人は目標や才能や自信を有しており、すべての環境には資源や人材や機会が備わっているとみるストレングスモデルを提唱している。ストレングスモデルでは、精神障害者たちが他の健常者と同様に、生活するうえでまともな場所、社会に貢献できる仕事や機会、教育、友人、娯楽を得ることを目標としており、彼ら／彼女らが自分自身で設定した目標を達成することを成果として設定する。そして、個人の熱望・能力・自信や、個人を取り巻く資源・社会関係・機会というストレングスに働きかけることで、精神障害者たちの生活の質の改善を目指す（Rapp and Goscha 2011=2014）。こうしたストレングスモデルに基づく支援は、精神疾患を抱えた若者への支援プログラムでも導入されている（藤島 2013）。

　これらの議論から敷衍して考えられるのは、後期中等教育段階の子どもたちの自立に向けた支援においても、彼ら／彼女らの長所や資源に働きかけていくような支援が有効なのではないかということである。また、課題集中校の生徒たちが上位・中位ランクの全日制高校に通う生徒たちと同様の目標をもちうる存在だということも、念頭に置く必要がある。しかし、下位ランクの全日制高校に関して困難の非克服メカニズムばかりを描き出してきた学校

格差研究では、こうした視点はもたれてこなかった。

　大多和（2014）は、（学校格差研究の一部である）これまでの生徒文化研究では生徒を業績主義社会のアクターとして捉えるため、アスピレーション形成や競争参加のあり方を探る研究に力点を置いてきたと指摘している（大多和 2014: 23）。実際、これまでの生徒文化研究では、下位ランクの全日制高校で生徒の学校不適応が生じている原因として、地位達成・学業達成へのアスピレーション（上昇移動への達成要求）の欠如／喪失という点を想定してきた。たとえば、岩木・耳塚（1983）では、学校外の活動や友人関係に関心が向く脱学校的下位文化は、そもそも強い地位達成へのアスピレーションが存在しないか、下位文化のもとで引き下げられた結果生じるものであると指摘している。また片桐（1992）は、生徒たちは勉強の成果が自らの将来にどれほどの見返りを与えてくれるかを見抜いているため、学校で伝達される知識の見返りに学校規則を遵守したり教師に従順であったりする必要性はなく、その結果、規則違反や問題行動が生じていると論じている。

　しかし、下位ランクの全日制高校の生徒たち、さらには非主流の後期中等教育機関を含めた課題集中校の生徒たちが日々の生活の中で抱く目標は、決して学業達成や地位達成へのアスピレーションだけに限られないはずである。部活動で活躍したい、文化祭での出し物を成功させたい、先生から評価されたい、かっこよく／かわいくありたいなど、生徒たちはさまざまな目標をもち、その目標を達成するための努力を行っていると考えられる[10]。

　そうした中で、学業達成や地位達成へのアスピレーションだけではなく、より多様で幅広い目標の達成への願望が、学齢期の子どもたちの逸脱行動を抑制し、学校適応を促すことも示されている。ハーシ（T. Hirschi）は質問紙調査の分析結果をもとに、「現在の活動をうまくやりたいという生徒の願望といった一般的な達成の志向性（orientation）をとらえた指標の方が、彼の将来の希望や計画、そして将来の展望などよりも、強く非行と関連していた」（Hirschi 1969=1995: 203，一部筆者が改訳）と述べている。

　また、下位ランクの全日制高校における生徒たちの進路選択については、学業達成や地位達成のアスピレーションに集約されない生徒たちのさまざま

な「志向」に影響を受けることが、すでに明らかにされてきている。

　その代表的なものが、「やりたいこと志向」と「現在志向／将来志向」である。「やりたいこと志向」とは、「われわれは『やりたいこと』を持つべきであり、その『やりたいこと』をやるべきであり、さらにその『やりたいこと』を仕事にすべきだという価値観」（太郎丸 2009: 119）のことである。「やりたいこと志向」は若者たちをフリーター・無業へと水路づけるものとして考えられてきたが（下村 2002; 小杉 2003; 久木元 2003）、実際に下位ランクの全日制高校においても、「やりたいこと志向」が強い生徒ほど進路未決定になる傾向がみられる（岩田 2010）。また、苅谷ほか（2003）では、「将来より今の生活を楽しみたい」というような「現在志向」が強い生徒ほど卒業時の進路未決定者が多いことを指摘している。これらの指摘を裏返すならば、「やりたいこと志向」が弱く「将来志向」が強い生徒ほど、進路を決定して卒業していく、ということになる。

　これらの議論をふまえて本書では、学業達成や地位達成には集約されない願望も含め、何らかの目標を達成したいと個人が思い描く願望を総称して「志向性」と定義し[11]、志向性という新たな概念枠組みのもとで、生徒の学校適応や進路形成のメカニズムを捉えていく。従来、目標達成への願望を捉えようとしてきたアスピレーションの概念は、社会移動研究を起源とし、社会的地位の上昇移動への具体的な達成要求をさすものである（中村 2012）。しかし、現在の活動をうまくやりたいという願望などの一般的な達成志向性は、社会的地位の上昇移動に目標を焦点化しているわけではない。そこで、アスピレーションという概念枠組みではなく、より幅広い多様な目標を概念の射程とできるように、志向性という概念を新たに設定する。

　犯罪者の立ち直りにおける長所基盤アプローチや精神保健福祉サービスにおけるストレングスモデルでは、個人の変化に対する動機づけや熱望を、社会的自立につながる長所・資源として指摘してきた（Maruna and LeBel 2011; Rapp and Goscha 2011=2014; Saleebey 1996 など）。これらの議論をふまえるならば、生徒がもつ志向性は、社会的自立に結びつくような長所・資源だと考えることができるだろう。生徒の志向性に働きかけるような教師の指導が、逸

脱行動を抑え、また進路決定を促すことで、生徒を社会的自立へと水路づけるという道筋を想定することができる。

ただし、生徒のいかなる志向性が生徒の学校適応や進路形成に関連しているのかについては、改めて経験的に見出していくべき課題である。進路形成に関しても、「やりたいこと志向」「将来志向」のみが、生徒の卒業後の進路決定に影響するすべての志向性であるとは限らないだろう。そのため本書では、生徒の学校適応や進路形成に関連する志向性を、データから帰納的に導き出していく。当然他の学校群では、本書では見出せなかった志向性が生徒の学校適応・進路形成と関連をもつ様子など、本書の知見との共通点や相違点を見出すことができるだろう。本書の知見は、他の学校群における志向性と生徒の学校適応・進路形成との関連を見出す研究へと、可能性を開くものだといえる。

柴野（2009b）のユースワークに関する説明からは、第2に、若者の社会的自立を支えるような集団の効果がありうるということが示唆される。これを学校に敷衍して考えるならば、生徒たちの学校適応や進路形成のメカニズムを支えるような生徒集団や、教師＝生徒関係がありうるということになる。先述のストレングスモデルにおいても、こうした個人を取り巻く社会関係が、精神障害者の生活の質の改善（社会的自立も含まれる）にとって重要であることが指摘されている（Rapp and Goscha 2011＝2014）。

しかし、下位ランクの全日制高校を対象としたこれまでの学校格差研究では、生徒集団や教師＝生徒関係が生徒の学校適応や進路形成に対してもつ負の効果がクローズアップされる傾向にあった。

まず、下位ランクの全日制高校の生徒集団については、反／脱学校的な下位文化が形成されることによって、生徒たちの学校適応や地位達成へのアスピレーションなどに負の影響がもたらされることが指摘されてきた（岩木・耳塚1983; 武内1983）。しかし、生徒集団がもちうる生徒への影響は、必ずしも負の影響になるとは限らないだろう。

海外の研究者などからは、日本の学校や保育園において、その特徴的な集団的状況によって子どもたちが同調へと導かれている様子が指摘されている

(恒吉 2008)。日本の学校や保育園では、教師や保育者が、自らの権威に依拠して子どもにいうことを聞かせるのではなく、子どもたちが周囲との"絆"を築くことを目指す。その結果子どもたちは、仲間からの集団的な働きかけや所属感などを感じ取り「自発的」に同調するように仕向けられているという (恒吉 2008; Lewis 1995; 住田 2006 など)。

他にも、生徒集団のあり方が生徒の学校適応、さらには社会的自立に向けて重要だとする言及は多くみられる。たとえば、新保 (2009) は、子ども集団はお互いの違いを認め合うつながりによって、子どもたちの孤立や排除、落ちこぼれを防ぐようなセーフティネットの役割を果たしうることを指摘している。また、石黒 (2009) は、生徒の自立を支える「未来志向」の生徒指導を実現するためには、生徒の意見表明を支える開かれた学級風土づくりが必要であり、そのための技法として、グループワークをふまえた集団づくり、人間関係づくりが有効であると述べている。

下位ランクの全日制高校 (さらには非主流の後期中等教育機関) でも、多くの生徒が学校に適応し進路を決定して卒業していく学校では、反学校的下位文化や脱学校的下位文化という概念では説明しきれない生徒集団のあり方を見出すことができるはずである。そうした学校の生徒たちの学校適応・進路形成に関連をもつ生徒集団のあり方については、改めて経験的データから帰納的に導き出していく必要があるだろう。

学校適応・進路形成との関連性を改めて検討しなければならないのは、教師＝生徒関係についても同様である。下位ランクの全日制高校の教師＝生徒関係については、教師の指導の困難性がクローズアップされる傾向にあった。片桐 (1992) によると、教師が逸脱行動に厳罰的にアプローチすると、教師＝生徒間の対立が激化するという。しかし、逆に逸脱行動をとる生徒との衝突を避けると、今度は生徒に指導の声が届かなくなるという (竹内 1995; 大多和 2000; 酒井編 2007 など)。また、シム (2005) は、日本の下位ランクの全日制高校ではシンガポールの下位校に比べ、生徒が教師からの期待を感じ取っておらず、結果的に彼ら／彼女らの学習意欲や教育達成へのアスピレーションは「レフトアウト」(のけ者に) されていると論じている。

一方で、先行研究からは、教師＝生徒関係が生徒の学校適応や進路形成にもたらすポジティブな影響も見出すことができる。下位ランクの全日制高校においても、門脇（1992）は、質問紙調査の結果から、教師の生徒への接し方によって教師への見方や問題行動の有無に違いがあることを示している。また、苅谷ほか（1997）や岩田（2010）では、向学校的な態度を示す生徒ほど進路を決定して卒業する傾向にあることを明らかにしている。さらに、後述するように、非主流の後期中等教育機関では、生徒たち（とくに不登校経験をもつ生徒）が教師との親密な関係性によって登校を継続できている様子も描き出されている（片岡1994; 杉田2009など）。生徒の大多数が学校適応や進路決定へと導かれている学校で、どのような教師＝生徒関係が築かれているのかについては、改めて経験的データから問い直していく必要があるだろう。

　以上をふまえ、本書では、①学業達成・地位達成のアスピレーションに集約されない生徒たちのさまざまな「志向性」と、②生徒集団、教師＝生徒関係をはじめとした学校の人間関係がもつポジティブな側面に着目しながら分析を進める。学校格差構造で下位に位置づく学校・教育施設のあり方を描き出す際に、これらの新たな2つの視点が有効な切り口となることを示すのは、本書の学問的オリジナリティの1つであるといえるだろう。

　なお、分析の各章では、これらの2つの視点のほかに、森田（1991）のボンド理論による不登校生成モデル（第5章）、心理学のキャリア理論である「計画された偶発性」理論（第7章）、「想起される学校経験」（第8章）などの理論・概念も援用しながら、分析を進めていく。

2.3　非主流の後期中等教育機関における学校適応と進路形成

　非主流の後期中等教育機関は、学校格差研究の中では、見逃されてきた研究対象であった。ただし、非主流の後期中等教育機関における学校適応については、学校格差構造とは明確に関連づけられない形で、生徒たちが登校を継続する理由についての考察も行われてきている。これまで示されてきた知見は、以下の2点にまとめられる。

第1に、とくに不登校経験のある生徒に関しては、教師・友人との親密な関係が登校継続につながっているということである。
　たとえば、片岡（1994）は定時制高校について、教師やクラスメイトから一人前の人間として扱ってもらえるような雰囲気が、多くの生徒を学校に定着させる重要な要因になっていると推察している。他にも、教師については、家族のように接する関わり（柿内ほか 2010）や、親しみやすさ・話しかけやすさ（杉田 2009）などが、生徒を学校につなぎとめる要因として指摘されている。また、友人関係についても、高森（2004）はサポート校について、友人同士が集まれる場であること、そしてそこでのコミュニケーションが居心地のよいものであることを、生徒たちの登校継続の要因として挙げている。ただし、稲垣・和気（2007）は、通信制高校に通う不登校経験者へのインタビューをもとに、同級生の人間関係の負担が小さいからこそ登校を継続できると考察しており、同級生との関係の近さが登校継続に対してもつ意味については相反する知見も提示されている。
　第2に、高校中退経験者や逸脱行動を多くとる生徒たちに関しては、学校の規律を緩めることが学校定着につながりうるということである。
　渡辺（1992）は、定時制高校で高校中退者の退学率が低い理由について、管理的側面の強い下位ランクの全日制高校（＝前籍校）に比べ、定時制高校では校則が緩やかなため、退学に追い込まれることが少ないからだと論じている。また、定時制高校とサポート校については、生徒が学校に定着するならば多少の逸脱には目をつぶったり（西村 2002）、授業が嫌いな生徒に合わせて授業時間の多くを雑談に費やしたりする（東村 2004）など、規律を緩めることで生徒の学校定着を目指す教師の実践も描かれている。
　不登校経験者の登校継続と、逸脱行動を多くとる生徒の学校への定着という側面は、非主流の後期中等教育機関においては、「学校適応」と呼ばれる諸側面の中で非常に重要なものである。ただし、上記の2点の指摘だけでは、生徒たちの学校適応に関連しうるすべての要因を描き出したとはいえないだろう。上記の2点の指摘に関連して、さらに以下の2点を新たに確認する必要があると考える。

第1の点に関連して確認すべきは、不登校経験者の登校継続の要因として、これまでは教師・友人との関係のあり方のみが指摘されてきたが、他の要因によって登校継続が支えられている可能性はないのか、ということである。森田（1991）は、子どもたちが登校回避感情をもちつつもなぜ学校に登校するのかについて、ハーシのボンド理論（Hirschi 1969=1995）を援用して不登校生成モデルを提示し、その有効性について実証している。そこでは、両親・教師・友人に対する愛情や尊敬の念だけでなく、教育や職業における目標へのアスピレーションや、学校での諸活動から得られる即時的な欲求の充足、登校・出席に対する道徳的義務感情などが登校継続に影響を与えていることが明らかにされている。

　非主流の後期中等教育機関においても、不登校経験者が登校を継続する過程で、進路展望や部活動など、対人関係以外の要因が重要な役割を果たす可能性も十分に考えられるだろう。不登校経験者の登校継続を支えるのは学校での対人関係なのか、それとも他の要因も重要な意味をもっているのかということは、生徒の登校に対する意味づけをもとに改めて検証し直すべき課題であるだろう。

　第2の点に関連して確認すべきは、逸脱行動に寛容な態度をとらなければ、中退者や逸脱行動を多くとる生徒を学校に定着させることはできないのか、ということである。というのも、逸脱行動に寛容な態度をとることが、同時に教師たちに新たな葛藤やジレンマを引き起こすことも指摘されているためである。西村（2002）は、教師が生徒指導を徹底することで基本的生活習慣を身につけさせたいと感じている生徒が、定時制高校では規律が緩いことでズルズルと欠席時数をオーバーしてしまい、中退に至ってしまう場合が少なくないと述べている。東村（2004）もサポート校の事例について、授業らしい授業をほとんどしない状態では生徒の学力はつかないのではないか、遅刻者や欠席者のために常に補講が設けられることで集団生活が難しくなるのではないか、などの疑念を記している。

　そのためもあってか、規律を緩めることによって生徒を学校に定着させるという方針は、非主流の後期中等教育機関のすべてで採用されているわけで

はない。たとえば、東京都の昼夜間定時制高校では、多くの学校が「本校の期待する生徒の姿」として、「学校生活のルールやマナーを守って行動できる生徒」「学校や社会におけるルールの大切さを理解し、守ることができる生徒」というふうに、学校の規則を守ることの重要性について明記している。逸脱行動をとる生徒たちがジレンマのない形で学校適応をしていくことを目指すのであれば、生徒指導上の指導を受容するようになるメカニズムと、それを促す教育実践・背景要因を探究の課題としていくべきだろう。

なお、非主流の後期中等教育機関における生徒たちの進路形成に関しては、卒業後の進路動向の量的把握（高口ほか 2008; 全国高等専修学校協会 2016 など）が行われるのみにとどまってきた。本書は、非主流の後期中等教育機関からの進路形成のメカニズムを分析の俎上に乗せるという意味で、従来の研究から一歩踏み出した研究だといえる。

非主流の後期中等教育機関の中でも、進路決定の状況は一枚岩ではなく、学校種の間や学校種の内部でかなりの多様性がある。たとえば高口ほか (2008) では、定時制高校の内部でも、進路未定率が0%の学校から50%以上の学校まで、その進路形成の状況には大きな差があるという調査結果が示されている（詳しくは第2章）。これは、非主流の後期中等教育機関の生徒たちが学校格差構造によって進路形成上の制約を一様に受けているわけではないということを示している。しかし、そうした進路形成上の差異がなぜ生じているのか、そこに教師の教育実践がいかに関連しているのかというそのメカニズムについては検討されていない。そうした中で本書では、進路決定率の高い学校での進路形成メカニズムがいかなるものであるかについて示していく。

また、卒業後の就業・就学継続に関しては、卒業してすぐに就職先・進学先を離職・中退する卒業生が少なからずいることを指摘する文献はあるものの（西村 2002; 柿内ほか 2010）、その事態と教師たちの教育実践がどのような関連をもつのかなどのメカニズムは探究されていない。本書では、卒業後の就業・就学継続のメカニズムについても分析を行っていく。

本書は、これまでの非主流の後期中等教育機関を対象とした研究と比べて、①不登校経験をもつ生徒の登校継続につながる要因として、教師・友人との

関係のあり方以外の要因にも視点を広げて検討する、②生徒たちが生徒指導上の指導を受容するようになる過程と、それを促す教育実践・背景要因を探究の課題に据える、③非主流の後期中等教育機関からの進路形成のメカニズムについて分析を試みる、という3点の学問的オリジナリティを有する。さらに本書は、研究方法や研究枠組みの面から、以下の2点の学問的オリジナリティがあるということができる。

　第1に、学校適応や進路形成のメカニズムについて、生徒の語りに基づいて分析していくという点である。先行研究で示されてきた知見は、杉田（2009）や稲垣・和気（2007）といった一部の研究を除き、そのほとんどが教師の語りやふるまいをもとに考察されたものである。生徒は教師の教育実践の意図をただ受動的に受け入れるわけではなく、積極的に情報を選択し行動に移していく主体のはずである。そのため、教師の教育実践上の工夫が必ずしも生徒の指導の受容につながるとは限らない。生徒にとって実際に何が登校継続の理由や指導を受容する契機となるのか、また何が進路選択の基準となるのかを知るためには、生徒の意味づけをもとにした検討がより適切なアプローチであるといえるだろう。

　第2に、生徒の学校適応・進路形成にどのような要素が影響しているかを、さまざまな要因間の複雑な関連性をふまえて探索的に検討していくという点である。先行研究では、生徒の意味づけ、教師の教育実践、学校・教育施設内の背景要因、学校・教育施設を取り巻く構造的背景といった4者の複雑な関連性の検討が十分に進められてきたとはいいがたい。たとえば、教師・友人との親密な関係が生徒の登校継続を支えていることが明らかにされてきたが、どのような背景要因や構造的背景のもとで教師・友人との親密な関係性が形成・維持されているのかという点には、検討が及んでいない。

　また、不登校経験者の登校継続につながる要因と、生徒が指導を受容する契機となる要因、さらには生徒を進路決定や卒業後の就業・就学継続へと水路づける要因には、共通点や差異、さらにはそれぞれの複雑な関連性がみられるだろう。しかし、これまでの研究では登校継続なら登校継続、逸脱行動なら逸脱行動、と検討するトピックが1つに絞られており、トピックごとに

描き出される要因間の関連は示されてきていない。事例研究という研究枠組みによって要因間の複雑な絡み合いを浮かび上がらせ、総体的な見取り図を描き出すことは、本書の重要なオリジナリティだといえるだろう。

なお、非主流の後期中等教育機関がもつ特徴や、受け入れる生徒層などについても、それぞれ断片的な指摘はあるものの、それらが全体としていかなる傾向があるのかについては十分な整理がなされていない。そのため第2章・第3章では、非主流の後期中等教育機関の中でのY校の位置づけを確認するためにも、さまざまな文献資料による断片的な指摘を整理することで、非主流の後期中等教育機関の現状がいかなるものであるのかについて論じておく。

3　方法と事例

上記の研究関心に基づき、本書ではある高等専修学校（Y校）を対象とした事例研究を軸に検討を進めていく。

事例研究は、その定義を簡潔に示すなら、「境界があるシステムの探求」である（Bloor and Wood 2006=2009）。事例研究は、複数の個体からなる個体群の全体についてその値の分布に関心をもつ統計的研究に対し、社会現象の中で1つのまとまりをなすと考えられる個体そのものに焦点を当てるデザインである（盛山 2004）。事例研究と統計的研究はきれいに二分できるものではなく、統計的な分析を用いた事例研究も中には存在する。しかし、事例研究というデザインをとるものの大多数は、インタビューデータ、参与観察のフィールドノーツ、文献資料などの質的なデータを収集し、それらを軸として分析を進めるものである。本書においても、質的データの収集・分析を軸とした事例研究というデザインを採用する（以下、本書で「事例研究」と述べる際は、「質的データの収集・分析を軸とした事例研究」のことを指す）。

事例研究では、状況の深い理解とそこに関わる人々にとっての意味の把握がねらいとされる（佐藤 2006；Merriam 1998=2004）。また、①「どのようにして」「なぜ」というプロセスを探求する問いを立てる場合、②重要な変数が状

況の中に埋め込まれていて事前にそれらを取り出すのが困難な場合などに、事例研究という研究のデザインは有効性を発揮する（Merriam 1998=2004）。

　本書では、教師による教育実践が生徒に対するどのような意味づけのもとに組織され、またその教育実践が生徒にどのような意味づけをされ、結果として生徒の行動にどのように影響していくのかを捉えようとする。言い換えるならば、教師と生徒の相互作用によってどのようにして生徒が学校に適応し、進路を決定していくようになるのかというプロセスの把握を目指している。ただし、生徒・教師の意味づけや行動は、学校・教育施設内の背景要因や、学校・教育施設が置かれる構造的背景にも影響を受けているはずである。

　しかし、本書は「非主流の後期中等教育機関への注目」「困難の克服メカニズムへの注目」という従来の研究とは異なる視点をとるため、いかなる要因が重要な変数となるのかを事前に完全に推測することは難しい。2節では生徒が有する志向性や生徒間関係、教師＝生徒関係が重要な変数となる可能性を指摘したが、いかなる志向性や関係性が重要な変数であるのか、また、それらがいかなる背景要因や構造的背景との結びつきを有するものなのかについては、事前に明らかにすることはできない。そうした理由から、本書にとって事例研究という研究のデザインは、目的に合致したものであると考えられる。

　しかし、事例研究には、以下のような批判が寄せられることがある。統計的研究のようにランダムサンプリングを用いず、任意の事例から描き出した知見は、あくまで「その事例の中で何が起こっていたか」を明らかにしたにすぎない。そのため、より広い社会でも一般的に起こる事象だとはいえない（知見を一般化できない）、という研究の意義に対する批判である。こうした批判に対し、統計的研究を「仮説検証型」、事例研究をはじめとしたいわゆる質的研究を「仮説生成型」と区別して意義を論じるというのは、批判回避の1つの方法である。しかし本来は、ランダムサンプリングを伴う統計的研究においても、標本から得られた知見がより広い社会でも一般的に生じる、または「仮説は検証された」と断言することはできない。なぜなら、統制されていない変数による影響や、検定を経ても生じる「第1種の誤り」「第2種の

第1章　後期中等教育のセーフティネットへの着目　39

誤り」[12]などの、克服しがたい課題を抱えるためである。この点をふまえるならば、統計的研究も厳密には仮説生成の営みだと考えるべきであろう。

　では、事例研究をはじめとした質的研究（さらには統計的研究）が有しているのはいかなる意義なのか。メリアムは質的研究について、「具体的普遍性」や「利用者あるいは読者の側の一般化可能性」というような、別様の一般化可能性があると述べる（Merriam 1998=2004）。私たちは特殊な状況で学んだことを、のちに遭遇する類似した状況に当てはめたり一般化したりして利用することがある[13]。本書の事例研究というデザインは、メカニズムをより深く詳細に描き出せるがゆえに、他のデザインの質的研究や統計的研究以上に、そうした形での今後の研究や社会に対する意義を有するものだと考えられる。

　本書では事例として、高等専修学校であるY校を対象に選択する。Y校は、非主流の後期中等教育機関の中の典型例であるとはいえない。しかし、そもそも非主流の後期中等教育機関には、定時制高校、通信制高校、高等専修学校、サポート校などさまざまな学校種の機関が存在し、カリキュラム編成や教師の教育実践のあり方は学校種ごとに非常に異なる（第2章）。また、定時制高校の内部でも昼夜間定時制高校と夜間定時制高校ではその内実が大きく異なるように、同じ学校種内でもカリキュラム編成や教師の教育実践のあり方にはかなりの差異があり、典型例を指定することは困難である。

　むしろ事例研究では、研究の目的に沿った形でより多くのことを学べる可能性をもった事例を選択することが望ましいという指摘がある（Stake 2000=2006; 盛山 2004）。そうした指摘をふまえ、本書ではY校という事例を選択した。

　Y校は、法人内の幼稚園、小・中学校で受け入れている自閉症の児童・生徒の最終教育現場として設立されたという非常に特殊な経緯をもち、現在も全生徒の6割近くが自閉症の生徒である。しかし、障害がない生徒（Y校での呼称を借りるなら「健常の生徒」）も約4割在籍している。本書ではこうした「健常の生徒」を主な分析対象にするが、彼ら／彼女らのうち、中退する生徒は3年間で1割程度であり、大多数の生徒は教師と良好な関係を築くようになる。そして、健常の生徒についても自閉症の生徒についても、ほぼすべ

ての生徒が進学先・就職先を決定して卒業していく。卒業生の就業・就学継続に関しても、近年ではより多くの生徒が早期離職・中退せず、仕事や学校を続けるようになっている（Y校の概要については第4章参照）。

またY校は、学校の歴史が長く、また私学であるため教員の異動も少ないことから、教師の教育実践のノウハウが蓄積されてきた学校である。試行錯誤を経て培われてきたノウハウに基づく教師の教育実践は、生徒にとって望ましい教育実践を求めたうえで行き着いた到達点の1つとして考えることができる。しかし、それでも直面する教師・生徒の困難があるとしたら、それは教師の不作為というよりは、学校内の試行錯誤のみでは乗り越えがたいものである可能性が高いだろう。Y校は、非主流の後期中等教育機関の学校・教師の教育実践がもつ可能性と限界を、より適切な形で浮き彫りにする事例だと考えられる。

ただし、Y校の事例からは描き出せない点もある。たとえば、Y校は私学であるため、経済的に厳しい家庭の子どもや養育環境が整っていない家庭の子どもは一定数在籍するものの、公立の非主流の後期中等教育機関に比べると少ない。そのため、家庭の経済的困難の問題は、分析の中に色濃く反映されているわけではない。また、Y校は全日制高校と同様の形で週5日・昼間に授業を行う学校であり、夜間の定時制高校や通信制高校、サポート校と比べて、生徒たちが学校で過ごす時間は長い。生徒が学校のなかで過ごす時間が短いことがもつ意味は、本書からは描き出せない。しかし本書は、それらの課題を今後の事例研究や統計的研究で明らかにするときの比較対象として、重要な意義をもつものとなるだろう。

なお、Y校の分析に用いるデータは、参与観察のフィールドノーツ、教師・生徒・卒業生へのインタビューの文字起こし、Y校に関する文献資料や新聞記事などである。本書の分析では、Y校の複雑な成り立ちに必然的に含まれる矛盾や非一貫性を丸ごと捉えるために、種々雑多なデータの収集方法を併用していく。しかし、Y校に関する記述のみでは、Y校に生起している状況がY校特有のものであるか、それとも非主流の後期中等教育機関のなかでより広がりをもつ事態なのかということかということは、十分に把握する

ことはできない。そこで本書（とくに第2章・第3章）では、高等専修学校5校に対するヒアリング調査の結果や、定時制高校・通信制高校・サポート校などの文献資料なども分析の素材として活用していく。

なお、本書ではさまざまなデータを併用しながら知見を導き出していくが、もちろん、調査の中ですべての生徒・教師に話を聞いているわけではなく、学校で起こるすべての事象に立ち会えるわけではない。とくに、卒業生インタビューについては、さまざまな理由が重なり、協力者を生徒・教師インタビューのように幅広く集めることは難しかった（詳しくは第8章）。

1980年代半ば以降、エスノグラフィーをはじめとした質的研究においては、研究者は調査対象者の生きられた経験を直接捉えることができるという考え方に異議が申し立てられてきた（「表象の危機」）(Denzin and Lincoln 2000=2006: 19)。クリフォード（J. Clifford）とマーカス（G. E. Marcus）によって編集された『文化を書く』では、エスノグラフィーは、調査者と被調査者との権力関係によって構成されたデータを、調査者が意図的に選択して描写した「部分的真実」にすぎないと指摘している（Clifford and Marcus eds. 1986=1996）。もちろんこうした「表象の危機」についての指摘は、本書をはじめ、他の質的研究（さらには統計的研究）においても必然的に当てはまるものである。本書で描き出そうとしているY校の学校適応と進路形成のメカニズムに関しても、本書で得たデータや採用する分析視角からでは描き出せない、より幅広いメカニズムが存在するであろう。

いかなる質的研究（さらには統計的研究）においても、「部分的真実」としての性質は逃れられない。しかし、上記の限界を理解しながらも、「真実」は描き出せないとシニシズムに陥るのではなく、収集可能なデータを最大限生かしながらより妥当だと思われる仮説の生成に取り組んでいくことは、重要な営みだと考える。本書の調査・分析はそうした認識に基づいて実施している。

4　本書の構成

　本書は、非主流の後期中等教育機関において生徒の学校適応・進路形成を支える教師の教育実践とそれを支える背景要因、そしてそうした教育実践のもとで直面する困難について、Y校の事例をもとに描き出していくことが主眼にある。ただし分析に入る前の前提知識として、非主流の後期中等教育機関におけるそれぞれの学校種・形態の特徴と、入学してくる生徒層、カリキュラム編成、中退率・進路未決定率の現状について、第2章・第3章で言及する。

　第2章では、まず、非主流の後期中等教育機関と一括りにして呼ぶ中でも学校種・形態は非常に多様であるため、それぞれの学校・教育施設の概説を行い、受け入れる生徒層とカリキュラム編成の共通点・相違点について整理する。そして、非主流の後期中等教育機関の内部での中退率や進路未決定率には、学校格差構造による制約のみでは説明できない差異があることを示す。

　そうした中で第3章では、入学する生徒層に焦点を当て、学校・教育施設ごとに受け入れる生徒層に微妙なコントラストがあることの意味について、東京都の非主流の後期中等教育機関における入学者選抜の基準をもとに考察する。分析からは、さまざまなタイプの困難を抱える生徒が非主流の後期中等教育機関に進学を希望する中で、非主流の後期中等教育機関が採用している入学者の選抜基準によって、ある一定の層が入学機会上の不利を受けている様子が浮かび上がる。

　こうした背景を理解したうえで、第4章では第5章以降の分析に備えて、事例となるY校について紹介するとともに、フィールド調査の概要について記述する。まず、Y校の概要について学校資料などをもとに提示した後（1節）、Y校の入学者選抜と生徒層、学校生活の1日の流れ、授業のあり方と生徒たちの学力について、フィールドノーツやインタビューのデータなどを交えながら記述する（2節）。そして3節で、Y校で実施したフィールド調査の概要を示す。

　第5章～第8章では、Y校における生徒の学校適応・進路形成のメカニズ

ムを描き出す。その際、学校適応に関しては「不登校経験者の登校継続（第5章）」「教師の指導の受容（第6章）」、進路形成に関しては「進路決定（第7章）」「卒業後の就業・就学継続（第8章）」の側面を取り上げる。これらの4点は、生徒たちを中退させることなく卒業させ、社会的自立の道へとつなげるために不可欠な、指導上の課題として考えられるものである。

まず、Y校では日々の登校継続が卒業の要件となるが、不登校経験者が多数入学してくるため、彼ら／彼女らの登校継続を支えるためのさまざまな教育実践が必要とされている。また、これまでの学校体験から教師に不信感を抱いて入学してくる生徒も多く、入学当初は教師に反発したり教師の話に耳を傾けなかったりする生徒も多い。教師たちは、彼ら／彼女らをそのまま卒業させたのでは卒業後の場ではうまくやっていけないという認識から、生徒たちが指導を受け入れるようになるまでさまざまな働きかけを行うことになる。

進路形成に関しては、Y校では将来の進路展望が曖昧な状態で入学してくる生徒が大多数であり、教師たちは生徒が卒業後の進学先・就職先を選びとるまでにさまざまな働きかけを行っている。また、Y校では生徒たちの卒業後の就業・就学継続も課題として捉えられており、近年では積極的に卒業生の就業・就学継続に向けた取り組みがなされてきている。

第5章〜第8章では、「なぜY校では過去の学校で不登校を経験した生徒たちが登校継続できているのか」「なぜY校の生徒たちは教師の指導を受容するようになるのか」「なぜY校の生徒たちは進路を決定して卒業していくのか」「なぜY校の卒業生たちは就業・就学を継続できているのか」という問いについて、生徒・卒業生の語りをもとに検討していく。そうした中で、生徒たちが有する「志向性」と学校内で形成される人間関係の2点に目を配りながら、生徒たちを学校適応・進路形成へと水路づける教師の教育実践や背景要因を提示していく。

しかし一方で、Y校からの中退やY校卒業後の早期離職・中途退学といった形で、学校側が考える社会的自立の道筋から外れていく生徒たちもいる。彼ら／彼女らの姿からは、Y校の教育実践のみで生徒たちの社会的自立を支

えることの限界や、教師が抱えうる教育実践上のジレンマを見出すことができる。第5章〜第8章ではそれらの点についても言及していく。

第9章では、生徒の学校適応と進路形成を支える教師の教育実践・背景要因と、それらの教育実践のもとで学校・教師が直面する困難について整理し、本書の学問的・実践的意義と今後の研究課題について述べる。

【注】

1 「自立」あるいは「社会的自立」という言葉は、近年では広範な意味をカバーする言葉になっている（久木元 2005）。たとえば、内閣府による「若者の包括的な自立支援方策に関する検討会 中間取りまとめ」（2005年）では、社会的「自立」の概念について、「ここで目標とされる『自立』は、就業による経済的自立に限らず、親から精神的に独立しているかどうか、日々の生活において自立しているかどうか、社会に関心を持ち公共に参画しているかどうかなど、多様な要素を含むものととらえる」という定義を示している。また小杉（2011）も、若者の自立にはさまざまな捉え方があり、自分で働いて得たお金で自分の生活費をまかなうという経済的な意味での自立、食事のしたくや洗濯などの日常生活を自分で整えられるという生活の自立、親の家を出て一人で（あるいはパートナーなどと）暮らすという居住の自立、さらには精神的自立や政治的自立などという捉え方もあると論じている。本書では「社会的自立」という言葉を、小杉（2011）の説明に準拠して、経済的自立、生活的自立、居住の自立、精神的自立、政治的自立といったさまざまな自立概念を含みこむ言葉として用いていく。なお、それぞれの自立については、経済的自立が困難であることにより居住の自立がままならない、というように、それぞれの自立への移行はさまざまな形でより糸のように相互に結びつき連動するものである（Jones 2009）。

2 後期中等教育段階の専修学校。一定の条件を満たす3年制の学校では、大学入試資格を取得できる（詳しくは第2章）。

3 通信制高校に在学する人を対象とし、高校卒業資格をより確実に取得できるよう、学校の形態で学習・生活面での支援を提供する民間の教育施設（詳しくは第2章）。

4 こうした研究デザインは、鍋島（2003）を嚆矢とする日本の「効果のある学校」研究のアプローチを参考にしている。「効果のある学校」研究では、教育的に不利な環境のもとにある子どもたちの基礎学力を引き上げている小中学校と取り上げ、その学力向上の要因を事例研究によって探索し、学校現場の実践への示唆を提示することを目指してきた（志水 2005；川口・前馬 2007；志水編 2009など）。

5 学校ごとの偏差値は、学研教育出版『2011年入試用　都立に入る！』による、

2011年度入試の60％合格基準の値。全日制普通科では男女別の60％合格基準の偏差値の平均、全日制専門学科ではコースごとの60％合格基準の偏差値の平均を算出して使用した。

6　学校ごとの中退率は、東京都教育委員会『平成22年度における児童・生徒の問題行動等の実態について』に記載されている、2010年度のもの。

7　学研教育出版『2011年入試用　都立に入る！』に掲載されている2009年度の卒業後の進路状況について、進学・就職・浪人いずれでもない者の割合を算出できる学校の値を使用した。

8　ペタゴジカル・ストラテジーは、元は清水（1998）によって名づけられた概念である。清水（1998）は小学校の事例研究の中で、教師が「サバイバル」「教室のコントロール」という目的を内包しつつ、「理想の教育の実現」という目的を達成するために編み出した戦略をとる姿を描き出し、それらの戦略を「ペタゴジカル・ストラテジー」と名づけている。

9　「チャーター」とは、卒業生が社会人となってからある地位を占める権利と正当性を伴う、学校の社会的定義のことである（竹内1995）。

10　現代の学齢期の子どもたちについては、かつてより学業達成や地位達成ではない目標を追い求めるようになったことが指摘されている。本田（2005a）は、近年において学齢期の子どもたちの努力の内実が、「閉じた努力」から「開かれた努力」へと変質しつつあると論じている。かつては受験勉強を典型とする、与えられた目標に向かって反復練習などを通じて自分自身の単線的な向上を遂げるような「閉じた努力」が主流であったという。しかし近年では、その時々の周囲の状況に応じて自分のあり方や目標を自ら選び取り、それに向かって最大限の力をつくすような「開かれた努力」がなされるようになってきたと指摘している（本田2005a：76）。この「開かれた努力」に関する議論は、学習時間によって測定可能な勉強面での努力だけではなく、より幅広い目標に向けた努力が子どもたちに重要視されていることを示唆するものである。

11　本書の「志向性」の概念は、現象学におけるIntentionalitätの概念ではなく、ハーシ（Hirschi 1969=1995）が用いたorientationをもとにしている。なお、こうした「志向性」の概念に近いものとして、マズロー（A. H. Maslow）による「欲求」（詳しくは Maslow（1970=1987）参照）の概念や、心理学における「動機づけ」の概念が挙げられる。これらの概念ではなく「志向性」という言葉を概念として設定したのには、以下の2点の理由がある。第1に、「欲求」「動機づけ」という言葉が主に行動を喚起させる心の内面に焦点を当てるものであるのに対し、「志向性」という言葉を用いた場合、本人が目標の達成に向けて意識を方向づけている様子を強調できるためである。第2に、「欲求」や「動機づけ」の概念は研究の進展の中で厳密な定義づけが行われており、それらの定義から逸脱した現象が事例から浮かび上がる可能性があるためである。本書では事例に基づいてボトムアップに「志向性」を捉えようとするが、それらの「志向性」の中には「欲求」や「動機づけ」の厳密な定義にはうまく当てはまらないものがあり、「欲求」

や「動機づけ」の概念では現象を統合的に説明することが困難であった。そのため本書では、厳密な定義づけが進んでおらず感受概念として用いることが可能な、「志向性」という概念を分析・考察に適用した。

12　統計的検定では、「帰無仮説を設定した有意水準に基づき棄却する」という形で、ある値が有意な結果であるかを検定する。しかし、そうした検定の中で生じる誤りとして、帰無仮説が正しいときにそれを棄却してしまう「第1種の誤り」と、帰無仮説が正しくないときにそれを採択してしまう「第2種の誤り」が生じる（南風原 2002）。

13　とくに、エスノグラフィックな事例の報告は、意識と理解の最も基本的な過程に影響を与えながら、実際の経験に匹敵するものを想起させる可能性をもつ（Stake 2000=2006）。

第２章　後期中等教育のセーフティネットの多様性

１　問題設定とデータの概要

　第１章でみてきたように、中学校を卒業した者の92.4％が全日制高校へと進学する一方で、他にも後期中等教育段階の子どもたちを受け入れる場として、さまざまな学校や民間の教育施設が存在している。なかでも、定時制高校・通信制高校・高等専修学校・サポート校をはじめとした非主流の後期中等教育機関は、全日制高校が受け入れきれない中学校卒業者たちを受け入れる、後期中等教育におけるセーフティネットの役割を担ってきた。

　非主流の後期中等教育機関は、入学してくる生徒層のニーズをふまえて、全日制高校とは異なる制度的統制のあり方を生かして非常に特色あるカリキュラム[1]を編成し、また特徴的な教育実践を行っている。ただし、これまでの研究では、非主流の後期中等教育機関が受け入れる生徒層や、各学校・教育施設のカリキュラム編成について、その現状を整理するという作業は行われてこなかった。さらには、生徒の学校適応と進路形成の状況を表す１つの指標となる中退率・進路未決定率についても、どのような現状にあるかが整理されているとはいいがたい。各学校・教育施設のそれらの実態には、ある部分では共通性があるものも、大きな差異も存在する。

　そこで本章では、主に定時制高校・通信制高校・高等専修学校・サポート校に焦点化し、これらの学校・教育施設について書かれた論文・実践報告・調査報告による断片的な指摘を整理することで、以下のリサーチクエスチョンについて検討していく。

定時制高校・通信制高校・高等専修学校・サポート校では、
 RQ1 いかなる生徒層を受け入れているのか
 RQ2 生徒に向けてどのようなカリキュラムを用意しているのか
 RQ3 生徒たちの中退率と進路未決定率はどのようになっているのか

　上記のリサーチクエスチョンについて検討する意義について、本書との関連で述べると、以下の2点が挙げられる。第1に、本書で事例とする高等専修学校（Y校）が、非主流の後期中等教育機関全体の中でいかなる特徴をもつ場なのかについて把握することができる。非主流の後期中等教育機関が有する特徴と生徒の学校適応・進路形成との関連について、Y校の事例からはいかなる点について論じることができる（できない）のかを、押さえることが可能になる。

　第2に、本書のアプローチの妥当性について確認することができる。結果を少し先取りすると、定時制高校・通信制高校・高等専修学校・サポート校といった学校・教育施設では、その学校種の間でも、学校種の内部でも、受け入れる生徒層はかなり近いにもかかわらず、カリキュラム編成にはかなりの多様性がみられる。また、それと連動して、教師の教育実践も学校・教育施設ごとに多様なものになることが想定される。しかし、もし学校・教育施設ごとにそうした差異がありながらも、生徒の中退や進路未決定の状況に差がないのであれば、「生徒の学校適応や進路形成に有効な教育実践を抽出する」という本書のねらいは成立しえない。その場合、生徒の学校適応や進路形成の状況は、各学校・教育施設のカリキュラム編成や教育実践の独自性にかかわらず、学校格差構造上の位置づけに強く規定されていると考察すべきである。逆に、異なるカリキュラム編成を行っている学校群の間で中退率と進路未決定率に明確な差異がみられた場合、カリキュラム編成やそれに伴う教師の教育実践の差異をもとに、生徒の中退や進路未決定が食い止められているという可能性を想定することができるだろう。

　以下では、後期中等教育における全日制高校以外のさまざまな学校・教育施設について概説した後で（2節）、非主流の後期中等教育機関のうちとくに

規模の大きい定時制高校・通信制高校・高等専修学校・サポート校に焦点を絞り、受け入れる生徒層とカリキュラム編成について、その共通点と相違点を示していく（3節）。4節では、非主流の後期中等教育機関の中退率・進路未決定率がいかなる状況があるのかについて検討する。その中で、とくに学校・教育施設の間でいかなる差異がみられるのかについて焦点を当てて論じる。

2　全日制高校以外の後期中等教育機関

　日本には、全日制高校以外にも、後期中等教育段階の子どもたちを受け入れるさまざまな学校・教育施設が存在する。本節では、そうした多様な学校・教育施設について、さまざまな文献資料を引用しながら概説を行う。

　表2-1は、これらの学校・教育施設を、①学校教育法で規定された「学校」であるか否か、②学校教育法第1条に規定された学校（1条校）であるか否か、の2点で整理して示したものである。後期中等教育機関は、学校教育法での規定に基づき、「1条校」「非1条校（1条校以外の学校）」「民間の教育施設」の3つに分類することができる。

表2-1　後期中等教育機関の分類

	①学校教育法での規定	②1条校か否か	制度的統制と公的助成
高等学校（全日制課程）　　　　　（定時制課程）　　　　　（通信制課程）	学校教育法で規定（学校）	第1条で規定（1条校）	制度的統制：強 公的助成：多
中等教育学校（後期課程）			
高等専門学校			
特別支援学校高等部			
高等専修学校		第125条第2条で規定	制度的統制：弱 公的助成：少
技能連携校		第55条で規定	
サポート校	規定なし（民間の教育施設）	—	制度的統制：無 公的助成：無
高卒認定予備校			
フリースクール			
フリースペース			

こうした分類は、学校への制度的統制の強さや地方自治体による助成額の多寡とも連動するものである。高等学校をはじめとした1条校では、カリキュラム編成に影響を与える制度的統制（学習指導要領、学校設置基準など）が非1条校に比べて強い。たとえば、高等学校と高等専修学校の教育課程の規定について比較すると、高等専修学校の方が専門的な授業や学校独自の授業に充てられる時間は多いといえる。高等学校では、学習指導要領によって、卒業までに必要な単位（74単位以上）のうち38単位は必履修科目として指定されている。一方で、高等専修学校の場合、大学入学資格付与指定校の場合でも、課程の修了に必要な総授業時数（2,590時間以上）のうち普通教科の授業は420時間以上あればよく、また105時間までは普通教科の授業を教養科目（芸術・保健体育など）の授業で代替できる。ただし、1条校の中でも制度的統制の形は多様であり、定時制高校や通信制高校ではその法的位置づけから、夜間授業や通信教育が可能であることを生かした柔軟なカリキュラム編成を行うことが可能になっている。

ただし、高等専修学校・技能連携校からなる非1条校は、制度的統制の弱さと引き換えに、1条校に比べて公的助成額も少ない傾向にある（清水2002）。具体的な例を挙げると、2011年度における東京都の私立学校への補助金の助成額は、生徒1人当たりで計算すると、私立の全日制高校で360,200円、高等専修学校で149,600円であり、約21万円の差があった。

さらに、サポート校やフリースクール・フリースペースなどの民間の教育施設については、「学校」ではないために制度的統制を受けず自由にカリキュラムを編成することが可能である。その反面、公的助成も行われないため、在学生の学費によって運営が支えられている。

以下では、各学校・教育施設の概要について見ていく。

2.1　1条校

まず、学校教育法の第1条で規定されている後期中等教育段階の学校については、**高等学校**、**中等教育学校**（後期課程）、**高等専門学校**、**特別支援学校**が挙げられる。**高等学校**には、全日制課程、定時制課程、通信制課程があり、

それぞれ**全日制高校**、**定時制高校**、**通信制高校**と呼ばれることが多い。

定時制課程は、学校教育法第4条で「夜間その他特別の時間又は時期において授業を行う課程」と定められており、修業年限は3年以上とされている。平成27年度の学校基本調査によると、定時制高校を設置している学校は全国で656校（公立626校、私立30校）あり、生徒数は計97,333人である。

標準の修業年限については、かつては多くの学校が4年と定めていた。しかし近年では、学校内での授業の追加履修や通信制課程の併修などによって、3年間での卒業が可能な学校が多数存在する（3修制）。

定時制高校は、戦後、勤労青少年に対する正規の後期中等教育コースとして新たに導入され、勤労青少年に対する教育機会の拡大という役割を担ってきた（片岡1983）。当時の定時制高校の多くは、夜間に授業（1日4時間）が開講される公立高校であり、「学力は高いが経済的余裕の少ない家庭出身者」に高校教育を提供する場であった（片岡1983）。

しかし、定時制高校は、近年に至るまでにその位置づけを大きく変化させてきた。1970年代に入ると、定時制高校は全日制受験失敗組の受け皿として、生徒の低学力の問題を抱えるようになった（今井2006）。また、1980年代には極端に学力の低い生徒やいじめの被害に遭っていた生徒、不登校を経験した生徒も多く入学してくるようになった（今井2006）。近年でもこうした生徒層は定時制高校の一定数を占めており、高口ほか（2008）が全国の定時制高校373校に実施した調査では、不登校経験者が25％以上在籍していると回答した学校が75.1％であった。また、定時制高校5校の生徒への質問紙調査の結果をまとめた柿内ほか（2010）では、5校すべてにおいて、中学校時の成績が「やや下位」「下位」と回答する生徒が3分の2以上を占めていた。

同時に、定時制高校は全日制高校などからの中退者・転編入学者の受け皿になってきた。高口ほか（2008）の調査では、高校中退経験者が10％以上在籍すると答えた学校は60.3％に達している。また、非行傾向をもつ生徒、発達障害を抱える生徒、外国にルーツをもつ生徒を多数受け入れていることも、数多くの論稿で指摘されている（手島2007；高口ほか2008；平塚2010；宮下2011など）。さらには、生活保護家庭、母子・父子家庭など、経済的な課題

を抱えた家庭に育つ子どもが、在籍者のかなりの割合を占めることも示されている（平塚2010; 宮下2011など）。そして、生徒によっては上記で挙げた属性がいくつも重なり合っていることが指摘されている（西村2002）。

こうした生徒層の変化を受けて、公立の定時制高校では、主流であった夜間定時制高校が教育改革の動きのもとで統廃合され、昼間・夜間の両方で授業を開講する定時制高校（以下、昼夜間定時制高校）が増加した。これらの昼夜間定時制高校では、先ほど挙げた3修制や単位制の導入、総合学科への転換[2]、入学定員規模の大規模化、午前・午後・夜間の授業の開講（多部制）などの特徴をもっている（高口ほか2008）。たとえば、東京都の昼夜間定時制高校は単位制であり、午前・午後・夜間の3部に分けて授業が開講されている。そして、自らが在籍する部で開講される授業（1日4時間）に加えて、他の部での選択授業を履修することで、3年間で卒業することが可能になっている。

また、こうした昼夜間定時制高校においては、東京都のチャレンジスクール（2000年〜）や埼玉県のパレットスクール（2005年〜）のように、不登校・高校中退経験者の受け入れを目的とした学校も設立されている。

通信制課程は、学校教育法第4条で「通信による教育を行う課程」と定められており、修業年限は3年以上とされている。平成27年度の学校基本調査によると、学校数は全国で237校（公立77校、私立160校）であり、生徒数は計180,393人である。なお、この生徒数の中には、通信制高校と技能連携を行っている高等専修学校・技能連携校の生徒の数や、サポート校に同時に在籍する生徒の数も計上されている。通信制高校の3分の2以上は私立であり、学費は年間25万円程度のところが多い。

通信制高校も、定時制高校と同様、戦後間もなく勤労青年の教育の場として、それまで学ぶ機会を逸していた人々に教育の機会を保障するために設立された（上野2009）。その結果通信制高校は、青少年をはじめ勤労者や主婦といった人々へと幅広く学習機会を提供する役割を果たすことになった（上野2009）。

しかし近年の入学者は、10代の若者が多数を占めており、とくに不登校・高校中退経験者が多く入学する傾向にある。株式会社立の通信制高校の

生徒・保護者に対する質問紙調査では、回答した生徒のうち、不登校経験をもつ生徒が58.8%、全日制高校などからの中退者・転編入学者が52.2%と、ともに半数を超えていた（学校設置会社連盟2008）。他にも、基礎学力が低い生徒[3]、非行傾向をもつ生徒、身体障害を抱えた生徒、外国出身で日本語が不自由な者などの受け皿にもなっていることが指摘されている（西山2000；上野2009）。また、家庭の経済的な事情で、学費の安い通信制高校に転編入してくる生徒がいることも指摘されている（上野2009）。

通信制高校の場合、自宅などでの個人での学習が中心であり、課題の添削指導（レポート）と、週1回程度学校で行われる教科指導（スクーリング）への参加、そして試験の受験によって単位を取得するという学習サイクルが基本となる。こうした通信制高校の学習サイクルは、毎日の登校が不要であり、ほとんどの学習が個人学習であるため、自分のペースで学習を進められるというメリットがある。しかし一方で、自学自習に対しての強い意志が必要であり、独力で月々のレポートや試験をクリアしていくのは容易ではないこと、またスクーリングのみでは友人を作ることが難しいことなどの課題も指摘されている（西山2000；奥地2005；伊藤美奈子2009など）。

そうした中で土岐（2014）は、通信制高校には、上記のような「従来型」の学校（と学校内のコース）[4]だけでなく、「集中型」「ダブルスクール型」「通学型」と命名できるような学校・コースが出現してきたことを指摘している。まず、全国から生徒を集め、スクーリングの回数を最低限に設定し、短期間に集中して実施する学校・コースが存在する（「集中型」）。また、通信制高校と同時に他の教育機関に所属する形態をとることを念頭に置いた学校・コースも多数存在する（「ダブルスクール型」）。他の教育機関との連携の形としては、定時制高校との定通連携、高等専修学校などとの技能連携、サポート校との連携などが挙げられる。さらに、通信制高校自体に登校可能な日数を多く設定し、生徒が週2日以上登校して授業を受けることを可能にしている学校・コースも一定数存在する（「通学型」）。

土岐（2014）が述べるように、こうした通信制高校の多様化、とくに「ダブルスクール型」「通学型」の増加については、不登校や非行傾向、学業上の

困難などの問題を抱える生徒が集まり、生活面・心理面・学習面に関する「ケア」が重視されるようになったということが背景にあるといえるだろう。

　後期中等教育段階の子どもを受け入れる1条校には他にも、小学校卒業後に6年間の一貫教育を行う**中等教育学校**（後期課程の3年間）、「深く専門の学芸を教授し、職業に必要な能力を育成すること[5]」を目的とする5年制の**高等専門学校**、身体・知的障害者、病弱者（身体虚弱者）などを対象とする**特別支援学校**（高等部）[6]などがある。ただしこの3つの学校種は、定時制高校・通信制高校・高等専修学校・サポート校などの学校・教育施設とは、受け入れる生徒層が異なっている。

2.2　1条校以外の学校（非1条校）

　学校教育法で規定されている後期中等教育段階の学校としては、第1条で規定されている上記の学校以外にも、学校教育法第125条第2項で規定されている**高等専修学校**、第55条で規定されている**技能連携校**がある。

　高等専修学校は、「専修学校高等課程」とも呼ばれるが、職業や社会生活に必要な能力の育成や教養の向上を図ることを目的として、中学校卒業者を対象に教育を行う機関である。1975年に導入された専修学校制度に基づき、一定の規模と水準を満たし組織的な教育を行う各種学校を専修学校へと格上げするという形で、専修学校高等課程も成立することとなった（麻生・近藤1984）。平成27年度の学校基本調査によると、高等課程を置く専修学校は、全国に431校（国立1校、公立6校、私立424校）あり、生徒数は40,095人である。ほとんどが私立学校であり、入学者は初年度は100万円程度の学費を納める必要がある。

　修業年限は1年以上と定められているが、3年制の大学入学資格付与指定校を卒業した場合、卒業後は高等学校を卒業した者と同様の進路を目指すことが可能である（清水2002）。生徒たちは、高校卒業者と同じ扱いでの就職や公務員の受験、四年制大学・短大・専門学校への進学が可能になる。こうした大学入学資格付与指定校をはじめ、多くの学校では、昼間に授業が開講されており、週5回登校し授業を受けることが原則とされている。

設置されている学科は多岐にわたるが、高等専修学校の生徒の約3分の1は准看護学校（多くは2年制）に通う生徒たちであり、これらの学校では入学者の9割以上は高卒以上の学歴をすでに取得した状態で入学してくる（山田2013）。また、理容・美容、調理・製菓の分野の学校には、国家資格の取得を主たる目的に据え、修業年限が1〜2年である学校も一定数存在する。そうした学校では、生徒の年齢も16〜18歳に限らず、かなりの幅があることが想定される（山田2013）。ただし他の分野の学校（工業、商業実務、服飾、芸術など）に関しては、3年制の大学入学資格付与指定校が多い。これらの学校では、専門教科に関する授業が時間割の半数近くを占めるが、国語・数学・英語などの普通教科の授業も行われている。

高等専修学校の重要な特徴としては、同様に専門教育を行う専門高校や高等専門学校とは異なり、不登校・学業不振・発達障害などの背景を抱えた生徒をより多く受け入れているという点が挙げられる。たとえば、全国高等専修学校協会が高等専修学校127校から回答を得た質問紙調査では、在籍する生徒の24.0%が不登校経験者であったという（全国高等専修学校協会2016）。また、学習に対して苦手意識を抱える生徒を多く抱え、中学校の学習内容の学び直しを行っている学校もある（山田2012）。発達障害を抱えた生徒を受け入れている学校も多く（清水2002；上好2011）、全国高等専修学校協会（2016）の調査結果では、発達障害のある生徒の割合は7.8%であった。

一方で、全国高等専修学校協会（2016）の調査結果では、在籍者に占める高校中退者・過年度生の割合は2.0%であった。受け入れ状況には学校ごとにバラつきがあり、3年間で一貫した専門教育を行うため生徒の転編入を認めていない学校もあれば、問題行動などにより高校を中退してきた生徒を積極的に受け入れている学校もある（加藤・中山2006）。

高等専修学校は私学であり、地方自治体からの助成額も私立の全日制高校に比べて少ないことから、私立の全日制高校と同等以上の学費の納入が必要となる（詳しくは第3章）。ただし、社会経済的な困難を抱える家庭の子どもも一定数入学している。全国高等専修学校協会（2016）の調査によると、在籍する1・2年生の25.0%が生活保護世帯、12.4%が生活保護に準じる世帯の

子どもであったという。また、在籍者のうち29.2%がひとり親家庭の子ども、0.7%が両親のいない子どもであったという。

なお、「大学入学資格付与指定校」に指定された3年制の学校の場合、卒業生には大学入学資格が付与されるが、「高卒」の肩書きを重要視する保護者に配慮して、一部の高等専修学校では通信制高校との技能連携制度を活用している（清水2002；遠藤2002）。

技能連携制度は、定時制高校や通信制高校と技能連携を行っている教育機関について、そこで行われた学習を定時制・通信制高校の履修とみなす制度である[7]。このような技能連携制度は、高等専修学校のほかには企業内の職業訓練校によって利用されることもある。しかし、高卒資格と技能の習得を前面に打ち出し、技能連携制度を活用する機関も設立されており（遠藤2002）、不登校経験者の受け皿となっている（徳原1999）。こうした**技能連携校**は、サポート校と非常に似た形態をとっている。しかし、法的な認可を受けており、通信制高校のレポート提出やスクーリングなどが技能連携校のカリキュラムに含まれ、通信制高校で行った学習とみなされる点が、サポート校とは異なる。

2.3　民間の教育施設

後期中等教育段階の子どもを受け入れる「学校」以外の場としては、**サポート校**、**高卒認定予備校**などの民間の教育施設や、「学校外の居場所」であることを目的とした**フリースクール・フリースペース**などの民間施設が挙げられる。

サポート校は、通信制高校で高卒資格をより確実に取得できるよう、学校の形態で学習・生活面での支援を提供する民間の教育施設である。民間企業・大手予備校・塾・私立学校などが経営母体である施設が多い。1992年に初めてのサポート校が設立された後、その数は2000年代初めと2008年以降に急増した（内田2014）。サポート校の学校ガイドを用いて学校数・生徒数を数え上げた内田（2014）によると、2012年度には最低でも569校のサポート校が存在し、少なくとも約18,800人の生徒がそこに在籍していると

いう。なお、サポート校は地方自治体による助成の対象とならないため、入学者は初年度は100万円以上の学費を納める必要がある。

　草創期のサポート校は、学業不振の子どもや高校浪人・高校再受験の子どもを対象としたものであった（田口 1999）。しかし、入学を希望する生徒の内実は年々変化し、不登校・高校中退経験者や学習障害をもつ生徒の割合がしだいに増加していった（田口 1999）。ただし現在も、低学力の生徒に対する支援はサポート校の重要な課題となっている（東村 2004; 後藤 2009）。

　サポート校が支援を行う範囲は施設によってさまざまであるが、多くのサポート校は通信制高校のレポート作成に向けた学習支援だけでなく、レポート以外の学習支援や生徒の生活面の指導なども支援の範囲に含めている。既存の高校と同様に、文化祭や修学旅行の行事、クラブ活動なども行っている施設も多い。

　ただし、サポート校は学校教育法で規定された学校ではないため、学習指導要領や学校設置基準などによる制度的な統制はない。そのため、学校運営の自由度が高く、生徒が登校日数を選択できるようにするなど、各々の施設でユニークなカリキュラム編成が行われている。遠藤（2002）では、不登校を経験した生徒が登校しやすいよう粗暴な生徒や「茶髪」の生徒を入学させないとする施設、予備校や進学塾を母体とし大学進学を重視する施設、音楽・芸能・スポーツなどの才能を開発させることに力点を置く施設、電子メールやインターネットを活用し個別に指導を行う施設などがあることを指摘している。

　なお、サポート校の場合、高等専修学校などが利用する技能連携制度とは異なり、日常的にはサポート校に通いながらも、単位認定のための面接指導や試験は、通信制高校の施設で受けることになる。

　他にも後期中等教育段階の子どもを受け入れる教育施設としては、「高等学校卒業程度認定試験」に合格するための予備校である、**高卒認定予備校**などが挙げられる[8]。また、小・中学生の時期から**フリースクール・フリースペース**などの「学校外の居場所」に通っていた不登校経験者が、中学校卒業後もこれらの場に通い続ける場合も少なくない。その場合、社会に出る際に

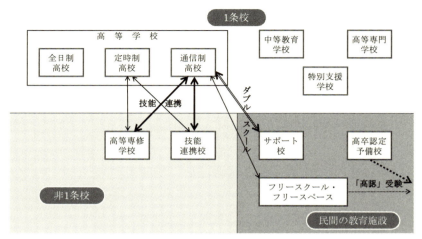

図2-1　後期中等教育機関における多様な学校・教育施設

高卒資格が求められる場合が多いことや、大学への進学などを考慮して、これらの場に通いながら通信制高校で学んだり、「高等学校卒業程度認定試験」を受験する者もいる（遠藤 2002）。

以上、全日制高校以外のさまざまな学校・教育施設について概観してきた。ここで、困難を抱える生徒の受け皿となっている学校・教育施設がどのような関係性をもつのかについて、**図2-1**に示しておく。

3　学校種間・学校種内の共通点と相違点

本節では、学校種の規模に基づき、定時制高校・通信制高校・高等専修学校・サポート校の4つを取り上げ、その共通点と相違点を「受け入れる生徒層」「カリキュラム編成」の2点に分けて改めて整理する。

3.1　受け入れる生徒層

まず、4つの学校種についての文献資料で共通して挙げられているのは、不登校経験者が入学者の一定層を占めることである。これらの4つの学校種

は、不登校経験者にとって重要な進学先の選択肢となっているといえる。

　少し古い調査であるが、1994年3月に中学校を卒業した不登校経験者に対して実施した質問紙調査では、中学校卒業後に全日制高校に進学した者は全体の30.9％にとどまり、36.4％が定時制・通信制高校や高等専修学校などに進学していた（現代教育研究会 2001）。そして現在は、現代教育研究会（2001）の調査当時よりさらに高い割合で不登校経験者が非主流の後期中等教育機関に進学している可能性も考えられる。というのも、90年代後半から2000年代にかけて、サポート校や昼夜間定時制高校などの、不登校経験者の受け入れを目的とした非主流の後期中等教育機関が急増したためである。山田（2010）は、不登校経験者の中学校卒業後の進路が保障されるようになった状況を「不登校トラック」の出現と論じているが、非主流の後期中等教育機関はそうした「不登校トラック」の重要な一翼を担っていると考えることができる。

　ただし留意すべきは、「不登校経験者を受け入れている」というときの「不登校経験」とは具体的にいかなるものか、ということである。文部科学省の不登校の定義は、病気や経済的な理由を除く欠席の日数に基づくものである[9]。そのため不登校の定義には、「情緒的混乱」「無気力」「あそび・非行」など、非常に多様な状態が含まれる。

　保坂（2000）では、小中学校の長期欠席者の中に、恵まれない家庭に育ち、非行を含めた怠学の形で登校しなくなっている者が相当数存在することを指摘し、彼／彼女らを脱落型不登校と名づけている。しかし、保坂（2000）によると、心のケアが必要とされるような神経症型の不登校が注目され支援策が講じられる中で、同じ不登校でも脱落型不登校には光が当てられてこなかったという。また、山田（2010）も、「不登校トラック」が心理的なケアを必要とする不登校児童生徒を対象に想定したものであり、他のタイプの不登校児童生徒が視野の外に置かれがちだと論じている。非主流の後期中等教育機関がいかなる不登校経験をもつ生徒を受け入れの焦点に置き、他のタイプの不登校経験者にはいかなる対応をしているのかということについては、各学校・教育施設の実態により深く接近して捉えていく必要があるといえる。

他に、複数の学校種に関する論稿で挙げられていた生徒層としては、高校中退・転編入経験者、学業不振（低学力）の生徒、非行傾向のある生徒、発達障害を抱える生徒、外国にルーツをもつ生徒、社会経済的困難を抱えた家庭に育つ生徒、などがある。そして、西村（2002）が述べるように、生徒によっては上記で挙げた特性がいくつも重なり合っているということも、押さえておくべき必要があるだろう。

ただし同時に、4つの学校種で受け入れる生徒層に関しては、微妙なコントラストが存在することも見出せる。たとえば、高等専修学校では別の後期中等教育機関からの転編入を受け入れていない学校がある。また、サポート校の中には、粗暴な生徒や「茶髪」の生徒を入学させない施設も存在する。これらの指摘からは、学校種間ないし学校種内で、生徒の受け入れ方針の差異が若干ながら存在することが示唆される。

こうした生徒の受け入れに関する微妙なコントラストは、非主流の後期中等教育機関が後期中等教育上のセーフティネットの役割を担うがゆえに、とくに重要な意味を帯びてくる。その点については第3章で考察する。

3.2 カリキュラム編成

カリキュラム編成の共通点としては、どの学校・教育施設でも、全日制高校との制度的統制の差異を生かしながら、授業内容・時間割編成の面で特色を出すことが目指されているということが挙げられる。

しかし、その内実には、学校種間でかなりの差異がある。第1に、登校日数・授業時間についての差異である。まず、登校日数については、夜間定時制高校や大多数の高等専修学校のように週5日の登校が原則とされている学校もあるが、その他の学校種では週5日登校にとらわれない柔軟な対応を行っている。たとえば「従来型」「集中型」「ダブルスクール型」の通信制高校の場合、登校が必要とされるのは、基本的にはスクーリングとテストのときのみである。また、サポート校や「通学型」の通信制高校では、登校日数を週1〜5日の間で選択でき、本人のニーズに合う形で登校日数や履修する授業を選択することができるところが多い。昼夜間定時制高校に関しても、単

位制を導入している学校の場合は、四年制大学のように生徒が自らのニーズに合わせる形で授業時間割を編成し、場合によっては登校日数を週5日より少なくすることも可能である。

　第2に、授業内容についての差異である。普通科の定時制高校や通信制高校のように、普通科の全日制高校とほぼ同様の授業内容を学ぶことになる学校もある。しかし全体的には、専門性の高い授業を数多く開講している学校・教育施設が多い傾向にある。まず、定時制高校・通信制高校にも、全日制高校と同様、専門学科や総合学科の学校が一定数存在する。加えて、高等専修学校や多くのサポート校では、専門的な学習を重視したカリキュラム編成が行われている。高等専修学校では、「職業や社会生活に必要な能力の育成や教養の向上」を目的とする学校種であることから、看護、調理、美容、服飾、情報処理、芸術などの専門教育が、授業時間のかなりの部分を占めることになる。また、サポート校においても、保育、音楽、ファッション、マンガ・アニメ、声優、フットサルなどの専門的な講座を開講している施設が多い。

　なお、同じ学校種の内部においても、こうした2点の特色を導入している度合いは、学校・教育施設ごとに大きく異なる。たとえば、単位制・多部制・総合学科などを導入している昼夜間定時制高校と、従来型の夜間定時制高校との差異はその典型的なものである。また、登校日数が少ないことが特色である通信制高校の中に、最大週5日登校できるコースを設置している「通学型」の学校があるということも1つの例であるだろう。非主流の後期中等教育機関は、全体としてはカリキュラムの柔軟性・専門性を特色とする傾向にあるが、その内実は学校種間・学校種内で非常に多様なものであるといえる。

4　中退率と進路未決定率

　本節では、これらの学校種の中退率・進路未決定率の現状について、学校種間・学校種内で差異がみられるのかどうかに焦点を当てながら検討する。というのも、もしカリキュラム編成に多様性がありながらも、中退率や進路未決定率にほとんど差異がみられないのであれば、学校格差構造上の位置づ

けに基づくチャーター効果が、カリキュラム編成や教師たちの教育実践の多様性の影響を塗りつぶしていると予想されるためである。その場合、「生徒の学校適応・進路形成を支える教師の教育実践や背景要因を抽出する」という本書の問題設定は、成立しえない。一方で、中退率・進路未決定率に大きな差異がみられるならば、それぞれの学校・教育施設による独自のカリキュラム編成や教育実践によって、生徒の中退や進路未決定を食い止めることができる、という可能性を想定することができる。

　ただし、非主流の後期中等教育機関における中退率と進路未決定率について、公表されているデータは非常に少ない。そのため、本書で示される中退率・進路未決定率の差異は一部の学校種に関するものである。しかし、そこでみられる差異の状況からは、他の学校種においても同様の傾向がみられる可能性を推測することができる。

4.1　学校・教育施設ごとの中退率の差異

　中退率に関しては、学校基本調査などでは、定時制高校についてのデータのみしか公表されていない。全国の定時制高校の中退率は、2012年度は11.5%であり、全日制高校の1.2%に比べて顕著に高い。算出された中退率には、学校をやめてすぐに他の学校に転入した者（転学者）は含まれていないため、在籍する全日制高校からいなくなる生徒はもう少し高い割合で存在する。しかし、1年間で在籍者の10%以上がいなくなる定時制高校では、全日制高校に比べ、生徒の学校適応についてより大きな課題を背負っていると考えることができる。

　図2-2は、東京都教育委員会が公表している2011年度の各公立高校の中退率の平均値を、入試偏差値別・学校種別に棒グラフで示したものである[10]。下位ランクの全日制高校と比べても、昼夜間定時制高校で約2倍、夜間定時制高校で約3倍の中退者が出ていることがわかる。

　なお、学校基本調査では、民間の教育施設であるサポート校についてはもちろんのこと、通信制高校や高等専修学校についても、中退率は集計されていない。

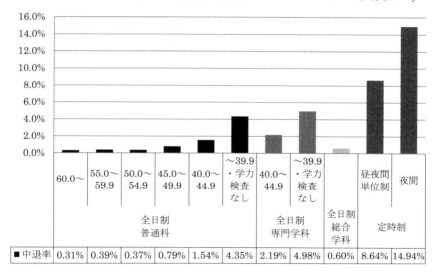

図2-2 東京都・公立高校の入試偏差値別・学校種別中退率（2011年度）

また、各学校・教育施設ごとの中退率については、全国レベル（学校基本調査など）では公表されていない。ただし、都道府県レベルでは、東京都教育委員会が公立定時制高校の中退率を毎年公表している。そしてその結果からは、昼夜間定時制高校や夜間定時制高校の内部でも学校ごとに中退率がかなり異なるということが見出せる。ここからは、少なくとも、各学校にはそのカリキュラム編成や教師の教育実践によって、中退率を改善する余地があるということを想定できる。

図2-3は、東京都教育委員会が公表している各定時制高校の中退率について、2009～2011年度の平均値をグラフにしたものである[11]。グラフからは、図2-2でも確認したとおり、昼夜間定時制高校では夜間定時制高校に比べて相対的に中退率が低いということがわかる。実際に、中退率の平均値は、夜間定時制高校（44校）では15.7％、昼夜間定時制高校（11校）では9.2％であった。ただし、昼夜間定時制高校の内部でも4.6％～15.6％[12]、夜間定時制高校の内部でも5.6％～26.0％と、学校ごとにかなりのバラつきがあることがわかる。

なお、夜間定時制高校において、中退率が低い5校はいずれも専門学科を

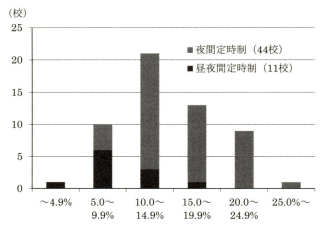

図2-3 東京都・公立定時制高校の中退率の分布（2009～2011年度の平均値）[13]

設置している学校であった（農業科3校、工業科2校）。中退率の平均値についても、専門学科が設置されている学校（14.2%）では普通科のみの学校（17.4%）に比べて若干低く、これらの結果からは、専門性の高い授業の開講が生徒の中退を抑える可能性も推測できる。

4.2 学校・教育施設ごとの進路未決定率の差異

進路未決定率は、学校基本調査では、定時制高校と通信制高校について公表されている（表2-2）。2014年度の卒業者について、定時制高校全体の進路未決定率（「一時的な仕事に就いた者」＋「左記以外の者」）は27.7%、通信制高校全体の進路未決定率は39.8%であり、全日制高校全体の進路未決定率（4.8%）を大きく上回っている[14]。定時制高校・通信制高校における生徒の進路決定に向けた支援の困難さがうかがえる。

なお、定時制高校の進路未決定率を学科ごとにみると、普通科28.8%、専門学科22.1%、総合学科30.4%であった。専門高校における専門性の高い授業の開講が、中退率だけでなく進路未決定率にも影響を及ぼしていることが推察される。

なお、同様に専門性の高い教育を行う高等専修学校については、全国高等専修学校協会（2016）が、127校における2014年度の卒業者の進路内訳につ

第 2 章　後期中等教育のセーフティネットの多様性　65

表2-2　2014年度卒業者の進路

	大学・短大	専修学校等	就職	その他	死亡・不詳
全日制高校	55.4%	22.5%	17.3%	4.8%	0.0%
定時制高校	13.5%	21.1%	37.5%	27.7%	0.3%
通信制高校	16.8%	24.1%	18.0%	39.8%	1.3%
高等専修学校（参考）	9.7%	34.0%	44.2%	12.0%	—

注）文部科学省『平成27年度　学校基本調査』、全国高等専修学校協会（2016）をもとに作成。高等専修学校の値は、調査に協力した127校の卒業者（計6,042名）についての値。

いて調査を行っているが、進路未決定者は12.0%であった（表2-2）。全数調査ではないので結果の解釈には留意が必要であるものの、この結果からは、高等専修学校の進路未決定率が定時制高校や通信制高校と比べて低い傾向にあると予想することができる。

次に、学校・教育施設ごとの進路未決定率だが、非主流の後期中等教育機関について学校・教育施設ごとに進路内訳を提示している公的統計は見当たらない。ただし、高口ほか（2008）では、全国376校の定時制高校における2006年3月卒業者の進路未定率[15]について、ヒストグラムを提示している（図2-4）。そこでは、進路未定率が50%を超える学校が散見される一方で、進路未定

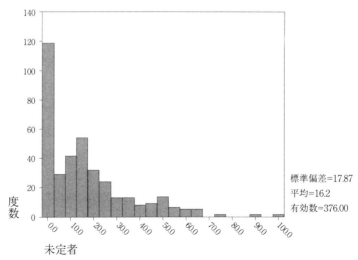

図2-4　定時制高校における未定者比率
出典）高口ほか（2008: 361）

率を5%以下に抑えている学校もかなりみられる。

　高口ほか（2008）による調査結果からは、同じ定時制高校の中でも進路未決定率にはかなりの差異があり、カリキュラム編成や教師の教育実践によって進路未決定率を改善する余地があることを推察することができる。

　以上、本節を振り返ると、定時制高校では全日制高校に比べて中退率や進路未決定率が高く、通信制高校・高等専修学校でも進路未決定率については全日制高校より高いということが示された。これより、非主流の後期中等教育機関は、全日制高校以上に、生徒の学校適応や進路形成における困難に直面していると考えることができる。

　しかし、同じ非主流の後期中等教育機関の中でも、高等専修学校では進路未決定率が定時制高校や通信制高校よりも低く抑えられているという可能性がうかがえた。また、同じ定時制高校の中でも、中退率や進路未決定率が低い水準に抑えられている学校があることが示された。そして、専門学科の定時制高校で中退率や進路未決定率が低いという結果も見出せた。もちろんこうした差異の一部は、周辺の地理的条件や生徒層の微妙なコントラストなどによってもたらされたものかもしれない。しかし同時に、カリキュラム編成や教師の教育実践の差異が、生徒の学校適応や進路形成の状況に差異を生んでいるということも、十分推察できるであろう。

　非主流の後期中等教育機関は、学校格差構造上の位置づけに基づくチャーターにすべてを制約されるわけではなく、カリキュラム編成や教育実践の工夫によって生徒の学校適応や進路形成に向けた困難に一定程度立ち向かっていける存在だと考えることができる。

5　まとめと考察

　本章では、全日制高校以外の後期中等教育機関を概観したうえで、非主流の後期中等教育機関における「受け入れる生徒層」「カリキュラム編成」についての共通点と相違点を示した。まず、受け入れる生徒層については、各学校種が不登校経験者、高校中退・転編入経験者、学業不振の生徒、非行傾向

がある生徒、発達障害がある生徒、外国にルーツをもつ生徒、社会経済的困難を抱えた家庭に育つ生徒などを（ほぼ）共通して受け入れる傾向にあることを示した。しかし、それぞれの学校・教育施設で受け入れる生徒層には、別の学校からの転編入や非行傾向をもつ生徒の受け入れなどの方針の違いなどにより、微妙なコントラストが生じていることも見出せた。また、カリキュラム編成については、学校種間・学校種内で登校日数・授業時間・授業内容が非常に多様であることが見出せた。

そして、中退率・進路未決定率の現状についても、収集可能なデータに基づいて言及した。中退率・進路未決定率は、全体としては全日制高校よりも高いかもしれないが、非主流の後期中等教育機関の中でも、学校種間・学校種内で差異がみられた。

これらの知見をふまえて、本章の冒頭で述べた本書への意義を振り返ると、以下の2点をいうことができるだろう。

第1に、非主流の後期中等教育機関におけるY校の特徴である。まず、受け入れる生徒層については、第4章で詳しく論じるが、不登校・高校中退・転編入、学業不振、非行傾向、発達障害などの背景がある生徒を受け入れる傾向にあるという点で、他の学校・教育施設と共通している。ただし、私学であるために社会経済的困難を抱えた家庭の子どもが入学を回避する傾向もみられ、また外国をルーツにもつ生徒も少ない。家庭の社会経済的困難や家族のルーツが外国にあることが、生徒の学校適応や進路形成にもたらす影響については、Y校の事例からは十分に把握することができない。そうした点を留意しながら、第4章以降の分析をみていく必要がある。

カリキュラム編成について述べると、Y校は昼間に授業を行い、週5日の登校による単位取得を原則としている学校である。Y校の事例からは、登校日数や授業内容を自由に選択できたり、登校時間が夜間であったりすることが、生徒の学校適応や進路形成にもたらす意味については検討することができない。逆に、登校日数などの規定が強い学校で、生徒たちの学校適応と進路形成をいかにして支えることができるのかについて、検討することは可能になる。また、Y校は高等専修学校であり、専門教科の授業が時間割の半数

弱を占めている。4節では専門性の高い授業内容が中退率を抑えることを示唆する結果もみられたが、Y校の事例からは、実際に専門性の高いカリキュラム編成が生徒の学校適応や進路形成にどのような意味をもつのかについて、確認することも可能である。

中退率・進路未決定率については、Y校の健常の生徒については、中退者の割合は3年間で1割程度、進路未決定者はほぼいない状態であり、定時制高校の平均と比べると圧倒的に低いといえる[16]。

第2に、本書のアプローチの妥当性である。非主流の後期中等教育機関における学校種間・学校種内での中退率・進路未決定率には、大きな差異がみられた。また、そうした差異は、昼夜間定時制高校と夜間定時制高校の間や、普通科と専門学科の間といった、カリキュラム編成が異なる2つの学校群の間でも見出されるものであった。これらの知見からは、カリキュラム編成や教師の教育実践上の差異によって、生徒の学校適応・進路形成のあり方に差異が生まれているという可能性が示唆される。

もちろん、実際に中退率や進路未決定率の差異を生み出しているのが、それぞれの学校・教育施設によるカリキュラム編成や教育実践上の工夫なのか、それとも地理的条件や入学してくる生徒層などの他の要因なのか、ということを現時点で断定することはできない。生徒の中退や進路未決定を食い止めるメカニズムの解明は、本書のような事例研究[17]や、事例研究による蓄積をもとにした計量的研究によって、進められていく必要があるだろう。本書では第5章以降で、Y校の学校適応・進路形成の状況がいかなるカリキュラム編成や教育実践上の工夫と結びついているのかを、入学してくる生徒層や学校への制度的統制などの構造的背景との関連を念頭に入れながら検討していくことになる。

ただしその前に、第3章では、本章で挙げた入学してくる生徒層の微妙なコントラストに着目し、それがいかなる意味をもつのかについて検討を行っておきたい。というのも、受け入れる生徒層の微妙なコントラストがいかなる過程のもとで生まれているのかに注目することで、ある一定の層が非主流の後期中等教育機関の入学機会に関して不利を受けている様子が浮かび上

がってくるためである。

【注】
1　日本において「カリキュラム」は、学習指導要領で公的に制度化された「教育課程」を意味するか、学校や教室において用いられる場合でも「年次計画」や「指導計画」や「時間割」など、授業に先立って定められた「プラン（計画）」を指すものとして意識されている（佐藤 1996: 4-5）。本来「カリキュラム」は、教師が組織し子どもたちが体験している学びの経験総体を指す言葉であった（佐藤 1996: 4）。しかし本書では「カリキュラム」の概念を、日本での現在の用法をふまえ、学校が定めた教育課程・年次計画・時間割などの計画の総体を指すものとして用いている。本書ではそうしたカリキュラムの編成について、「登校日数の指定」「授業時間」「授業内容」という3点に区別して論じている。
2　ただし高口ほか（2008）では、東京都のチャレンジスクールなど一部の昼夜間定時制高校では総合学科を導入しているが、定時制高校改革に基づく総合学科への転換の動きは一部の地域に限定され、全国的なものではないことも指摘されている。
3　ただし学力については、尾場（2011）は、学力は下位層に偏りながらもなだらかな広がりをみせており、通信制高校は、全日制高校にみられる学力階層による序列関係とは異なる社会的文脈に位置づいていると考察している。
4　学校・コースと併記しているのは、1つの学校の中に複数のタイプに該当するコースを設けている通信制高校があるためである。具体例としては、「従来型」と「通学型」の両方のコースを設けている学校や、通信制高校のみに通う「従来型」コースの生徒たちだけではなくサポート校とダブルスクールをする生徒も受け入れている学校などが挙げられる。
5　学校教育法第115条より引用。
6　特別支援学校は、学校教育法第72条で、「視覚障害者、聴覚障害者、知的障害者、肢体不自由者又は病弱者（身体虚弱者を含む。以下同じ。）に対して、幼稚園、小学校、中学校又は高等学校に準ずる教育を施すとともに、障害による学習上又は生活上の困難を克服し自立を図るために必要な知識技能を授けることを目的とする」と規定されている。
7　技能連携制度は、学校教育法第55条で以下のように規定されている。「高等学校の定時制の課程又は通信制の課程に在学する生徒が、技能教育のための施設で当該施設の所在地の都道府県の教育委員会の指定するものにおいて教育を受けているときは、校長は、文部科学大臣の定めるところにより、当該施設における学習を当該高等学校における教科の一部の履修とみなすことができる。」
8　他にも、遠藤（2002）では、通信制高校やアメリカの高校などと連携しながらインターネットを利用した在宅教育を行う、インターネット系教育機関の存在が指摘されている。

9 文部科学省による正式な定義は、「年間30日以上欠席した児童生徒のうち、病気や経済的な理由を除き、何らかの心理的、情緒的、身体的、あるいは社会的要因・背景により、登校しないあるいはしたくともできない状況にある者」。

10 中退率については、東京都教育委員会『平成23年度における児童・生徒の問題行動等の実態について』、入試偏差値については、学研教育出版『2011年入試用　都立に入る！』による、2011年度入試の60％合格基準の値（全日制普通科では男女別の60％合格基準の偏差値の平均、全日制専門学科ではコースごとの60％合格基準の偏差値の平均を算出）を使用した。

11 図2-3で3年間の平均値をとったのは、各年度で中退率にバラつきがある学校のことを考慮したためである。

12 なお、チャレンジスクール（5校）の中退率は4.6～11.9％（平均値8.6％）であり、チャレンジスクール以外の昼夜間定時制高校（6校、6.2～15.6％、平均値9.7％）と比べると若干低い。

13 東京都教育委員会『平成21年度における児童・生徒の問題行動等の実態について』『平成22年度における児童・生徒の問題行動等の実態について』『平成23年度における児童・生徒の問題行動等の実態について』をもとに作成した。各学校の中退率・中退者数は学科ごとに公表されているので、学科が複数ある学校の中退率は、各学科の中退率・中退者数から学科の全生徒数を推計し、全学科の中退者数と全生徒数を合計することで、学校全体の中退率を改めて算出している。

14 「その他」には、一時的な仕事についている者や、予備校に通わない進学希望者（自宅浪人）も含まれている。

15 高口ほか（2008）が算出した「進路未定率」の場合、非常勤職員などの形で就職した者も、進路未定者には含まれない。

16 夜間定時制高校の場合、図2-2に記載した東京都の定時制高校の中退率に基づいてどの学年でも1年間で14.94％の生徒が中退すると仮定すると、修業年限の4年間で47.7％の生徒が中退するという計算になる。昼夜間定時制高校についても、どの学年でも1年間で8.64％の生徒が中退すると仮定すると、全生徒が3年間で卒業するという仮定をおいても23.7％が中退するという計算になる。

17 事例研究は、第1章でも述べたとおり、重要な変数が状況の中に埋め込まれていて事前にそれらを取り出すのが困難な場合に有効な研究デザインである（Merriam 1998=2004）。

第3章　入学機会の不平等
――「不登校トラック」化の意図せざる帰結

1　問題設定

　第2章では、非主流の後期中等教育機関の現状について、受け入れる生徒層、カリキュラム編成、中退率・進路未決定率に焦点化しながら整理を行った。そうした中で、受け入れる生徒層については、各学校・教育施設によって微妙なコントラストがあるということがみえてきた。たとえば、高等専修学校で高校中退者をあまり受け入れない傾向にあること、サポート校では粗暴な生徒や「茶髪」の生徒を入学させない施設があることなどを、文献資料からは知ることができる。

　本章では、上記の点をはじめとした入学者層の微妙なコントラストと、そのことがもつ意味について、より深く掘り下げたい。というのも、各学校・教育施設が採用している入学者の選抜基準や、期待する生徒像などにより細かく着目すると、ある一定の層が入学機会において不利を受けている様子が浮かび上がってくるためである。こうした点を検討する理由としては、以下の2つが挙げられる。

　第1に、第1章で述べたように、非主流の後期中等教育機関が10代の若者の社会的自立に向けたセーフティネットの役割を担う場であると考えられるためである。もしある一定の層が非主流の後期中等教育機関に入学できない状態にあるならば、非主流の後期中等教育機関は、セーフティネットの役割を十全に果たしているとはいえないだろう。非主流の後期中等教育機関は、セーフティネットであることを期待される場だからこそ、入学機会がどのような形で提供されているかについて、丁寧に検討することが求められる。

第2に、第2章に引き続き、Y校の事例研究を行うという本書のデザインが適切であるかどうかについて考察するためである。もし一定数の非主流の後期中等教育機関が生徒層を強く限定し、それらの学校・教育施設で中退率や進路未決定率が低く抑えられているのであれば、生徒の学校適応や進路形成は教師たちの教育実践ではなく、入学者を選抜した効果だと考えるべきだろう。もしY校がそうした生徒層を強く限定する学校であったならば、学校適応と進路形成のメカニズムを検討する対象として、Y校は適切な事例ではないかもしれない。

　なお、先行研究では、非主流の後期中等教育機関が自らの役割を不登校経験者の包摂（受け入れと支援）へと強くシフトしてきたことで、ある一定の入学希望者の包摂が視野の外に置かれている可能性が危惧されている。

　山田（2010）は、サポート校の急増や、不登校・高校中退者の受け入れを目的とした公立の昼夜間定時制高校の新設をふまえ、後期中等教育において不登校経験者への特別なトラック（「不登校トラック」）が整備されつつあると述べている。しかし山田は、非主流の後期中等教育機関が「不登校トラック」化する過程について、以下の2点にも言及している。1つは、現在整備されつつある制度の多くが、主に心理的なケアを必要とする不登校児童生徒を対象として想定しており、他のタイプの不登校児童生徒が視野の外に置かれがちだということである。もう1つは、昼夜間定時制高校の設置が、さまざまな背景をもつ子どもたちを受け入れる包容力をもった夜間定時制高校の統廃合とセットで進行しているということである。西村（2008）も、不登校経験者の受け入れを目的とした昼夜間定時制高校が、入学者層の枠を明らかにすることで、非行遍歴をもつ入学希望者が排除されていく可能性も看過できないと述べている。

　もし山田（2010）や西村（2008）の危惧が正しいならば、現在の非主流の後期中等教育機関は、「不登校トラック」化の意図せざる帰結として、入学段階においてある一定の層に不利がもたらされているということになるだろう。それらの不利は、全日制高校に進学できない者たちにとっては、後期中等教育への入学機会を奪うような致命的なものであるかもしれない。あるい

は、彼ら／彼女らを不本意な進学へと水路づけるような不利であるかもしれない。

しかし、具体的に誰がいかなる不利にさらされているのかについて、データに基づいて検討しようとした研究はこれまでにない。そこで本章では、東京都を事例として、非主流の後期中等教育機関への入学機会が誰にどのような形で提供されているのかについて検討する。

2　分析の視点：隠れた選抜基準

上記の問いに答えるために、本章では、非主流の後期中等教育機関が設ける入学者の選抜基準に着目して分析を進めていく。その際、公表されている選抜基準だけではなく、子どもやその家庭に自ら進学を諦めさせる、いわゆる「自己排除」(Bourdieu and Passeron 1970=1991) をもたらすような「隠れた選抜基準」にも焦点を当てていく。

繰り返しになるが、日本の後期中等教育段階の学校・教育施設は、入学希望者に要求される学業達成の差異によって総序列化され、どの学校に入学したかによって生徒たちの将来の進路選択の機会と範囲が制約される、トラッキングの構造を有している（藤田1980など）。そのため、これまでの研究では、後期中等教育における入学者の選抜基準の中でも、学力検査の結果と中学校の調査書（内申書）からなる学業達成の尺度に注目してきた。一方で、入学者の選抜基準によって入学希望者のその後の進路形成が運命づけられるにもかかわらず、学業達成の尺度以外の選抜基準や、隠れた選抜基準の役割には目を配ってこなかった。

学業達成の尺度以外の、いわばノンメリトクラティックな選抜基準としては、まず、子どもの育つ家庭背景が隠れた選抜基準として機能することを想定することができる。藤田（2006）は、経済的に豊かな家庭や教育熱心な家庭の子どもが地元の公立学校を敬遠し、私立学校や選択制の公立エリート校・人気校に入学する現象を、「リッチ・フライト」という言葉を用いて指摘している。これは裏を返せば、経済的に厳しい家庭や子どもの教育に関心

が薄い家庭の子どもが、私立学校や公立エリート校・人気校への進学を「自己排除」の形で諦めたり、そもそもそれらの学校が進学の選択肢として挙がらなかったりすることで、進路形成上の不利を被るということでもある。

また、非主流の後期中等教育機関に関しては、山田（2010）や西村（2008）による危惧をふまえるならば、心理的なケアを必要とする不登校生徒とは異なる層（非行傾向がある者など）が不利を受けるような選抜基準が採用されている可能性も考えられる。

しかしこれまでの研究では、こうしたノンメリトクラティックな基準に目を配ってこなかった。そのため、入学者の選抜基準として機能しうるものを事前にすべて想定することは難しい。そもそも、非主流の後期中等教育機関に関しては、学校格差研究の中では等閑視されてきたため、学力検査や調査書などの学業達成の尺度が選抜基準としていかなる扱われ方をされているのかについてすら、明らかにされてこなかった。そのため、非主流の後期中等教育機関でいかなる入学者の選抜基準が機能しているかについては、各学校・教育施設の実態をデータに基づいて把握していく必要がある。

以上より、本章では以下の2点を分析課題として設定する。

RQ1　非主流の後期中等教育機関の入学者選抜では、学業達成の尺度はどの程度重視されているのか

RQ2　学業達成の他に重要な選抜基準となっているものがあるとすれば、それはどのようなものか

なお、非主流の後期中等教育機関以外でも、学業達成ではないノンメリトクラティックな選抜基準がひそかに採用されていたことで生じていた不利が、問題として把握されてこなかった可能性も十分にある。本章で見出されたノンメリトクラティックな選抜基準は、そうした不利が非主流の後期中等教育機関以外でも起こっていることを明らかにする研究の起点にもなりうるだろう。

3 対象と方法

3.1 本章の分析対象

　本章では、東京都内で入学者選抜の基準を把握することができる定時制高校・通信制高校・高等専修学校・サポート校を主な分析対象とした（**表3-1**）。東京都を事例としたのは、入学者の選考方法を把握できる学校・教育施設が全国で最も多く、また定時制高校の統廃合により「不登校トラック」化が進展している事例だと考えられるためである。

　データを収集した2011年時点では、東京都内では59校（都立55校、私立4校）の定時制高校が生徒募集を行っていた。都立の定時制高校では、夜間定時制高校44校に加え、午前・午後・夜間の3つの時間帯で授業を行う昼夜間・単位制の定時制高校が11校設置されている。

　こうした昼夜間定時制高校の多くは、近年の都立高校改革の一環として、夜間定時制高校の統廃合のもとで新たに設立されたものである。その設立の意図には「定時制高校に学ぶ生徒の一層の多様化と定時制高校に対するニーズの変化を踏まえ、夜間定時制高校が抱える諸課題に的確に対応した定時制教育を展開する」（東京都教育委員会 2003）ということがある。このとき、生徒の多様化については、勤労青少年の比率の減少とともに、小・中学校での不登校経験者や高校中退者の増加ということが想定されていた。そのため、昼夜間定時制高校のうち5校は、不登校経験者・高校中退者の受け入れを目的とするチャレンジスクールとして開校されている[1]。チャレンジスクールは単位制・総合学科という形態をとり、また不登校経験のある生徒に対する心のケアを充実させるため、ホームルーム活動を重視するとともに、生徒へ

表3-1　分析対象とする学校・教育施設

	都立	私立
定時制高校	55校	4校
通信制高校	3校	28校
高等専修学校（大学入学資格付与指定校）		15校
サポート校		22校（※民間）

のきめ細やかなカウンセリングに努めている（東京都教育委員会 2003）。

　通信制高校については、都立の通信制高校3校に加え、本校や教育センターを都内に置く私立通信制高校が多数存在している。本章では、東京都認可私立通信制高等学校連合会に加盟している8校と、晶文社の『首都圏高校受験案内2011年度用』に掲載されている20校を分析対象とする。通信制高校での学習を支援するサポート校も数多く設立されているが、本章では「通信制サポート校・東京ネットワーク」に加盟している22校を取り上げる[2]。また高等専修学校は、1～2年制の学校などを含めると、都内に計54校ある。本章では、大学入学資格付与指定校となっており高校卒業者と同等の就職・進学が可能となる3年制の学校15校を分析対象とする。

3.2　データの収集方法

　本章では前節で設定した2つの分析課題に基づき、以下のデータを収集した。まず、入学者選抜に学業達成の尺度を用いる非主流の後期中等教育機関がどれだけあるかについて確認するために、各学校・教育施設のウェブサイトと進学情報の冊子[3]を参照して、2011年度の入学者の選考方法（表向きの選抜基準）を量的に把握した。また、これらの表向きの選抜基準（とりわけ学業達成）が実際の入学者選抜でどの程度機能しているのかを検討するために、都立の定時制高校に関しては東京都教育委員会のウェブサイトから入試倍率などの選抜状況のデータを収集した。

　それに加えて、表向きの選抜基準の有効性と隠れた選抜基準の有無について確認することを目的の1つとして、2010年6月～2011年2月に、高等専修学校5校（Y校を含む）の教師（入試広報または進路指導担当）に対して聞き取りによる事例調査を実施した（表3-2）。聞き取り調査では、学校見学の後に約1時間～1時間半、入試倍率や生徒募集上の困難、不合格になる受験者の理由などについて尋ねた[4]。5校はいずれも大学入学資格付与指定校であり、工業、演劇・音楽、理容・美容、調理、情報など専門分野にバラつきが出るように対象校を選定した[5]。

　以下はこれらのデータに基づいて分析を進めていくが、ウェブサイトや進

表3-2　高等専修学校への事例調査の対象校

	聞き取り対象者	修業年限	大学入学資格	通信制高校との技能連携	1学年の人数	入学以前の不登校経験率	一般入試での選抜方法
Y校	進路指導担当（男性）	3年	○		約75人	約2割	筆記試験・面接
B校	進路指導担当（男性）	3年	○		約70人	2～3割	筆記試験・面接・調査書
C校	入試広報担当（男性）	3年	○		約75人	3～4割	筆記試験・面接
D校	入試広報担当（男性）	3年	○	○	約20人	0.5～1割	筆記試験・面接
E校	入試広報担当（男性）	3年	○		約40人	約1割	筆記試験・面接

学情報の冊子に記載されている入学者選抜についての記述を、質的な資料として補足的に分析に用いている場合もある。

4　選抜基準としての学業達成

　東京都の非主流の後期中等教育機関では、学業達成の尺度は入学者選抜の中でどの程度重視されているのだろうか。**表3-3**は各学校・教育施設のウェブサイトまたは進学情報の冊子に記載されている2011年度の一般入試の選考方法（学力検査・調査書・面接・作文（志願申告書）・書類審査）について、各学校種・形態ごとにそれぞれの選考方法を採用している割合を算出したものである。

　表3-3の一番右の列からは、入学者選抜で学力検査を行わず、調査書も選考に用いない、つまり学業達成の尺度が入学者の選抜基準とならない学校・教育施設がかなりあることがわかる。また、実際の入試の状況や聞き取り調査の結果からは、学力検査や調査書が選考方法として明記されていても、実質的にはそれらが選抜基準になっていない学校・教育施設が少なからずあることが見出せる。

　学校種・形態ごとに詳しくみていくと[6]、まず、都立の昼夜間定時制高校

表3-3　非主流の後期中等教育機関における一般入試の選考方法

		学力検査	調査書	面接	作文・志願申告書	書類審査	学力検査も調査書も非明記
都立	昼夜間単位制高校(6校)	100.0%	100.0%	83.3%	0.0%	0.0%	0.0%
	チャレンジスクール(5校)	0.0%	0.0%	100.0%	100.0%	0.0%	100.0%
	夜間定時制高校(44校)	72.7%	100.0%	90.9%	34.1%	0.0%	0.0%
	通信制高校(3校)	100.0%	100.0%	0.0%	0.0%	0.0%	0.0%
私立	定時制高校(4校)	75.0%	75.0%	100.0%	25.0%	0.0%	25.0%
	通信制高校(28校)	25.0%	17.9%	85.7%	35.7%	57.1%	71.4%
	高等専修学校(15校)	53.3%	6.7%	100.0%	40.0%	33.3%	46.7%
	サポート校(22校)	22.7%	4.5%	100.0%	40.9%	31.8%	77.3%

のうち、チャレンジスクールを除く6校（以下、チャレンジスクールと区別するために「昼夜間単位制高校」と表記）に関しては、いずれの学校でも学業達成が実質的に選抜基準となっていると考えられる。一般入試ではどの学校も学力検査と調査書が選抜基準に含まれており、うち5校では面接も同時に行われているが（表3-3参照）、面接での評価が総合点に占める割合はどの学校でも4分の1に満たない。いずれの学校も募集人員以上の応募者を集めており、不合格者が出ているが、その合否は学業達成の水準によって左右されるものだと考えられる。

　しかし、同じ昼夜間定時制高校でも、チャレンジスクールの入試では5校ともに学力検査は行われず、調査書を提出する必要はない。それは、チャレンジスクール設立の際に、不登校・高校中退経験者の多くは学校や学習から遠ざかっていたことが十分に想定されるため、学力検査を実施したり中学校時代の調査書の提出を求めたりする入学者選抜は結果的に彼ら／彼女らを受け入れないことになりかねない、と考えられたためである（天井 2003）。代わりに、チャレンジスクールでは入学者選抜では面接・作文・志願申告書によって合否が判定される。そのため、チャレンジスクールは学業成績が選抜基準とされない学校であると考えられる。

　また、都立の夜間定時制高校（44校）に関しては、多くの学校で学業達成は実質的には選抜基準となっていないと考えられる。2010年2月に行われた

入学者選抜の第一次募集では、32校で学力検査が行われ、またすべての学校で調査書が合否の判定基準とされていた。しかし、第一次募集で不合格者が出たのは44校中2校のみであり、多くの学校が実質的に無選抜の状態であった。

そして、私立通信制高校や高等専修学校などの私学や、民間の教育施設であるサポート校においては、学力検査や調査書による入学者選抜が行われない機関が多数みられる。また、学力検査を実施している学校や教育施設の中にも、その結果が合否の判定に用いられていないところもある。たとえば、聞き取り調査を行った高等専修学校5校はいずれも学力検査を実施していたが、学力検査の結果や調査書の評定を合否の判定に用いているのはB校のみであった[7]。残りの4校では、学力検査の結果と調査書の評定は合否の判定には用いられず、入学後の指導や習熟度別のクラス編成に活用されるものであるという。これらの学校では、学業達成が実質的には選抜基準になっていないといえるだろう。

以上より、非主流の後期中等教育機関においては、学業達成の尺度が実質的な選抜基準となっていない学校や教育施設も多いということがわかった。では、これらの学校や教育施設には、志望すれば誰でも入学できるのだろうか。それとも、他の隠れた選抜基準が存在するのだろうか。

5　高等専修学校における3つの隠れた選抜基準

上記の問いについて、高等専修学校5校への聞き取り調査からは、「家庭の経済的状況」「家庭の教育への姿勢」「素行の改善可能性」という3つの隠れた選抜基準が見出せる。さらに、サポート校もそれらの3つの選抜基準を同様に有することが推察される。

5.1　家庭の経済的状況[8]

聞き取り調査を行った高等専修学校では、多くが入学希望者の確保に苦戦しているが、その原因の1つに学費の問題がある。高等専修学校はそのほと

んどが私学であるため、私立の全日制高校と同等以上の学費の納入が必要になる。都内の高等専修学校15校について2010年度の初年度納入金の平均額を算出したところ、私立の全日制高校（874,583円）より約13万円高い1,006,813円であった（ともに就学支援金を差し引く前の額）。そのため聞き取り調査でも、C校の教員が「学費に対する負担ってのもなかなか厳しいというところがあって、（受験を）断念される方もいらっしゃいました」と述べるように、学費の問題で進学を諦める家庭が少なくないということが言及されている（Y校、C校、D校、E校）。家庭の経済的状況は、「自己排除」をもたらすような隠れた選抜基準として機能していると考えられる。

サポート校に関しても、初年度納入金の平均額を算出したところ813,818円[9]であり、さらに私立通信制高校の学費（多くは20万円台）を納入するため、高等専修学校と同等以上の学費の納入が必要となる。それをふまえると、経済的に厳しい家庭の子どもは、非主流の後期中等教育機関へと進学する際に、主に公立の定時制・通信制高校の中から選ばざるをえないという状況が想定される。全日制高校の外に非常に多種多様な学校種・形態・カリキュラムの学校や教育施設が存在しているにもかかわらず、家庭の経済的な事情から十分な進学先の選択肢が得られなくなるのである。

ただし実際には、高等専修学校にも社会経済的困難を抱える家庭の子どもが一定数入学してきている（**表3-4**）。その理由として、聞き取り調査では、専門学科に魅力を感じて入学を希望する本人の意向と、不登校の生徒などへの手厚いサポート体制からどうしてもここに入学させたいとする親の意向が

表3-4 経済的に厳しい家庭の割合[10]

Y校	就学支援金加算分（年収350万円以下）の対象者は1割強。 あるクラスでは2割強の生徒が母子家庭・父子家庭。
B校	奨学金を申し込んでいる生徒は約半分。
C校	約1割が生活保護レベルの就学支援金加算分（年収250万円以下）の対象。奨学金などを受けている家庭は3～4割。
D校	就学支援金加算分（年収350万円以下）の対象者は2～3割。
E校	就学支援金加算分（年収350万円以下）の対象者は約4割。 学校独自の奨学金（授業料軽減）も用意している。 今年度の入学者の約4割が母子家庭。

挙げられている。そうした生徒たちは奨学金を借りることで学費などのやりくりをすることになるが、彼ら／彼女らは学費が払えず退学せざるをえなくなるというリスクも抱えることになる。

このような、家庭の経済的状況によって子どもの進学先の選択肢が狭まる、あるいは退学のリスクにさらされるという問題を、各々の高等専修学校やサポート校の運営のみに帰責することはできない。そもそも、高等専修学校やサポート校が私立の全日制高校より学費を高く設定せざるをえない背景には、私立の全日制高校との公的助成額の格差の問題がある。2011年度における東京都の私立学校への補助金の助成額は、生徒1人当たりで計算すると、私立の全日制高校で360,200円、高等専修学校で149,600円であり、約21万円の差がある（第2章）。さらにサポート校に至っては、民間の教育施設であるため地方自治体からの助成金は得られない。高等専修学校やサポート校は、私立の全日制高校より学費を抑える努力をしてもなお、私立全日制高校より学費を高く設定せざるをえないという状況に置かれているのである。

5.2 家庭の教育への姿勢

また、「家庭の教育への姿勢」も、隠れた選抜基準として機能している様子がうかがえる。高等専修学校への聞き取り調査では、「学校種の認知度」と「家庭の協力体制」が入学段階での障壁となることが指摘されている。

まず、「学校種の認知度」について、聞き取り調査の中では、保護者に高等専修学校という学校種がそもそも知られていないために、生徒募集が厳しいということが挙げられている（Y校、D校、E校）。また、C校の教員が「高等学校じゃないから行かせませんという親御さんも正直います」と述べるように、たとえ大学入学資格が得られる高等専修学校でも、高等学校ではないために子どもを進学させることをためらう保護者は少なからずいるという（Y校、B校、C校）。

高等専修学校に入学するまでには、保護者が高等専修学校という学校種を知り、高校卒業と同等の進路を選択できるという実情を理解するというプロセスが必要になる。しかし、「学校についての情報収集能力・判断能力や希

望の選択を実現する能力は、家庭の文化資本・経済資本・社会資本に左右される」(藤田 2000: 79) という議論をふまえると、高等専修学校が入学の選択肢にあがるか否かは家庭の状況に左右されると推測される。困難を抱える子どものためによりよい進学先を探そうとする家庭のもとでは、高等専修学校は進学先の候補の1つになるかもしれない。しかし、子どもの教育に関心がない、あるいは情報収集の余裕がない保護者のもとでは、高等専修学校は進学先の選択肢にあがってこないであろう。なお、民間の教育施設であるサポート校も、その認知度については、高等専修学校とほぼ似通った立場にあるだろうと考えられる。

　次に、「家庭の協力体制」という点が入学段階での障壁となりうる様子も見受けられた。聞き取り調査を行った高等専修学校では、家庭と連携して生徒たちを支えるという姿勢が重要視されている。学校に登校できなくなった生徒に対しては、再登校に向けて保護者と密に連絡を取り、家庭訪問も行われる (Y校、B校、C校)。また、校則違反があったときには家庭に連絡し、親ぐるみで改善を促すという (C校、E校)。

　一方で、入学試験の段階で保護者面接を行い、子どもの逸脱行動や困難の改善に向けて学校と連携・協力することが保護者から約束されない場合に、子どもを不合格にすることがあるという学校も2校あった (Y校、E校)。その背景には、子どもの問題の背景に家庭の問題があることも多く、家庭の考え方の変化や協力体制がないと生徒を支えていくことが難しいという学校側の認識がある。そして、その認識はY校・E校だけでなく、多くの学校で共通していた。E校の教員は、生徒指導の中で困難に感じていることとして、以下のように語っている。

　E校教員：本当であれば家庭の中のお話まで踏み込んでしなければ直らないというふうにこう思われる事項でも、やはり深く入ることできないっていうんですか。やはりこうご家庭の方からもここまではもう入んないでくださいっていうようなストップがかかってしまいますので、そこが今一番つらいです。《中略》ご家庭の中で、あのやりますという

ような、協力しますと言いつつも、それが全然お子様に聞くとそんなこと言われたこともないとかっていうことで、結局学校と本人の中でどうにか解決しなきゃいけないっていうことで、ご家庭の協力が得られないっていうことが一番きついと思います。［インタビュー］

家庭と学校で密な連携体制をとるという戦略は、困難を抱える生徒を支えるための重要な実践知として高等専修学校の中に蓄積されていると考えられる。しかしその実践知は、子育てへの関心を失っている家庭に育った子どもにとっては、進学先の制約という不利益へとつながりうるものである。

5.3 素行の改善可能性

また、高等専修学校への聞き取り調査によると、Y校を除く4校では、素行不良でかつ改善の意思がみられない生徒を不合格にすることがあるという。

素行不良でかつ改善の意思がみられない受験者が不合格になるプロセスには、2つのパターンがみられる。1つは、入学希望者に学校見学や体験入学への参加を促しているB校とE校において、それらの場面で素行不良がみられる生徒を確認し、ふるまいの改善の意思がみられないと判断し不合格にするというものである。これは、素行の改善可能性が実質的な選抜基準とされている例として考えることができるだろう。もう1つは、C校とD校において、入学試験で服装や頭髪などの乱れがみられる生徒の合格を保留にし、誓約書などで学校の指導に従うことを約束した時点で合格にするというものである。C校では学校の指導に従うことができないということで最終的に入学しなかった受験者が2名いたそうであり、素行の改善可能性が受験者に自ら進学を諦めさせるような隠れた選抜基準となる可能性が見出せる。

では、なぜこれらの学校では素行不良でかつ改善の意思がみられない生徒を不合格にするのか。B校とE校の教員はその理由として、学習環境が維持できなくなるため、実習で刃物を使う以上安全面を考えて（以上B校）、粗暴な言動が改善できない場合将来的に接客において大きな影響が出るため（E校）という点を挙げている。

ここで、学習環境が維持できなくなるため、という理由に注目しておきたい。B校では基本的に高校中退の転編入学者を受け入れていないが、聞き取り調査で語られたその理由からは、素行の改善可能性を選抜基準にせざるをえない困難が見えてくる。

　B校教員：うーん……われわれがその編入をやっていない理由というのは、たとえばうーん、たまに取る場合もあります。たとえばそこで不登校になってしまったっていう子は受け入れますけども、いわゆる素行不良で退学になってしまったという子は、うちはやっぱ女性の教員が多いので、あとはおとなしい女の子たちがメインなので、やっぱその子たちの学習を阻害する可能性があることもやっぱ編入は多いんですね。［インタビュー］

　ここでは、素行不良の生徒が「おとなしい」生徒の学習を阻害するという危惧が語られている。そのような危惧は不登校経験者を受け入れる他の機関においても同様に指摘されるものである。たとえば伊藤秀樹（2009）では、あるチャレンジスクールにおいて、非行傾向がある生徒の攻撃的な言動が脅威となり登校できなくなってしまうような、不安を抱えやすい生徒がいることを指摘している。また、C校の教員も聞き取り調査の中で、他の生徒の「ヤンチャ」な行動が「おとなしい」生徒の登校にとって脅威となることを認めている。

　C校教員：うちはだからその、いわゆるヤンチャな行動、たとえば注意をされたときに逆ギレになってしまうという場合にはすぐ教室から排除します。で、そのうえでそうならないっていう約束ができるまでは教室に入れません。で、お話をして約束ができるようになったら《教室に》また戻して、兆候が見えたら《教室から》また出すというのも、根気よく卒業まで繰り返す形ですね。ですから、そういうおとなしい子たち、わりとたとえば壁がバーンって叩かれたビクッてなってし

まって、もう恐いから行けないってなるような子ってのはやっぱりいるんですよね。ですのでそうならないような指導ってのを極力するようにしてますけれども、はい。［インタビュー］

なお、サポート校においても、第2章でも触れたように、不登校などを経験してきた生徒ができるだけ通いやすい環境を整えるために"粗暴な生徒"はそもそも入学させないサポート校があることが指摘されている[11]（遠藤 2002; 学びリンク編集部 2010）。

以上より、高等専修学校やサポート校の中には素行の改善可能性が選抜基準とされている学校や教育施設が一定数存在するということがわかる。ただしそのような選抜基準の設定には、不登校経験をもつ「おとなしい」生徒の登校を支えるために余儀なくされている、という側面もあることを押さえておくべきだろう。

6　都立定時制高校・通信制高校と3つの隠れた選抜基準

では、「家庭の経済的状況」「家庭の教育への姿勢」「素行の改善可能性」という3つの隠れた選抜基準によって進学先の選択肢が狭まる者たちに対して、はたして都立の定時制高校・通信制高校は十分な門戸を開いているのだろうか。この問いに対して、近年の入学者選抜と都立高校改革の動向からは、以下の2つの問題点が浮かび上がってくる。

6.1　学びのスタイルの不本意な変更

東京都では、全日制高校以外にも、多彩な学校種・形態の非主流の後期中等教育機関が存在し、各学校・教育施設が採用するカリキュラムも非常に多様である。「家庭の経済的状況」「家庭の教育への姿勢」によって高等専修学校やサポート校に進学できない者がいることは前節で示したが、彼ら／彼女らが結果的に進学先として選ぶことになる都立の定時制・通信制高校の内部でも、そのカリキュラムには多様性がかなりある。昼夜間単位制・夜間（単

位制も含む)・通信という学びのスタイルや、普通科・専門学科・総合学科という教育課程の中から希望の学校を選択できるのである。

　しかし、都立の定時制・通信制高校受験者の誰もが希望する学校に入学できているわけではない。現在、都立の定時制・通信制高校の中でも、昼夜間単位制高校やチャレンジスクールといった昼間に授業が行われる学校は高い人気を集めている。これらの2つのタイプの学校で2010年2月に行われた分割前期(第1次募集)[12]の受験倍率は、11校中10校で1倍を超え、うち7校では2倍を超えている。また、9校で3月に実施した分割後期の入学試験には、分割前期で不合格になった受験者が再受験してくるため同様に高い倍率となり、昼夜間単位制高校で533名、チャレンジスクールで435名の不合格者が出ている。

　このような「昼間の定時制高校」の高い人気に比べ、夜間定時制高校や通信制高校への入学を初めから希望する者は少ない。2010年2月に行われた夜間定時制高校の第1次募集の受験倍率は0.52倍にとどまっている。また、東京都で2009年12月に中学校3年生に対して行った進学先の第1志望の調査で、都立の通信制高校(定員370名)を第1志望にしていた者は40名のみであった。

　これより推察されるのは、志望していた「昼間の定時制高校」に不合格になり、学びのスタイルを夜間あるいは通信という形に不本意に変更せざるをえなくなる者が少なからず存在する、ということである。都立定時制高校・通信制高校には、多彩な形態・カリキュラムをとる進学先が用意されているかもしれない。しかし、用意された進学先の定員枠と受験者の希望にはズレが生じているのである。

　その結果、社会経済的困難を抱える家庭の子どもには二重の不利が押し寄せることを留意しておくべきだろう。彼ら／彼女らは、高等専修学校やサポート校などへの進学が難しくなるうえ、都立の「昼間の定時制高校」を希望する場合には、不合格になり学びのスタイルを不本意に変更するリスクにさらされるのである。

　そして、夜間定時制高校や通信制高校への進学は、中退のリスクが高まる

進学でもある。第2章の図2-2で示したが、2011年度の都立定時制高校の退学率は、昼夜間定時制高校が8.6%であるのに対し、夜間定時制高校では14.9%であった。通信制高校に関しては、中退率のデータは公表されていないが、独力で学習を継続することの難しさがたびたび指摘されている（伊藤美奈子 2009など）。

6.2 昼夜間定時制高校における「素行の改善可能性」

また、「素行の改善可能性」という入学者の選抜基準に関しては、昼夜間定時制高校でも隠れた選抜基準とされていることが推察される。

チャレンジスクールについて述べると、入学試験では面接・作文・志願申告書によって合否を判定するが、その評価基準は「意欲と熱意」であるとされている。また、各チャレンジスクールが公表している「本校の期待する生徒の姿」では、社会生活に必要な姿勢・マナー・態度の習得への意思ということが、3校で明記されている（表3-5参照）。ここから推測されるのは、社会生活に必要な態度を習得しようとする「意欲と熱意」をもつかどうかが選抜基準となりうるということである。そのような選抜の場合、面接の中で「素行の改善可能性」を表明できない生徒は、真っ先に不合格とされるであ

表3-5　昼夜間定時制高校における「本校の期待する生徒の姿」の抜粋

チャレンジスクール	・他を思いやる心をはぐくみ、<u>社会生活に必要な姿勢やマナーを身に付けようとする生徒</u>（F校） ・<u>マナーとボランティア精神を身に付けようとする生徒</u>（G校） ・学習の基礎や<u>社会生活に役立つ知識・技能・態度を身に付けようとする生徒</u>（H校） ・<u>他人のチャレンジを妨げないで</u>、自らの学校生活に積極的に取り組む生徒（I校）
昼夜間単位制高校	・<u>学校生活のルールやマナーを守って行動できる生徒</u>（J校） ・<u>規律と礼儀を守り</u>、豊かな人間関係を築き、卒業後、積極的に社会に貢献する意欲をもつ生徒（K校） ・<u>学校や社会におけるルールの大切さを理解し、守ることができる生徒</u>（L校） ・<u>学校や社会のルールやマナーをきちんと守って行動できる生徒</u>（M校） ・<u>社会のルールやマナーを守り、他人の立場を理解し行動できる生徒</u>（※入学者選抜で面接なし）（N校）

ろう。
　他にも、「本校の期待する生徒の姿」に「他人のチャレンジを妨げないで、自らの学校生活に積極的に取り組む生徒」と記載している学校もある。これは素行不良の生徒が「おとなしい」生徒の学習や登校を阻害するというB校などの危惧と重なるものとして考えることができる。
　昼夜間単位制高校の「本校の期待する生徒の姿」でも、6校中5校で、生徒が学校や社会の規範に従うことへの期待が示されている。うち入学試験で面接を行うのは4校であり、面接の結果が総合点に占める割合は4分の1に満たない。しかし、それらの学校で「素行の改善可能性」が最終的な合否の判定に影響してくることは十分に想定できる。
　もちろん従来の夜間定時制高校などは、素行不良の生徒たちを包摂する役割を果たしているだろう。しかし、「不登校トラック」化を伴う夜間定時制高校の統廃合の流れは、新設された昼夜間定時制高校が「素行の改善可能性」を選抜基準とすることで、結果的に素行不良の生徒たちの進学先の選択肢を削減しかねない。彼ら／彼女らの中には、昼夜間定時制高校に進学を希望するがそれが叶わない者や、近隣の夜間定時制高校がなくなったためにより遠い学校へと通わなければならない者も出てくるだろう。そしてその動きは、不登校の中には素行不良を併せもつ者もいるという視点を欠落させたまま進行していると考えられる。

7　まとめと考察

7.1　3つの隠れた選抜基準と入学機会の不平等

　本章では、非主流の後期中等教育機関への入学者選抜がどのようなものであるのか、そして、どのような生徒層が入学機会において不利を受けているのかについて、東京都の事例の検証を行ってきた。
　東京都では、非主流の後期中等教育機関の入学者選抜において、学業達成の水準が実質的には選抜基準となっていない学校・教育施設も多かった。一方で、学業達成の他に重要な選抜基準となりうるものとして、「家庭の経済

的状況」「家庭の教育への姿勢」「素行の改善可能性」という3つの要因が見出せた。これらの知見からは、非主流の後期中等教育機関のカリキュラム編成が多様化しているにもかかわらず、家庭背景や素行というノンメリトクラティックな選抜基準によって進学先の選択肢が狭まり、不本意な進学へと水路づけられる者たちがいることが示唆された。そして、その不本意な進学が、学びのスタイルの変更を伴うものであり、また中退率の高い学校への進学になっていることも浮かび上がってきた。

　学業達成や家庭背景、素行といった選抜基準は、すべての非主流の後期中等教育機関で問われるわけではないため、どの学校・教育施設でもよいのであれば入学は可能になる。そうした意味で、非主流の後期中等教育機関は、全体としては後期中等教育におけるセーフティネットであると呼ぶことができるだろう。しかしセーフティネット内では、ある一定の層が入学機会上の不利に直面するリスクにさらされている。授業の開講時間、カリキュラム編成などについて、自らの希望に沿う学校・教育施設を選択しようとしたときに、学業達成とは異なる選抜基準による入学機会上の不利が立ち現われるのである。

　こうした事態は、ある一定の層が他と同様の形で学校・教育施設を選択することができないという意味で、不平等であるといえるだろう。では、なぜこのような入学機会の不平等が見逃されてきたのだろうか。それには2つの背景要因を考えることができる。1つは、これまでの研究が学校格差構造への関心から、後期中等教育の入学者選抜の基準については学業達成の尺度ばかりに焦点を当て、ノンメリトクラティックな選抜基準に目を配ってこなかったことである。

　もう1つは、これまでの「不登校」イメージが家庭環境の困難さや非行という問題と切り離されていたことである。保坂（2000）は、心のケアが必要とされるような神経症型の不登校が注目され支援策が講じられる中で、同じ不登校でも、恵まれない家庭に育ち非行を含めた怠学の形で登校しなくなっている脱落型不登校には光が当てられてこなかったと指摘している。そのため、家庭への福祉的な支援策や非行・怠学による不登校の子どもへの支援策

も欠落してきた。たとえば樋口（2011）は、不登校支援の場である教育支援センター（適応指導教室）で「あそび・非行」タイプの不登校の子どもが受け入れを拒否されたり、たらい回しにされていることを指摘している。

「家庭の経済的状況」「家庭の教育への姿勢」「素行の改善可能性」という選抜基準によって生じる入学機会の不平等の構図は、これまでの脱落型不登校への支援の欠落の構図と重なる。非主流の後期中等教育機関での入学機会の不平等も、「不登校トラック」化が脱落型不登校への支援の視点を欠落させながら進展した、その意図せざる帰結として生じたのではないだろうか。

倉石（2012）は、在日朝鮮人教育と障害児教育の例をもとに、教育における排除と包摂は「排除→包摂」（排除から包摂へ）という単線的な関係だけでは捉えきれない現状があることを指摘する。「不登校トラック」化によって後期中等教育上のセーフティネットにより十全に包摂されるようになった者たちがいる一方で、排除的な扱いを受けるようになった者たちもいるということを押さえておくべきだろう。

なお本章は、入学者の選抜基準について、ノンメリトクラティックな選抜基準へと視点を広げることで、非主流の後期中等教育機関を単なる下位トラックとしてみるだけでは把握できない入学者選抜の課題へと接近できた。本章から見出された、家庭背景や素行などのノンメリトクラティックな選抜基準は、全日制高校などにおいても隠れた基準として作用している可能性も十分考えられる。全日制高校などでノンメリトクラティックな選抜基準がどのように作用しているかについては、今後検討すべき課題であるだろう。

7.2 Y校の入学者選抜と生徒層

これまでの考察では、入学機会における不平等の側面を強調してきた。ただし、もちろん、すべての高等専修学校やサポート校で「家庭の経済的状況」「家庭の教育への姿勢」「素行の改善可能性」という3つの隠れた選抜基準が厳密に適用されているわけではない。社会経済的に厳しい家庭環境にある子どもが、結果的に高等専修学校やサポート校に入学するケースも少なからずある。また素行不良がみられる生徒を分け隔てなく受け入れている学校・

教育施設も少なくない。学校適応や進路形成の成果については、生徒層を限定した結果だと安易に考えるべきではなく、各学校・教育施設の状況に照らして個別に判断していく必要がある。

　本書で事例とするY校は高等専修学校であり、Y校の中退率・進路未決定率の低さは上記の3つの隠れた選抜基準によって生徒層を限定しているためなのではないか、という疑念も起こるかもしれない。そのため最後に、Y校がいかなる生徒層を受け入れているのかについて、簡単に述べておきたい。

　Y校は私学であり、「家庭の経済的状況」「家庭の教育への姿勢」が障壁となり、入学が難しくなる層が一定数いる学校ではある。「家庭の教育への姿勢」に関して述べると、Y校の場合、学校が求める協力体制に保護者が同意できない場合には、不合格になる場合もあるという。しかし健常の生徒に関しては、不合格者は例年出たとしても1〜2人（出ない年もある）であり、保護者の同意を基準に強い選別が行われているわけではない。

　Y校の入試は、推薦入試（書類審査・面接）と一般入試（筆記試験・作文・面接）という形で行われているが、健常の生徒に関してはほとんどの受験者が合格するため、学業達成の水準は原則的には選抜基準となっていない[13]。口コミで広がっているY校の教師たちのサポート体制についての評判と相まって、結果的に、学業不振、不登校、発達障害などの背景がある生徒が多く入学している。

　また、「家庭の経済的状況」「家庭の教育への姿勢」が入学の障壁になりうるものの、実際には経済的困難を抱えた家庭や、複雑な事情を抱えた家庭の子どもも、一定数在籍している（表3-4も参照）。さらに、Y校では「素行の改善可能性」にかかわらず生徒を受け入れるため、高校中退の経験者や非行傾向がある者も一定数入学してくる。そのため、Y校についても、決して「入学時点で生徒を選抜しているからこそ、中退率や進路未決定率が低く抑えられている」と安易にまとめることはできない。Y校のいかなる点が生徒の学校適応・進路形成を促すものとなっているのかについては、事例を丁寧に検討して描き出していく必要があるだろう。

　第4章では、それらの分析に先立ち、入学者選抜のあり方や受け入れる生

徒層なども含め、Y校の概要について詳しく紹介していく。そして、Y校のフィールド調査の概要について記述する。

【注】
1　その他に1校で「チャレンジ枠」として生徒募集の枠を設けている。
2　会員校は28校だが、うち6校は大学入試の予備校や高校受験のためのフリースクールなど、通信制高校での学習の支援を主眼としていない施設である。
3　進学情報の冊子として、通信制高校については晶文社発行の『首都圏高校受験案内2011年度版』、高等専修学校については社団法人東京都専修学校各種学校協会発行の『2011年度版東京都高等専修学校概要』、サポート校については学びリンク発行の『全国フリースクールガイド2010～2011年版　小中高・不登校生の居場所探し』を使用した。なお、各学校・教育施設のウェブサイトと進学情報の冊子との間で選考方法についての記載が一致しない場合は、ウェブサイトの情報を採用した。
4　聞き取り調査の内容は、許可を得たうえでICレコーダーに録音し、逐語的に書き起こした。なお、質問項目は事前に学校側に送り、提供可能な資料を用意していただいた。
5　各学校が設置する学科については、掲載することで学校が特定されてしまうおそれがあるため掲載しない。
6　都立通信制高校については、入学者選抜の募集人員は公表されているものの、受検者数と合格者数は公表されていない。そのため、学業達成が実質的な選抜基準となっているかについて確認することはできていない。また、私立定時制高校はその内実が多様であるため、分析から除外している。
7　しかし聞き取り調査によると、B校には中学校の先生から「都立高校に最初っから行けない、この子のことを考えると座学よりも何か資格を持たせた方がいいんじゃないかと考えた」生徒が紹介されるそうであり、B校でも入学者に求められる学業達成の水準は高くないと推測される。
8　本章のためのデータ収集を行った2011年時点では、高等学校等就学支援金の制度は旧制度が適用されていた。2014年4月以降に高等学校や高等専修学校に入学した生徒たちには、新制度が適用されている。旧制度と新制度の大きな違いとしては、①公立学校入学者の場合、旧制度ではすべての世帯で授業料が徴収されなかったが、新制度では年収910万円程度以上の世帯は授業料の負担が求められること、②私立学校入学者の場合、高所得の世帯に就学支援金が支給されなくなり、その一方で低所得の世帯に対する就学支援金の加算額は大きくなったこと、の2点が挙げられる。このような制度の改訂が、高等専修学校・サポート校への生徒の入学状況に変化をもたらす可能性もあるが、そのことについての検討は今後の課題としたい。

9　初年度納入金についてウェブサイトに記載があった11校と学びリンク編集部（2010）に記載があった5校の計16校の平均値。コースごとに納入金が異なる施設の場合は、施設内での平均値を求め、16校の平均値の算出に用いている。
10　聞き取りによる事例調査の時点での就学支援金は、年収350万円以上の世帯は月額9,900円であったのに対し、年収250万円未満の世帯は月額19,800円（2倍）、年収250〜350万円の世帯は月額14,850円（1.5倍）であった。
11　学校情報に「乱暴な生徒（喫煙者）」「服装等極端に派手で乱れた生徒」はお断りしますと明記しているサポート校もある（学びリンク編集部 2010）。
12　分割前期の入学試験は全日制高校・夜間定時制高校の第1次募集と同じ日程で行われる。昼夜間単位制高校とチャレンジスクールは多様な生徒を幅広く受け入れることを目的としているため、入学希望者ができるだけ受験しやすいように、11校中9校ではあらかじめ定員を分けて分割前期・分割後期という形で募集を行っている（東京都教育委員会 2003）。なお、分割後期の入学試験は3月に全日制高校の第2次募集と同じ日程で行われている。
13　ただし、学力面であまりに厳しかったり、LD（学習障害）、ADHD（注意欠陥多動性障害）、アスペルガー症候群などの発達障害が疑われたりする場合は、健常の生徒としてではなく、障害がある生徒としての扱いで入学許可が出る場合もある。

第4章 事例の紹介と調査の概要

　第2章・第3章では、Y校の事例研究に入る前の前提知識として、非主流の後期中等教育機関の生徒層、カリキュラム編成、中退率・進路未決定率がいかなる状況にあるのかについて、その全体像を描き出した。

　本章では、第5章以降のY校の事例分析に備えて、事例となるY校について紹介するとともに、フィールド調査の概要について記述する。まず、Y校の概要について学校資料などをもとに提示した後（1節）、Y校の入学者選抜と生徒層、学校生活の1日の流れ、授業と学力について、フィールドノーツやインタビューのデータなどを交えながら記述する（2節）。そして3節で、Y校で実施したフィールド調査の概要を示す。

1　Y校の概要

　事例とするY校は、開校されてから約30年の歴史を有し、首都圏に位置する私立の高等専修学校である。修業年限は3年であり、大学入学資格付与指定校に認定されている。

　Y校は、学校法人内の幼稚園、小・中学校で受け入れている自閉症の児童・生徒の最終教育現場として設立されたという、高等専修学校の中でも非常に特殊な経緯をもった学校である。近年では自閉症と診断されている生徒が全生徒の6割近くを占めるが、障害のない生徒（Y校での呼称を借りるなら「健常の生徒」）も約4割在籍しており、本書では主に彼ら／彼女らを分析対象とする。その他にも、自閉症以外の発達障害（LD（学習障害）、ADHD（注意欠陥多動性障害）、アスペルガー症候群など）や軽度の知的障害があり、療育手

帳を取得している生徒も若干名いる。なお、健常の生徒・障害がある生徒ともに、男子が圧倒的に多く、男女比はおよそ8：2である[1]。

　Y校は各学年75人程度の比較的小規模な学校であり、クラスは学力や障害の程度などをふまえた形で3クラスに分かれている。A組・B組は1クラス30人程度で、健常の生徒と障害がある生徒が半数ずつ在籍し、彼ら／彼女らはホームルームや学校行事だけでなく、普通教科の授業でも生活をともに送ることになる。C組は1クラス15人で、比較的障害が重度である生徒で構成されている。C組の授業の時間割や普通教科の内容は、A・B組とはかなり異なり、作業実習の時間などが多く組まれている。専門教科においては、A・B・C組の生徒が一緒に授業を受けることになり、教員や健常の生徒（や一部の障害がある生徒）がC組の生徒の手助けをしながら、一緒に実習を行っている。

　授業は全日制高校とほぼ同様の形で昼間に開講され、生徒たちは月曜～金曜の週5日登校し、1日に45分授業を6コマ受講することになる。朝は8時40分までに登校し、朝のホームルームの後、午前の授業を4コマ受ける。午後は、給食・掃除の後、授業を2コマ受け、帰りのホームルームの後、15時30分に下校（または部活動に参加）となる。学年制の全日制高校・定時制高校と同様、一定回数以上授業に出席し、すべての授業単位を取得することが卒業の要件となっている。

　現在Y校では、専門教科のコースとして、「絵画」「陶芸」「体育」「調理」「被服」「情報」「大学受験（2年次後期以降）」の7コースが設置されている[2]。1週間30コマの授業のうち、半数弱の14コマが専門教科の授業であり、うち10コマが実技、4コマが理論の時間である。残りの16コマのうち15コマは、国語・数学・英語・社会（日本史・世界史・地理）・体育・保健・作業（C組のみ）といった普通教科の授業であり、残りの1コマ（月曜の1校時）はホームルームの時間となっている。

　生徒たちは入学時に希望の専門コースを選択するが、2000年代前半までは原則的に3年間同じコースで学ぶことが義務づけられていた。しかし現在では、半期ごとにコースを変更することが可能になっており、近年では半数

程度の生徒が3年間のうちに1回以上コースを変更している。1つの学校の中に7コースという多彩なコースが用意され、柔軟にコースを変更できるというシステムは、高等専修学校の中ではかなり特徴的であるといえる。

　Y校では、全日制高校や定時制高校などと同様、部活動や生徒会活動などが行われている。また、体育祭、合唱コンクール、文化祭などの学校行事に加え、1年生研修、林間学習、修学旅行、スキー教室、専門教科ごとの宿泊実習といった、宿泊行事も数多く実施されている。さらに学校独自の取り組みとして、生徒たちが自己開示を目標として、全校生徒の前で自ら話をするスピーチコンテストが行われている。

　生徒たちの学校適応の状況について述べると、Y校からの中退者・転編出者は、健常の生徒については1割程度、障害がある生徒については若干名である。留年する生徒も1学年に1人いるかいないかであり、入学した生徒の9割近くが3年間で卒業している。3年生になると、不登校経験をもつ生徒も含め9割以上の生徒が、無遅刻・無欠席の表彰を受けている。

　ただし、1年生の時点では教師への不信感をもっている生徒が多く、問題行動や無断欠席がたびたび生じ、教師の指導や校則への反発・無視も頻発する。問題行動のために謹慎処分を受けて職員室で自習をすることになる生徒や[3]、コミュニケーションを深めることを目的として学校で教師と宿泊することになる生徒も少なからずいる。しかし、第6章で詳しく述べるが、そうした生徒たちも、多くが教師と良好な関係を築くようになり、教師の指導を受け入れるようになっていく（ただし2・3年生に関しても、喫煙・飲酒の発覚などによって謹慎処分を受ける生徒は毎年いる）。

　卒業後の進路については、Y校は大学入学資格付与指定校であるため、四年制大学・短大・専門学校（中等後教育）への進学や高卒者と同等扱いでの就職が可能である。健常の生徒に関しては、約3分の2が中等後教育へと進学し、約3分の1が正社員として企業に就職する。中等後教育への進学者のうち、最も多いのは専門学校への進学者（全体の約4割）である。四年制大学に進学するのは全体の2割強であり、短大への進学者は全体の5％程度である。進路未決定のまま卒業する者は、いても毎年1～2名であり、そのほと

んどが四年制大学の一般受験に失敗して浪人する者たちである。なお、Y校で学ぶ専門コースに直結した進学先・就職先を選ぶ生徒はそれほど多くなく、保育系・福祉系に進む生徒が多いという特徴がある。

自閉症などの障害がある生徒の卒業後の進路について述べると、約95%の生徒が就労し、進学を選ぶ生徒は5%程度である。就労者のうち、一般就労（企業への就労）と福祉就労（作業所や就労移行支援施設などでの就労）の割合はおよそ半々である。障害がある生徒の進路は、基本的には就労が前提とされ、本人の意向だけでなく保護者の意向と本人の適性をふまえた話し合いのうえで決定されている（詳しくは**表4-1**）。

表4-1　Y校の概要

学校の形態	私立・高等専修学校
開校年数	約30年
専門コース	絵画、陶芸、体育、調理、被服、情報、大学受験（2年次後期以降） ※普通教科と専門教科の授業の割合は5:5
修業年数	3年制（大学入学資格付与指定校） ※授業は週5日、昼間に開講
1学年の人数	約75人（3クラス） ※A・B組は1クラス約30人（健常の生徒と障害がある生徒の混合） ※C組は15人（重度の自閉症の生徒）
生徒構成	健常の生徒：約4割、障害がある生徒：約6割
※男女比 ※不登校経験者 ※高校中退者 ※家庭の経済的困難	男子：約8割、女子：約2割（健常の生徒、障害がある生徒ともに） 健常の生徒の約半数 健常の生徒の1割程度 就学支援金加算分（年収350万円程度以下）の対象者は1割強
教員数	30人強　※1学年の担任団は8人
卒業率	約9割
授業出席率	9割以上
長期欠席の生徒	ほとんどいない
卒業後の進路 （2009〜2013年度）	［健常の生徒］進学67.2%、就職31.9%、その他0.8% ［障害がある生徒］進学4.5%、就労95.5%、その他0.0%

2　Y校の日常

2.1　入学者選抜と生徒層

　Y校は、学校法人内の幼稚園、小・中学校で受け入れている自閉症の児童・生徒の最終教育現場という役割を期待されて設立されたが、設立当初から自閉症などの発達障害がない生徒（「健常の生徒」）も積極的に受け入れてきた。開校以降2000年代前半ぐらいまでは、健常の生徒は全校生徒の約3分の2を占めていた。しかし近年では、健常の生徒の割合は全校生徒の約4割にまで減少している。進路指導部の目黒先生（仮名、以下の教師名・生徒名も同様）はインタビューの中で、その理由として、不登校・高校中退経験者を積極的に受け入れる公立の昼夜間定時制高校が近隣に複数開校したことや、公立高校の無償化により、生徒募集が厳しくなったことを挙げている。

　Y校の入試は、推薦入試（書類審査・本人面接・保護者面接）と一般入試（筆記試験・作文・本人面接・保護者面接）という形で行われている。障害がある生徒に関しては、系列の中学校からの進学者を優先するが、外部からも多数の生徒が受験してくるため、毎年不合格者が出ている。一方で、健常の生徒については、不合格者は毎年出ても1〜2人であり、不合格者が出ない年もあるという。健常の生徒に関しては、3月末まで二次募集（筆記試験・作文・本人面接・保護者面接）を随時実施していて、公立高校を不合格になった生徒を受け入れているが、それでも3月末にようやく定員に達するか達しないかという状態である。健常の生徒については、強い選抜が行われているわけではなく、自閉症の生徒との人数のバランスを考えて、むしろなるべく多くの生徒を受け入れようとしている。

　30年の経過の中で、健常の生徒の割合（量）だけでなく、その層（質）も変化してきた。開校当初から在籍する森下先生へのインタビューによると、開校当初は、中学校が荒れている時期だったということもあり、非行傾向がありどこの全日制高校にも進学できなかったという生徒が多かったそうである。しかし、1990年代後半ぐらいから、中学校や全日制高校での不登校経験をもつ生徒が多く入学するようになり、生徒層が変化してきたという。現

在、健常の生徒の約半数は、不登校経験をもつ生徒であり、その大多数は心理面での理由から学校に行けなかったという「神経症型不登校」（保坂 2000）に該当する。

　また、近年の変化として、健常の生徒として入学した者の学力が全体的に低下したということが、多くの教師から指摘されている。入試の筆記試験の結果は、主にクラスの習熟度別編成に使われるものであり、その結果によって不合格になることはほとんどない。そのこともあってか、目黒先生によると、入試の筆記試験の解答をみる限り、数学や英語は小学校や中学校1年生の時点でつまずいている生徒が多く入学してくるという。また、近年入学してくる生徒たちの中には、アルファベットが満足に書けない、または九九が完璧にそらんじられない生徒もおり、療育手帳[4]を取得できるか否かの境界線上にいる、「ボーダー」の生徒たちも少なくないという。さらに、学力の問題と同時に、LD（学習障害）、ADHD（注意欠陥多動性障害）、アスペルガー症候群などの発達障害を抱える生徒も少なくない。健常の生徒という扱いで入学したが、卒業後の就職をふまえて療育手帳の取得に踏み切る生徒も、各学年に数名いる。

　全日制高校を中退してY校に再入学する生徒、あるいは在籍する全日制高校での留年を避けるためにY校に編入学する生徒も受け入れており、各学年で若干名がそうした形でY校に入学している。高校中退や高校進学浪人などの理由による過年度生（中学校卒業後すぐに入学した生徒より、1歳以上年上の生徒）も各学年に若干名いる。ただし、生徒たちが互いに過年度生であるか否かを気にしている様子はあまりみられない。

　非行傾向をもつ生徒は、近年ではそれほど多くないが、それでも毎年一定数入学している。保護観察処分を受けていたり、児童自立支援施設などに入所していた経験をもつ生徒もいる。彼ら／彼女らに関しては、入学当初は茶髪（金髪）、ピアス、制服の着崩しなど明確な校則違反がみられ、教師の指導に対しても反発・無視の態度を示す。しかし、教師に対する反発・無視の態度を示す生徒は彼ら／彼女らに限らない。田端先生はインタビューの中で、「学校嫌い、イコール大人嫌い。教師は絶対に嫌な存在。ていうのがほとん

どの生徒はもっている」と語っている。教師たちはそうした認識のもとで、生徒たちの教師への不信感を解消していくためにさまざまな教育実践上の工夫を行っている。

生徒の家庭背景については、第3章でも述べたが、Y校は私学であり、私立の全日制高校に近い額の学費を納める必要があるため、経済的な困難を抱える家庭の子どもは入学を断念する傾向にある。しかし、就学支援金加算分（年収350万円程度以下）の対象者は1割強おり、毎年経済的困難を抱える家庭の子どもも一定数は入学してきている。他にも、ひとり親家庭の子どもや、子育て放棄が疑われる家庭の子ども、児童養護施設や里親のもとから通う子どもなど、複雑な家庭の事情を抱えた子どもが少なからず在籍している。ただし、外国にルーツをもつ生徒は1学年に1名いるかいないかであり、定時制高校などと比べると少ない傾向にある。

第2章による文献資料の整理では、非主流の後期中等教育機関に、不登校・高校中退（編入）経験者、低学力の生徒、非行傾向のある生徒、発達障害を抱える生徒、外国にルーツをもつ生徒、社会経済的に厳しい家庭に育つ生徒が集まる傾向にあることを見出した。Y校では、外国にルーツをもつ生徒はあまり在籍していないものの、その他の特性を抱える生徒が一定数集まっているといえる。また、発達障害がある不登校経験者や、非行傾向を有する学業不振の生徒など、それらの特性を重複して抱える生徒も多い。

2.2　学校生活の1日の流れ

生徒の登校時間は8時40分と決められているが、生徒たちはそれよりも大幅に早く登校してくる。Y校では授業を制服ではなく学校指定のジャージ・体操服で受けるため、生徒たちは8時40分までにはジャージまたは体操服に着替え、教室で待機している。近隣から自転車で通う生徒だけでなく、電車通学の生徒も多いが、遅刻する生徒はほとんどいない。というのも、遅刻した生徒には必ず教師の指導が入り、場合によっては翌日以降の8時登校が求められるためである。

筆者は朝のホームルームが始まる8時50分に合わせてY校を訪問すること

がたびたびあったが、職員室の前の廊下には、教師に用事がある生徒たちが職員朝礼が終わるのを待って並んでいる。筆者が訪れると、筆者のことを知らない生徒も含め、多くの生徒たちが自分から先に挨拶してくれる。学外の人にも積極的に挨拶する生徒たちが多いのは、Y校の特徴であるといえるだろう。

　朝のホームルームは8時50分から9時25分までと長めであり、必要事項の連絡の他に、担任・副担任から生徒たちに向けて、学校生活の過ごし方に関するさまざまな話がなされる。たとえば、以下のフィールドノーツは、1年生のホームルームの一幕である。ここでは、担任の田端先生が生徒たちに向けて、スポーツ大会の練習の中で周りの人に気を配ることを意識するよう語りかけている。日常の学校生活の過ごし方についてさまざまな話がなされるのは、帰りのホームルームでも同様である。

　　田端先生は黒板に図を描きながら、話を始める。「大人になるということは自分だけの殻を破っていくこと。周りの人、周りのことを意識できること」と話す。
　　その間に、ユウマ《自閉症の生徒》[5]が「寝てるの?」と田端先生に聞かれ、顔上げてと言われるが顔を上げない。すかさず《副担任の》渋谷先生がユウマの席に寄っていき、個別に話を始める。田端先生は話を続ける。
　　田端先生は、黒板に書いた「気づく」「気をつかう」「気を配る」ということについて、「気というのは何だというのを、少しずつわかっている人もいるんじゃないか」と問いかける。そして、駅で20歳の大学生が58歳の女性の腕をつかんで一緒にホームに落ちたという今朝のニュースを取り上げ、「考えられる? でも20歳だぜ?」と問いかける。そして、「気を配るってのは何かということを、少し意識してみようよ」と話す。「これからスポーツ大会の練習があります。あと4日しかありません。周りに気づける人に変化してみましょう。わかった?」と問いかけると、生徒たちは一斉に大きな声で「はい」と答える。

[フィールドノーツ]

　9時25分から授業が始まり、午前中に4コマ、午後に2コマの授業が行われる。入学当初の1年生を除けば、生徒たちは基本的には授業にまじめな態度で臨んでおり、寝ている生徒は非常に少ない。漫画を読んでいたり、立ち歩いていたり、授業に関係ない雑談を続ける生徒はほとんど見られない。もちろん、これらの行動がすべて教師の指導の対象となる、ということが背景の1つにある。
　実際に、授業中にも生徒の授業に臨む態度について指導が行われる様子がしばしば見られた。たとえば、1年生の国語の授業中、寝ている様子だったケンゴが隣の生徒（ノボル）に起こされ、「起きてるよ！」と大声を出す場面があった。神田先生は授業の最初にも、ケンゴが寝ていたことに対して注意をしていた。神田先生は、それでも寝ようとしていたケンゴについて、周りから悪いイメージがついていること、悪いイメージを取り払うことは大変であることなどを、周りの生徒にも問いかける形で話している。

　　ケンゴ《自閉症の生徒》が「起きてるよ！」と急に大きな声を出す。どうやら隣のノボル《自閉症の生徒》がケンゴを起こそうとしたらしい。神田先生がノボルに聞くと、「ケンゴが寝てる疑いがあったので」と答える。ケンゴはノボルがつかもうとした手を払う。
　　神田先生はケンゴに、「お前のイメージがそうついてんだよ」と言う。そして、「最初についちゃったイメージは取り払えないんだよ」と話す。ノボルに対しても「あんたも余計なことだと思うよ」と話す。「寝てて損するのはその人なんだから。自分のことに集中しなさい」と話すと、ノボルは「わかりました」と答える。
　　《中略》
　　神田先生はケンゴに向けて、「イメージをなくすためには、それ以上のことをやんないとなかなかとれないよ」と話す。さらに、「もう一つだけ言っとくと、いいイメージはなかなかつかないけど、悪いイメー

ジはすぐつく」と話し、最近不祥事を起こした乳製品の会社の例を挙げる。そして、「だから今下向いてると、あーこいつ話聞けねーのかなと」思うと話す。そして、「いいイメージと悪いイメージ、どっちのイメージがいいんでしょうかね」と生徒たちに問いかける。［フィールドノーツ］

　下位ランクの全日制高校や非主流の後期中等教育機関を対象とした研究では、教師が生徒との衝突を避け、逸脱的行動に寛容な態度をとる姿がたびたび示されてきた（竹内 1995；吉田 2007；西村 2002；東村 2004 など）。しかし、Y校における生徒指導は、従来の研究が描き出してきた姿とは異なっている。生徒の生活態度などに関する教師の指導は、健常の生徒／障害がある生徒、授業内／授業外にかかわらず、細かい部分にまで及び、また毅然とした態度で行われている。たとえば、下記で取り上げた情報コースの授業では、授業のプリントを忘れたことを事前に申告しなかったという点が、厳しい口調での指導の対象となっている。

　　駒込先生が授業を進行しようとすると、手前の席にいるユウヤ《自閉症の生徒》がプリントを持っていないことに気づく。下を向いて返事をしないユウヤに対して、駒込先生は「忘れましたって目向いて言わなきゃダメ」「忘れたのはしょうがないけど、君の場合多いからね」と若干厳しめの口調で注意している。ユウヤの「気をつけます」という返事で、「よし」ということになる。ユウヤはテキストを借りる。
　　しかし、駒込先生が少し説明を始めた後に、コウジが立ち上がって先生に寄っていく。どうやら彼も、プリントを持っていないらしい。駒込先生は「遅い」と一喝した後、「先にできないといろいろと損をするんだよ」「自分が失敗したことをちゃんと先に言うの」と注意する。［フィールドノーツ］

　もちろん授業では、厳しい口調で指導が行われるばかりではない。教師た

ちは冗談を多数織り交ぜながら、授業を進行している。以下では先に登場した田端先生と神田先生の授業の例を挙げるが、そこでは生徒のふざけた語りかけや解答の間違いも教師に許容され、笑いのネタとして活用されている。普通教科に関しても専門教科に関しても、基本的にはなごやかな雰囲気で授業が進むことの方が多い。

《2年生の日本史の授業で》鎖国の説明で、田端先生の「国を閉じているのは？」という質問に、ハジメが「ジュン」と野次を飛ばす。《ジュンはハジメの横の席に座っている。》田端先生は「こいつすぐ開いちゃうからダメだよ」と返す。ハジメは「こいつそのころ《前世は》カマキリ」と話し、生徒たちから笑い声が起こる。田端先生が「前世かよ」とツッコみ、ハジメに前世を聞くと、田端先生は「水？水は集まるとすごい力になるからいい」と話す。しかし、生徒たちはなぜかみんな笑っている。どうもハジメは「ミミズ」と言ったらしく、田端先生が「ミミズだったの！？」と大きな声で言うと、教室中で大きな笑い声が起こる。[フィールドノーツ]

《3年生の国語の授業で》神田先生は「評論」について、「物事の善悪・優劣・価値などを批評して論じる文章」という説明を板書する。善悪については、水戸黄門の助さん格さんはいい役か悪い役かという質問をリクに尋ねると、リクは「脇役です」と答える。神田先生が「お前は日本語がわからないことが3年目でやっとわかった」と笑いながら言い、生徒たちからも大爆笑が起こる。[フィールドノーツ]

専門教科については、生徒たちは1週間に実技10コマ、理論4コマの授業を受けている。そこでは生徒たちの技術・知識の向上に向けて、さまざまな取り組みが行われている。

陶芸コースではろくろや手びねりでコップや茶碗、鍋などを作り、文化祭ではそれらの販売を行っている。絵画コースではデッサンから始め、最終的

には油絵の自由制作を行い、文化祭などで展示を行う。調理コースでは班内で協力しながら、さまざまな料理・お菓子を作り、月1回それらを系列の小・中学校の敷地内にある喫茶店で販売している。体育コースは週2日のウェイトトレーニングに加えてさまざまな競技を実践し、宿泊のキャンプ実習や、文化祭での体操のステージショーなども行っている。被服コースではベストの制作などから始まり、3年次にはウェディングドレスを制作して、文化祭でのファッションショーでそれらを披露している。情報コースは文書作成や表計算ソフトなどの利用方法を学び、さまざまな検定資格の取得を目指すが、3年間で30種類以上の検定資格を取得する生徒も毎年のように出る。大学受験コースでは、専門教科の時間を国語・英語・社会・小論文などの授業に充てているが、社会科見学に出かけるなどのプログラムも組まれている。

健常の生徒へのインタビューでは、こうした専門教科の授業について、「楽しい時間」や「息抜きの時間」、「自分が輝ける時間」というポジティブな意味づけがなされている様子が語られている。しかし、専門教科の授業が入学の動機となった生徒は決して多くなく、また専門コースと関連した分野を卒業後の進路に選ぶ生徒も例年半数に満たない。専門教科の授業の時間は、生徒によっては、将来の仕事に直結する専門的なスキルを学ぶというよりは、リフレッシュの時間や、実習の作業を通して間接的にさまざまな経験を得る時間として機能していると考えられる。

その間接的な経験の1つとして挙げられるのは、自閉症の生徒との密な関わりである。専門教科の時間では、コースによって多少の差はあるものの、健常の生徒（と障害がある生徒の一部）が重度の自閉症の生徒の手助けをしながら、作業を進めている。たとえば、以下は3年生の陶芸の授業の光景を切り取ったフィールドノーツである。

　　　自閉症の生徒たちに関しては、まず各自で土を練って、今度はその土をまとめて三田先生が直方体にし、その土を薄く切ってベースの器に貼り付けて皿の形にするということをやっている。直方体の土を薄く切る段階では、リョウスケ《軽度の自閉症の生徒》がちょうど削り

の作業を終えていたので、ヘルプに呼ばれて一緒に作業をすることになる。リョウスケが来ると、三田先生は自閉症の生徒たちのもとを離れて、サボっている健常の生徒の指導に乗り出す。リョウスケは自閉症の生徒たちに指示を出しながら、作業を進めていく。

《中略》

《授業終了前の掃除の時間で》自閉症の生徒は指示がないと掃除できないので、三田先生が、「コウ、ほうきでここはいて」などと細かく指示をしている。しかし、それでもコウはうまくできないので、ほうきも三田先生が1ヶ所にごみを集めて、それをコウにちりとりを使って拾わせていた。

その後床の拭き掃除をすることになるが、三田先生はタカノブに自閉症の生徒たちの作業の指示をさせていた。タカノブは「そこらへんふいて」「ちげーよ、もっとこっち側も」というような感じでコウやタイチに指示をしている。[フィールドノーツ]

もちろん、こうした手助けの光景は専門教科に限らず、学校生活のさまざまな場面で見られる。その中でとくに注目すべきは、主に宿泊学習や行事などの際に、重度の障害がある生徒に対して健常の生徒が1対1で身の回りのお手伝いをする、「バディ」という取り組みである。バディは1年生の7月の林間学習から採用され、その組み合わせは教師たちが両者の性格などをふまえながら決定している。健常の生徒にとっては、バディを組む自閉症の生徒の存在が登校継続の動機になったり、卒業後の進路を定める重要な要因になることがある（第5章・第7章）。生徒たちの中には3年間同じ生徒とバディを組み続ける者もおり、卒業後もバディの相方を結婚式に呼んだりするなど、関係が続いていく場合も少なくない。

午前中の授業が12時30分に終わると、生徒たちはクラスで給食を食べる。席は自由であり、机を動かさずにそのまま黒板のほうを向いて食べる生徒もいれば、席を班形式にくっつけて、健常の生徒／障害がある生徒の垣根なく談笑しながら食べている生徒もいる。給食の時間は、担任・副担任も一緒に

教室で給食を食べる。

　給食の後は掃除の時間で、1〜3年生が縦割りでグループを組み、1年間同じメンバーで同じフロアを掃除する。グループは障害がある生徒と健常の生徒の混合であり、重度の障害がある生徒を他の生徒が手助けする形で掃除が進んでいく。各フロアには担当の教師が1人ついていて、掃除の監督と指示を行っている。給食や掃除の時間を共有するなど、教師と生徒が長い時間同じ空間にいるということは、Y校の特徴であるといえるだろう。

　午後の2コマの授業が終わると、15時からはホームルームとなる。生徒は制服または部活動用の服装に着替えた後、学校から提供されるおやつ（パンとジュース）を食べる。おやつが提供されるのは、買い食いや学校への食べ物の持ち込みが校則で禁止されているからである。その後、連絡事項や学校生活に関する話が担任・副担任からあった後、15時30分に下校となり、多くの生徒は部活動に出かける。

　Y校の部活動は活発であり、教師や先輩からの熱心な勧誘の結果、生徒の9割近くが部活動に加入している。現在、野球部、卓球部、陸上部、ラグビー部、美術部など7つの部活動があるが、運動部の中には、週6日の練習に加え、夏休み中は3週間近くの合宿を行う部もある。第5章以降で改めて述べることになるが、部活動は生徒たちの学校適応や進路形成に大きな影響を与える存在となっている。

　生徒たちは、2・3年生になるとほとんどが無遅刻・無欠席で登校を続けている。また、Y校の校則は、「靴下は白で、スニーカーソックスは禁止」「女子の髪を結ぶゴムの色は黒・紺・茶」などの身なりに関する規定や、貴重品の回収・通学路の指定・買い食いの禁止などかなり細かいが、それらを逸脱して注意を受ける姿もほとんど見られなくなる。しかし、入学当初の1年生の教室で見られるのは、こうした「落ち着いた」光景とはまったく違う姿である。教師たちは、4月中旬に行われる2泊3日の1年生研修などを通して、生徒たちの学校適応に向けてさまざまな実践を行っていく。それらの姿は、第6章で改めて示していく。

2.3 授業と学力

　Y校の授業と生徒たちの学力との関係については、第5章以降では十分に扱うことができないが、Y校の実態を理解するうえでの重要な要素の1つである。そのためここで、Y校の生徒たちの学力をふまえて、授業がどのように組織されているか、さらにそれがいかなる帰結を生み出すのかについて記述していく。

　専門教科だけでなく普通教科に関しても、A組・B組においては、健常の生徒と障害がある生徒が一緒に同じ授業を受けている。こうした形態が問題なく成立しうるのは、健常の生徒が必ずしも障害がある生徒より学力が上だとは限らないためである。A組・B組のクラスは生徒たちの学力を1つの基準として分けられているが、A組には知的な遅れを伴わない高機能自閉症の生徒が何名かおり、そうした生徒たちは定期試験や一般常識対策試験（詳しくは後述）でも学年の上位10番以内に入っている。近年では入学してくる健常の生徒の学力が全体的に低下傾向にあることも相まって、とくにA組においては、一部の健常の生徒より自閉症の生徒の方が授業内容を理解できているという状況がしばしば起こる。

　なお、健常の生徒の学力的な困難は、とくにB組で顕著である。B組の中には、小学校や中学校の早い段階ですでに授業内容が理解できなくなっていた生徒たちも多い。また、長い不登校の間、勉強をまったくしてこなかったという生徒もいる。以下で取り上げるのは3年A組の数学の授業と、1年B組の英語の授業についてのフィールドノーツである。アリサは2年生のときまでB組にいた生徒だが、90°という角度の意味が理解できていなかった。また、チカに関しては、Weという単語の意味を知らない様子が見て取れた。

　《3年A組の数学の授業で》どうも数学の授業ではアリサが要注意らしい。ノートの写しが全然間に合っていないと、中野先生に注意されていた。アリサは、途中ノート写しの時間に「先生、90°のところをもう一度説明してもらえますか」と中野先生に質問をしていたが、彼女はどうも90°の概念がよくわかっていないらしい。中野先生は、「90°って

角度がどのくらいか知ってる？」などの質問をするが、芳しい答えが得られないので、2つの角の絵を描いてどちらが90°かを当てさせる。正解したので次に進んだが、他にもアツヤが150°がよくわかっていなかったりと、三角関数は指導するのがかなり大変そうだ。［フィールドノーツ］

《1年B組の英語の授業で》途中、"We are here." という例文で、赤坂先生がチカにWeの意味を尋ねるが、チカは答えられない。赤坂先生が「I, WeでIがわたしだから？」という前ふりを受けて、チカは「あなた？」と答える。［フィールドノーツ］

　学力面で困難を抱えるのは、もちろん健常の生徒に限らない。知的な遅れを伴う自閉症の生徒たちに関しては、高等学校の教科書の内容は十分に理解できない場合が多い。また、自閉症以外の発達障害（LD、ADHDなど）や知的障害があり最初から療育手帳を取得した状態で入学する生徒や、健常の生徒として入学したが療育手帳を取得することになる生徒も数名いる。

　教師たちは、そうした生徒たちの学力面での困難をふまえて、さまざまな授業実践上の工夫を心がけている。たとえば、社会を担当する田端先生はインタビューの中で、授業をするうえでの目標として、「一番は寝かさない、あとは楽しませる、あとはわからない状態に絶対にしない」という3点を挙げている。具体的に田端先生の授業では、生徒全員を起立させて年表の穴埋めクイズを行ったり、事前に調べてきた内容に関する2分間スピーチを取り入れるなどのさまざまな工夫がみられた。他の教師たちも、授業を楽しいものにするための工夫を行っており、たとえば赤坂先生の英語の授業では、英語のことわざのカルタを全員で協力して作り、ゲーム形式でことわざを覚えていくという授業を行っていた。また、どの授業でも、雑談によって生徒を授業にひきつけようとする様子がたびたびみられた。

　教える内容についても、生徒の学力や将来の進路への配慮がなされている。Y校の普通教科の授業では、教科書だけではなく、Y校が独自に作成したオ

リジナルテキストも使用している。とくに数学や英語の授業では、オリジナルテキストを用いて、中学校で習う内容の学び直しがかなりの時間を割いて行われる。また、国語を担当する神田先生はインタビューの中で、Y校では受験対策を念頭に置く進学校の授業とは異なり、コミュニケーションが多くなるような「生きた国語」を教えようと思っていると語っている。具体的には、敬語の使い方や手紙の書き方など、教科書を使わない授業内容も多く取り入れているという。

> 神田先生：やっぱ思ってたのとギャップがあるよね、ここの授業は。ギャップっていうと、ここが目標としているのは職業観の育成ってのがあるんですよ。普通の学校だったら、進学校は特に、大学行ってという受験対策の勉強が多くなってくると思うんだけど、ここの中で教えようと思ってるのは生きた国語、生きた国語っていうのは社会で使えるような、コミュニケーションがやっぱ不登校の子もそうだけれど、あんまり対話が多くないんだよね。自分の中で世界もっちゃって自分の中で通用するようなことしかやってないから、そういうことじゃなくてコミュニケーションが多くなればとか、そういうところで生きた国語を使わなければ、教えなきゃ意味がないと思って。［インタビュー］

小学校・中学校の授業内容を習得できなかった生徒たちは、Y校の授業を好意的に捉えている傾向にある。たとえば、小学校3年生から不登校を続けていたエミは、インタビューの中でY校の授業のよい点について、「授業中に面白いことを取り混ぜてみたりとか、みんなが授業しやすい雰囲気を作ってくれてて、わからないところとかも聞きやすくしてくれてて、ですね。楽しいです」と語っている。また、同様に不登校が小学校4年生のときから続いていたリョウタは、インタビューの中で、「先生の経験みたいなものを聞かせてもらって、やっぱり学校の勉強も大事なんですけど、わかんないことがいっぱいあって、それを教えてもらった」と語っている。彼の「教えてもらった」という言葉からは、授業の中で織り交ぜられる雑談を肯定的に解釈

している様子が読み取れる。

　そうした中で、定期試験の結果からは、生徒たちの学習に向かう姿勢が向上している様子を見出すこともできる。Y校では年4回、高卒者の就職試験の一般常識問題を用いた「一般常識対策試験」が全学年で実施されているが、図4-1・図4-2は同一世代の健常の生徒における、第2回（7月）の試験結果を経年比較したものである。一般常識対策試験では、各回において、毎年同じ試験範囲から問題が出題されており、各回の難易度も毎年ほぼ同程度である。図4-1・図4-2からわかるように、健常の生徒たちのクラス別平均点と個人の4教科の合計得点は、ほぼ同じ難易度の問題が出題されているにもかかわらず、1年生から3年生までの間で明確に増加している。同じ試験範囲から出題されているとはいえ、もし事前の試験勉強の量が変わらなかったとしたら、点数はこれほどまでには増加しないだろう。

　また、定期試験や一般常識対策試験で赤点（平均点の半分以下）を取り、追試験になる生徒の数も減少している。これらの試験では、1年生のB組では半分以上の生徒が赤点を1科目以上取っている状況にあるが、3年生になると赤点を取る生徒はほとんどいなくなる。赤点を取ることで教師の指導や追試験の対象となったり、部活動に参加できなくなったりすることを考慮して、

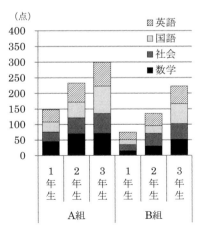

図4-1　ある学年の平均点の推移（一般常識対策試験・第2回）

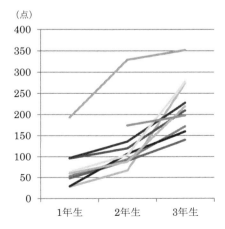

図4-2　ある学年のB組生徒の個人点の推移（一般常識対策試験・第2回）

勉強するという部分は少なからずあるだろう。しかし、3年生の場合、赤点を大幅に上回る点数を取っている生徒も多い。そうした生徒に関しては、赤点を取ることによるペナルティの回避だけではない動機をもって、試験勉強に臨んでいると考えられる。

　Y校の教師たちは、学力面での困難を抱えた生徒たちにとって、「わかる授業」「楽しい授業」「将来に役立つ授業」になることを意識しながら授業を行っている。こうした授業は、学力面での困難を抱えた生徒たちに好意的に捉えられており、また生徒たちが学習に向かう態度も向上していることがわかる。

　しかし、学力面での困難を抱えた生徒たちに合わせた授業は、四年制大学への進学希望者にとっては不安を覚えるものとなっている。不登校経験者や全日制高校から転編入学してきた生徒などの中には、中学校の学習内容は難なく理解できるような者たちもいる。彼ら／彼女らへのインタビューからは、Y校の授業に対して、全日制高校の授業の進行具合と比較することによる不満や焦りの声も挙がっている。ただし、ケンタ（3年生・男子）やシンスケ（2年生・男子）の語りにみるように、授業の楽しさや他の生徒への配慮によって、そうした不満は顕在化しないものとなっている。

　　ケンタ：やっぱり遅れてますね、他の学校に比べて。あの《Y校で》2年生
　　　でやったやつが《前にいた全日制高校で》1年生の時やったやつなんで。
　　　そういう面ではもう少し進めてほしかったなー、みたいな感じはあり
　　　ましたけど、まあ楽しいんで。
　　伊藤：面白くない授業よりは、進行が遅くても楽しい授業の方がいい？
　　ケンタ：ちゃんとみんな先生たちの一人ひとりにわからせようって気持
　　　ちが伝わってくるんで、それは。［インタビュー］

　　シンスケ：やっぱりなんか学ぶペースってのがスローなんで、もう
　　　ちょっと早いといいなとは思いますけど、まあそのへんは自閉症の子
　　　もいますし、このペースでいいんじゃないかと思っています。［インタ

ビュー]

　筆者が調査を行った昼夜間定時制高校（東京都のチャレンジスクール）でも、生徒間には大きな学力差があり、学力面で困難を抱えた生徒にレベルを合わせた授業を行うことで、四年制大学を一般受験しようとする学力上位層からは授業のレベルに不満の声が挙がっていた（伊藤 2008）。不登校・高校中退経験者や、全日制高校からの転編入学者の学力には大きなバラつきがあり、中学校の授業内容を理解できている生徒も一定数存在する。彼ら／彼女らは、学力自体ではなく調査書（内申書）の評定の問題で全日制高校へと進学できなかったり、個別のサポート体制を求めたりする中で、非主流の後期中等教育機関へと集まってくる。非主流の後期中等教育機関では、それらの生徒たちと、学力面で困難を抱え全日制高校に進学できなかった生徒たちを同時に抱えることになる。学力面で困難を抱えた生徒たちに合わせた授業を行うことで、学校内の学力上位層の生徒たちに授業レベルのミスマッチが生じるという問題は、他の非主流の後期中等教育機関でも同様に起こりうることが示唆される。

　日本の学校教育の選抜システムでは、生徒たちは、高校受験に失敗しても大学受験で挽回するという「リターン・マッチ」が可能である（竹内 1995；苅谷 2010）。学力面での困難を抱えていた生徒たちにとっては、Y校での授業・学習は、学力や学習意欲の向上につながりうるものである。彼ら／彼女らは、Y校を選ばなかった場合には得ることができなかった進路の選択肢を選び取ることができる（つまり、リターン・マッチが可能になる）かもしれない。Y校の事例からは、学校格差構造で最も下位に位置づく非主流の後期中等教育機関で、生徒たちの学習意欲を向上させたり、リターン・マッチの可能性を提供したりできるということが示唆される。ただしY校の事例からは、学力差の大きい生徒たちを同時に受け入れることになるという非主流の後期中等教育機関の宿命のもとで、学力上位層の生徒たちが学力向上の機会を十分に得にくくなる可能性も見出せる。彼ら／彼女らの場合、入学前の学力レベルに見合うようなリターン・マッチを達成することができないかもしれない。

ただし、そうした生徒たちにとっても、四年制大学に進学する機会自体は開かれている。というのも、近年ではとくに下位ランクの四年制大学において、指定校推薦やAO入試による生徒募集の枠が広がっているためである。実際に、四年制大学への進学を目指すY校の生徒たちの大多数は、一般受験を回避し、指定校推薦やAO入試での進学を試みる。そうした状況と、Y校の授業の楽しさや他の生徒たちへの配慮とが相まって、生徒の授業レベルに関する不満は顕在化しないものとなっている。

3　調査の概要

1・2節においては、入学者選抜と生徒層、学校生活の1日の流れ、授業と生徒の学力などに焦点を置きながら、Y校の事例の紹介を行ってきた。それらの説明の中でもすでに調査データをたびたび引用してきたが、本書のもととなる調査とそこで得られたデータの概要について、ここで改めて述べておきたい。

筆者は、Y校で2005年6月からフィールドワークを継続し、学校生活や学校行事などの参与観察、教師・生徒・卒業生へのインタビュー、Y校に関する資料の収集などを行ってきた。Y校には、宿泊学習（スキー教室、1年生研修）や学校外での行事（体育祭、合唱コンクール、文化祭）も含めて100回以上訪問しており、そこでの出来事は、学校内でメモをとったあと、帰宅してからパソコンに入力し、フィールドノーツとして保存した。本書の中で引用されているフィールドノーツの抜粋は、それらのデータに匿名化、誤字・脱字や意味が通じにくいところの修正、注の追加などの処理を加えたものである。

参与観察の際は、観察者という立場で参与することが多かったが、スキー教室や自閉症の生徒の作業実習などの際には実習補助者として生徒と関わることもあった。また、基本的には1つの学年に焦点化し、彼ら／彼女らの3年間の生活を観察するという形をとった。インタビューを実施した生徒たちに関しても、基本的には3年間の生活を追い続け、調査についても理解を得てきた生徒たちである。

フォーマル・インタビューに関しては、教師9名、在校生31名、卒業生7名（うち5名は在校時にもインタビューを実施）に対して、いずれも1対1の形で行った。教師・生徒に対するインタビューは、基本的にはY校内で、第三者に話が聞こえない場所（応接室など）で実施した。卒業生へのインタビューに関しては、Y校の応接室や筆者が勤務する大学、喫茶店、卒業生の自宅などで実施した。フォーマル・インタビューに関しては、許可を得たうえでICレコーダーに録音し、逐語的に書き起こした。また、この他にもインフォーマルな形でさまざまな教師・生徒・卒業生から話を聞いたが、その内容についてはフィールドノーツに記録した。

教師へのフォーマル・インタビューに関しては、2005年11月〜2013年1月にかけて、筆者が主に焦点化して参与観察・生徒インタビューをしていた学年の担任・副担任計5名と、専門教科を担当する教員2名、進路指導担当の教員2名に実施した。インタビュー時間は1回1時間〜1時間半程度であり、なかには複数回インタビューを実施した対象者もいる。

在校生インタビューに関しては、2005年11月〜2011年7月にかけて、健常の生徒29名、軽度の自閉症の生徒2名に対して実施した。分析では、基本的には健常の生徒29名のインタビューデータを用いている。29名の内訳は、3年生20名（男子17名、女子3名）、2年生9名（男子5名、女子4名）である。生徒インタビューに関しては、教員に候補者について相談したうえ、担任を通して各生徒に依頼し、許可が得られた者に対して行った。インタビュー時間は1回20分〜30分程度であり、在校中はいずれも1人1回のみの実施であったが、うち5人には卒業後にもインタビューを実施した。

インタビューを実施した生徒のうち、前籍校（中学校や全日制高校）で一定期間学校に行かなかった経験をもつ生徒が、29名中20名いる。これは、Y校の教師たちによる不登校経験者の割合の見立て（健常の生徒の約半数）より高い割合だが、調査開始当初は、不登校経験者の登校継続過程に関心があったため、結果的に不登校経験をもつ生徒に多くインタビューを実施することになった[6]。また、入学当初に教師の指導に反発心があったことを語っている生徒は29名中13名であった。ただし残りの16名の中には、調査の初期は

★生徒・卒業生インタビュー対象者

仮名	学年	性別	卒業生インタビュー	専門コース(3年後期)	不登校経験	高校中退・転編入	入学時の教師への反発心	卒業後の進路
ヨウコ	3年生	女子		被服	○			専門学校
リョウタ	3年生	男子		調理	○		○	専門学校
タクミ	3年生	男子		調理		○	○	専門学校
ケンタ	3年生	男子		調理	○			その他(浪人)
アサミ	2年生	女子		情報	○			四年制大学
コウスケ	2年生	男子	○	情報	○	○		四年制大学
サオリ	2年生	女子		調理	○			専門学校
トモオ	2年生	男子		情報	○			専門学校
マキ	2年生	女子	○	絵画	○			四年制大学
エミ	2年生	女子		情報	○			短大
シンスケ	2年生	男子		体育				四年制大学
アツヤ	3年生	男子		情報	○			専門学校
ジョウジ	3年生	男子		体育	○		○	四年制大学
レイカ	3年生	女子		調理				専門学校
フミヒコ	3年生	男子		絵画	○			短大
サトル	3年生	男子		絵画				専門学校
ヤストシ	3年生	男子		情報	○	○		四年制大学
ケイ	2年生	男子		体育	○		○	就職
ユウタ	2年生	男子	○	体育			○	就職
ショウゴ	2年生	男子		大学受験		○		四年制大学
ナオト	3年生	男子		体育			○	就職
ヒロユキ	3年生	男子		体育				四年制大学
ダイスケ	3年生	男子		体育	○		○	四年制大学
マコト	3年生	男子		大学受験	○		○	四年制大学
タイジ	3年生	男子	○	体育	○		○	就職
ジュン	3年生	男子		情報				就職
シンゴ	3年生	男子		大学受験	○		○	四年制大学
ハジメ	3年生	男子		情報			○	就職
ユカ	3年生	女子	○	大学受験	○			四年制大学
リョウスケ	3年生	男子		陶芸	※軽度の自閉症			専門学校
ダイキ	3年生	男子		情報	※軽度の自閉症			就労
ヒロミ	卒業生	女性	○(2回)	被服	○			短大
タケヒコ	卒業生	男性	○(2回)	情報				専門学校

★教師インタビュー対象

仮名	性別	担当科目
田端先生	男性	社会
大崎先生	男性	体育
神田先生	男性	国語
渋谷先生	女性	絵画
品川先生	男性	絵画
三田先生	男性	陶芸
上野先生	女性	被服
目黒先生	男性	進路指導
森下先生	男性	進路指導

	入学時の反発心あり	入学時の反発心なし/不明
不登校経験あり	リョウタ ジョウジ ケイ ダイスケ マコト タイジ シンゴ ハジメ	ヨウコ ケンタ アサミ コウスケ サオリ トモオ マキ エミ アツヤ フミヒコ ヤストシ ユカ
不登校経験なし	タクミ レイカ サトル ユウタ ナオト	シンスケ ショウゴ ヒロユキ ジュン

図4-3 教師・生徒・卒業生インタビューの対象者

教師の指導の受容過程について筆者が関心をもっていなかったため、教師の指導への反発心の有無についてインタビューの中で尋ねなかった生徒8名が含まれている。

卒業生インタビューは、2005年10月〜2014年4月にかけて、計7名に対して行った。在校時にもインタビューを実施した5名については、卒業後およそ1年半〜2年が経過したころに実施した。また、残りの2名に関しては、卒業後4年半と6年半という時期に、それぞれ2回ずつ実施した。教師・生徒・卒業生インタビューの対象者の概要は、図4-3に記載した。

その他、分析の中では、Y校の公開授業の際に配布された校内資料や、Y校が取り上げられた新聞記事などをデータとして用いることがある。また、他校との比較の視点を取り入れるために、第3章で取り上げたY校以外の高等専修学校4校の教員への聞き取り調査の結果なども、引用することがある。

以上のY校での調査の結果に基づき、第5章〜第8章では、学校適応と進路形成のメカニズムと、生じうる課題について検討していく。具体的に学校適応の側面としては、「不登校経験者の登校継続（第5章）」「教師の指導の受容（第6章）」を、進路形成の側面としては、「進路決定（第7章）」「卒業後の就業・就学継続（第8章）」をテーマとして取り上げる。

【注】
1　自閉症は男性に多く、その男女比はおよそ4：1だといわれている（http://jp.wsj.com/news/articles/SB10001424127887324826304578468022782321746, 2016年5月4日取得 など）。そのためY校の障害がある生徒も必然的に男子が多くなっているが、健常の生徒に関しても、「男子の多い学校」ということで女子が入学を回避することで、男子が多くなっているという可能性が推測される。
2　学校の匿名化も考慮して、名称は実際のコース名より一般的なものへと改変している。
3　Y校の場合、謹慎処分になった生徒は自宅待機ではなく、登校して職員室で自習することになる。
4　知的障害者を対象に交付される手帳のこと。18歳以下の場合、児童相談所が知的障害と判定したときに、発行される。自治体によって異なるが、IQ75以下またはIQ70以下であることが判定の目安になっている。
5　フィールドノーツやインタビューの引用の中で障害がある生徒の名前が出てく

る際には、名前の後ろに《自閉症の生徒》などの注をつけている。注がついていない生徒はすべて健常の生徒である。

6 ただし20名の中には、教師が不登校経験をもつことを認識していなかった生徒もいる。

第5章　不登校経験者の登校継続

1　問題設定

　第4章では、事例研究の対象となるY校について紹介するとともに、フィールド調査の概要について記述した。本章以降では、Y校における生徒の学校適応と進路形成のメカニズムについて探究を進めていく。そうした中で本章では、過去の学校で不登校を経験した生徒たちがなぜY校に登校継続できているのかについて、そのメカニズムを生徒たちの語りをもとに検討し、生じうる課題とともに提示する。

　定時制高校・通信制高校・高等専修学校・サポート校などの非主流の後期中等教育機関は、調査書（内申書）の評定の問題で全日制高校への進学が困難な中学校の不登校生徒や、不登校によって高校を中退した生徒を受け入れる役割を担ってきた。中には、運営方針として中学校・高校での不登校経験者の受け入れを積極的に行ってきた学校・教育施設も少なくない。近年では、三部制・単位制・総合学科の定時制高校である東京都のチャレンジスクール（2000年～）や埼玉県のパレットスクール（2005年～）のように、不登校・高校中退経験者の受け入れを目的とした学校が新たに設立されている。そしてこれらの学校は、2倍を超える入試倍率にみられるように、高い人気を集めている。

　非主流の後期中等教育機関は、不登校経験をもつ生徒たちに将来の職業生活で必要となりうる知識や技能を提供し、彼ら／彼女らを中等後教育や高卒扱いでの就職へと導く役割を担っている。森田編（2003）は不登校経験者への追跡調査から、不登校の子どもが、不登校に至るまでや不登校になったこ

とで抱える苦しみ、悩み、心の傷などの「心の問題」だけでなく、進路選択上の不利益や社会的自立へのリスクといった「進路形成の問題」に直面しうることを指摘している。非主流の後期中等教育機関は、不登校生徒が抱える「進路形成の問題」の克服を支える重要なアクターになっていると考えることができるだろう。

ただし、不登校経験者が非主流の後期中等教育機関を通して進路形成をしていく過程では、彼ら／彼女らに日々の登校継続が求められる場合も少なくない。非主流の後期中等教育機関の中には、通信制高校やサポート校のように、日々の登校継続が卒業の要件とならないところもある。しかし、定時制高校や高等専修学校の場合、登校して授業に出席し単位を取得することが卒業要件となる学校も多い。たとえば、先述のチャレンジスクールやパレットスクールでは、単位制であるため、生徒は自分の興味や生活リズムに合わせた時間割設定がある程度可能だが、一定数授業に出席し単位を取得しないことには学校を卒業することはできない。

事例とするY校も、中学校・高校での不登校経験をもつ生徒が健常の生徒の約半数を占めるが、週5日登校を継続し単位を取得することが卒業要件となる学校である。そうした中で、Y校の生徒たちの出席率は9割以上であり、3年生のときにはほとんどの生徒が1年間の皆勤（全出席）を達成して卒業している。

非主流の後期中等教育機関において、Y校のように不登校経験をもつ生徒の大多数が登校を継続している状態は、決して当たり前のことではない。筆者が参加したある高等専修学校の教師たちの会合では、不登校経験をもつ生徒について、「どの生徒もかなりの長欠で、別室で個別指導を行っているが、それでも登校が難しい」「登校強化月間でも皆勤の生徒は42％しかいなかった」と、生徒の登校継続に苦慮している様子が多く語られていた。また文献においても、不登校経験をもつ生徒を毎日の登校へと導くことの困難さがたびたび示されている（徳原1999; 東村2004など）。そうした中で、なぜY校では、不登校経験をもつ生徒たちのほとんどが登校を継続できているのだろうか。

本章では、Y校の不登校経験をもつ生徒たちが登校を継続するメカニズムについて、生徒たちの登校継続についての語りをもとに検討していく。その際に、以下の4点に留意しながら、分析・考察を進めていく。

第1に、教師・友人との人間関係がいかなるものであるかについて、その背景をふまえながら詳細に検討していく。

第1章でも述べたとおり、下位ランクの全日制高校を対象としたこれまでの学校格差研究では、生徒集団や教師＝生徒関係が生徒の学校適応に対してもつ負の効果がクローズアップされる傾向にあった。しかし一方で、非主流の後期中等教育機関を対象としたこれまでの研究では、とくに不登校経験のある生徒に関して、教師・友人との親密な関係が登校継続につながっていることを明らかにしてきた（片岡 1994; 高森 2004; 杉田 2009; 柿内ほか 2010）。

ただし、これらの研究では、どのような背景要因のもとでそうした人間関係が形成され、またそれらの人間関係がどのような形で生徒の登校継続を支えるのかという点についてまで、十分な検討が進んでいるわけではない。本章では、それらの点について詳細に検討を加えていく。

第2に、教師・友人との人間関係以外の要因が登校継続にもたらす影響についても検討を行う。

上記で挙げた非主流の後期中等教育機関についての先行研究では、不登校経験者の登校継続をもたらす要因として、教師・友人との関係のあり方に焦点を当てて分析を行ってきた。しかし、森田（1991）では、ハーシのボンド理論（Hirschi 1969=1995）を援用して不登校生成モデルを提示し、両親・教師・友人に対する愛情や尊敬の念だけでなく、教育や職業における目標へのアスピレーション、学校での諸活動から得られる即時的（コンサマトリー）な欲求充足、登校・出席に対する道徳的義務感情などが登校の継続に影響を与えていることを示している（詳しくは2節）。また、第1章で挙げた、学業達成や地位達成には集約されない何らかの目標を達成したいという願望（「志向性」）が、生徒の登校継続の動機になっている可能性も想定できるだろう。

そのため本章では、森田（1991）のボンド理論による不登校生成モデルや、

「志向性」の概念を参照しながら、学校内での人間関係のあり方に限らない登校継続の要因についても目を配っていく。

第3に、先行研究の中で不登校の根源となると指摘されてきた学校の特質について、Y校ではいかなる対応を行ってきたのかについて検討する。

これまで、学校がもつ特質やそれを背景とした教育実践が不登校の根源にあるという指摘が、さまざまな方面からなされてきた。貴戸（2004）が指摘するように、フリースクール関係者などからは、学校がもつ管理主義・画一主義・競争主義といった性質が不登校の原因にあるという批判が投げかけられてきた。また、宮台（1999）や内藤（2001）では、学校が形成する学級集団について、その固定的な学級集団自体が高ストレス状態を生み出す元凶であるとして批判がなされている。そうした指摘からは、たとえば画一主義を促す学級集団が、不登校経験をもつ生徒にとっては学校から足が遠ざかる要因となることが想定できる。

しかし、学級集団についていうならば、Y校では専門教科以外の授業やホームルームがクラス単位で行われ、また合唱コンクールやマラソン大会などの行事ではクラス単位で順位を競うなど、小中学校や全日制高校などと同様の形で学級単位での活動が行われている。本章では、Y校における学級集団のあり方が不登校経験をもつ生徒の登校継続といかなる関連をもっているのかについて焦点を当て、検討を行っていく。

第4に、Y校における登校継続のメカニズムに注目することで浮かび上がる、新たな課題について注目する。その課題は、不登校経験をもつ生徒たちの「進路形成の問題」にも関連しうる課題である。本章の終盤では、Y校の生徒たちが登校継続の先に抱えうる「進路形成の問題」について、データをふまえながら言及する。

なお、Y校の不登校経験者の多くは、何らかの心理的な要因のもとで学校に通えなかった生徒たちであるということが、教師たちから指摘されている。保坂（2000）は不登校について、何らかの心理的な要因により学校に行けない「神経症型不登校」と、家庭の養育能力に問題があり、無気力や非行・遊びといった形で学校に足が向かなくなる「脱落型不登校」という2つの不登

校のタイプを提示している。Y校の事例から見出せるのは主に「神経症型不登校」に関する登校継続のメカニズムであり、「脱落型不登校」に関する登校継続のメカニズムは、別の非主流の後期中等教育機関を事例とした詳細な検討が必要となる。

2　分析の視点：ボンド理論による不登校生成モデル

　本章では上記の4つの留意点に基づきながら、不登校経験をもつ生徒の登校継続のメカニズムについて検討していくが、その際、森田（1991）のボンド理論による不登校生成モデルを参照しながら分析を行っていく。

　森田は、登校回避感情を抱く中学生が多数存在するという調査結果から、現代の子どもたちが「誰しもが不登校への可能性をもっているといっても過言ではない事態」（森田 1991: 239）にあると述べる。これは、ハーシ（Hirschi 1969=1995）が犯罪・逸脱の原因論として展開するコントロール理論と、人間は本来的に逸脱への可能性をもつという前提を共有するものである。そのため森田は、コントロール理論の説明図式を不登校現象に援用し、子どもたちがなぜ不登校行動を起こすのかという問いではなく、むしろ子どもたちがなぜ登校回避感情をもちつつも登校するのかという問いの立て方が必要であると述べる。

　そして、森田は子どもたちが登校するその理由について、ハーシが逸脱行動を押しとどめる要因として挙げた社会に対する個人の絆（ボンド）の4要素を修正し、不登校行動を押しとどめるボンドの4要素を提示している（**表5-1**参照）。子どもたちが学校社会との間に結ぶこれらの4種類のボンドは、その総和の強弱が不登校現象の発生確率に違いを生むものであると想定されている。

　Y校に在籍する不登校経験をもつ生徒は、学校に行かない（行けない）経験をもちながらも現在は学校に通っている者たちである。学校に通うことが当たり前ではないはずの彼ら／彼女らの登校継続の過程に対して、「なぜ登校するのか」という問いを立てその理由を説明しようとするボンド理論のアプ

表5-1 森田（1991）の不登校生成モデルにおけるボンドの4要素

①対人関係によるボンド	両親、教師、友人など子どもにとって大切なキィ・パーソンに対して抱く愛情や尊敬の念、あるいは他者の利害への配慮などによって形成される対人関係上のつながり
②手段的自己実現によるボンド	現在の学校生活における学習活動をはじめとする活動や役割を、将来の目標達成の手段として位置づけ関わっていく行動と、そこでの自己実現
③コンサマトリーな自己実現によるボンド	学校生活の諸活動から得られるコンサマトリーな（現在進行中の活動それ自体から起こるような）欲求充足
④規範的正当性への信念によるボンド	登校時間や出席に関する規範、さらには校則やきまりを構成している規範的世界全体に対する正当性への信念

ローチは、適合性の高いものだといえるだろう。また、不登校になったきっかけそれ自体の検討についても、ボンド理論は大きな示唆を与えてくれるものだと考えられる。そこで本章では、彼ら／彼女らが不登校になったきっかけと、Y校に登校を継続できている理由について、4種類のボンドとの関連を確認しながら検討していく。

ただし、本章の分析は、森田（1991）のボンド理論をもとに、生徒たちの「不登校になったきっかけ」と「今の学校に通えている理由」を類型化するものではない。あくまで生徒たちの語りをもとに類型化を行い、最終的にはボンド理論のモデルに批判的検討を加えようとするものである。

森田（1991）では、表5-1で示した4種類のボンドに関連する変数が不登校の発生確率と関連をもつことは検証されている。しかし、生徒たちの不登校の発生確率に対してそれぞれのボンドがどのくらい影響力をもつのか、また、それらの相関は擬似的なものではないのか、という点については、検討は加えられていない。本章の関心に照らすならば、生徒たちが不登校になった理由や登校継続できている理由として、どのボンドがどの程度重要なのかということについては、明らかにされていないといえる。

また、生徒たちの語りを詳細に検討することで、4種類のボンドに集約できない不登校／登校継続の理由が、浮かび上がってくる可能性もある。本章では、Y校の不登校経験をもつ生徒たちの「不登校になったきっかけ」「今の学校に通えている理由」の2点について、まずは生徒たちの語りをもとに類

型化する。そして、類型化された「不登校になったきっかけ」「今の学校に通えている理由」と4種類のボンドとの対応関係を確認することで、森田 (1991) のボンド理論と一致する点を示すと同時に、ボンド理論ではいかなる点が説明できないのかについても描き出していく。

3 事例の特徴と分析の手順

　本章ではまず、Y校の不登校経験をもつ生徒たちがインタビューの中で語る「不登校になったきっかけ」「今の学校に通えている理由」についてカテゴリー化し、表5-1で示した4種類のボンドとの対応関係をふまえながら提示する。インタビューを行ったY校の健常の生徒29名のうち、20名が前籍校（中学校・高校）で学校に長期間行かなかった経験を語っており、彼ら／彼女らを「不登校経験をもつ生徒」とみなし分析を進める（20名の概略については**表5-2**）。「不登校になったきっかけ」は20名から、「今の学校に通えている理由」については13名から、明示的にその内容が語られた。

　次に、生徒たちの「今の学校に通えている理由」についての語りをもとに、彼ら／彼女らの登校継続を支えていると考えられる背景要因や教育実践のあり方を、フィールドノーツや卒業生・教師のインタビューなどもデータとして交えながら4点提示する。それらの知見を受けて、Y校における学級集団が不登校経験をもつ生徒の登校継続といかなる関連をもつのかという点についても、考察を行う。

　ただし、Y校の事例からは、これらの登校継続支援からでは克服できない課題も浮かび上がる。この課題は、生徒たちが「今の学校に通えている理由」や登校継続を支える背景要因や教育実践と、強く関連するものでもある。そのため本章では、最後にY校のような登校継続支援のもとで浮かび上がる1つの課題を、卒業生や教師へのインタビューデータや、他の高等専修学校の教師への聞き取り調査のデータなどをもとに提示する。

　なお、筆者は伊藤秀樹 (2009) で、Y校だけでなくチャレンジスクールのX校も事例に取り上げながら、本章と同様の問いを立てて分析を行った。本章

表5-2 分析対象の生徒たちのプロフィール

仮名	性別	インタビュー当時	不登校の期間	高校からの転編入	不登校時点の支援の利用	不登校のきっかけ	登校継続の理由
ケンタ	男子	3年生	高1	○	保健室登校	○	○
アサミ	女子	2年生	中2〜中3		学校外の居場所に通所	○	○
コウスケ	男子	2年生	中1〜中3	○	学校外の居場所に通所	○	○
マキ	女子	2年生	小5〜中3			○	○
エミ	女子	2年生	小3〜中3			○	○
ジョウジ	男子	3年生	高1	○		○	○
フミヒコ	男子	3年生	中2〜中3			○	○
ダイスケ	男子	3年生	中1		（数か月で再登校）	○	○
マコト	男子	3年生	中1〜中3		スクールカウンセラーに相談	○	○
タイジ	男子	3年生	中1〜中2		不登校対応の中学校に転校	○	○
シンゴ	男子	3年生	中2〜中3		学校外の居場所に通所	○	○
ハジメ	男子	3年生	中1〜中3			○	○
ユカ	女子	3年生	中2〜中3		学校外の居場所に通所	○	○
ヨウコ	女子	3年生	小3〜中3		学校外の居場所に通所	○	○
リョウタ	男子	3年生	小4〜中3		学校外の居場所に通所	○	○
サオリ	女子	2年生	中3		（さみだれ登校）	○	○
トモオ	男子	2年生	中1		不登校対応の中学校に転校	○	○
アツヤ	男子	3年生	中1〜中3		職員室登校	○	○
ヤストシ	男子	3年生	中3〜高1	○		○	○
ケイ	男子	2年生	中2〜中3			○	○

の知見は伊藤秀樹（2009）と重なる点も多いが、Y校1校に事例を絞り、また新たに実施した生徒のインタビューを追加して再分析を行ったことで、伊藤秀樹（2009）とは異なる知見も含まれている。X校で得られた知見については、伊藤秀樹（2009）で示したものを中心に、補足資料として提示していく場合がある。

4　不登校のきっかけ

まず、登校継続のメカニズムについて検討する前に、インタビュー対象の

第5章　不登校経験者の登校継続

生徒たちが語る不登校のきっかけについて整理しておく。彼ら／彼女らが語る不登校のきっかけについてカテゴリー化し、一覧にしたものが**表5-3**である。

不登校のきっかけについて、最も注目すべきは、生徒間関係（「部活動でのいじめ／嫌がらせ」も含む）について言及している生徒が、20名中16名に上るということである。その具体的な内容として、同級生や先輩からの「いじ

表5-3　不登校のきっかけ

仮名	性別	インタビュー当時	生徒間関係				部活動		勉強	離脱	その他
			いじめ	友人関係の不和	クラスの雰囲気が合わない	人との関わりがわずらわしい	部活動でのいじめ／嫌がらせ	部活動の退部	勉強面での困難	遊びたい	
ケンタ	男子	3年生					○				
アサミ	女子	2年生								○	
コウスケ	男子	2年生	○								
マキ	女子	2年生				○					
エミ	女子	2年生									両親の離婚
ジョウジ	男子	3年生					○				
フミヒコ	男子	3年生		○			○				
ダイスケ	男子	3年生		○							
マコト	男子	3年生			○						
タイジ	男子	3年生					○				
シンゴ	男子	3年生		○			○		○		
ハジメ	男子	3年生				○			○		
ユカ	女子	3年生	○								クラスで孤立
ヨウコ	女子	3年生	○						○		
リョウタ	男子	3年生				○					教師が嫌い
サオリ	女子	2年生			○						
トモオ	男子	2年生			○						昼夜逆転
アツヤ	男子	3年生		○							
ヤストシ	男子	3年生		○							
ケイ	男子	2年生								○	

め」を挙げる生徒もいるが、いじめには集約できない「友人関係の不和」「クラスの雰囲気が合わない」「人との関わりがわずらわしい」という理由も複数の生徒から挙げられていた。

　教師との関係が不登校のきっかけとなったと語る生徒は1名に限られたものの、上記の知見からは、森田（1991）でいう「対人関係によるボンド」が彼ら／彼女らの不登校に重要な意味をもっていたということが推察できる。直接的な対人関係の不和や、同級生との交流に価値を置かない（置けない）ことによって、愛着や尊敬の念などを含んだつながり（「ボンド」）を学校内の他者と十分に形成できないことが、彼ら／彼女らの不登校の誘因になっていたと考えることができる。

　ただし、生徒たちの語りを詳細にみると、対人関係によるボンドが"ない"ということよりも、むしろ対人関係が登校へのより直接的な障壁となることで、不登校に至ったと解釈すべきケースも多くみられる。「いじめ」「部活動でのいじめ／嫌がらせ」はその典型例だが、他のカテゴリーに該当する例でも、学校内の対人関係が理由で学校に行くのが「嫌」になったという語りがみられた。下の例はそれぞれ、「友人関係の不和」「クラスの雰囲気が合わない」ということが一因となり不登校になった、ヤストシとトモオの語りである。

　　伊藤：で、あの、学校に行かなくなったきっかけってのを教えてもらって
　　ヤストシ：きっかけ、えーと、うーん、人間関係がなかなかうまくいかなくて、だんだんストレスがたまってきてしまって、学校行くの嫌だっていって。［インタビュー］

　　伊藤：《中学》1年の時不登校になって行けなくなったきっかけっていうのは
　　トモオ：きっかけはやっぱ、今言ったクラスの雰囲気とかがあんま入りにくいなここって形で、行くのが少し嫌になっちゃって、それで行かなくって、まああとはそれプラス昼夜逆転とかも作用してたかなってのがあるんですけど。［インタビュー］

なお、同級生の存在は、不登校のきっかけになるだけではない。不登校を続ける中で同級生の存在が再登校への障壁の1つになっていたと語るケースも複数みられた。彼ら／彼女らにとって不登校の間は同級生は「会いたくない存在」であり、中には家の外から声が聞こえてくると食欲がなくなり、点滴を打って生活をしていたという生徒もいた。また、教室でクラスメイトと再び関わることの困難から、再登校ができないと感じる生徒たちもいた。たとえば、両親の離婚をきっかけに学校をズルズル休むようになったというエミは、友人や教師による登校への誘いを裏切ることで、余計に学校に行きづらくなったと語っている。

伊藤：《不登校の》きっかけとかは覚えてますか。
エミ：きっかけは、幼稚園の時からサボり癖があったんですよ。で小学校3年生ぐらいのときに何かの拍子に行かなくなって、で小3の夏に父と母が離婚して、でずっと引っ越した家で泣き明かして泣き明かして、でそれでそこからズルズル休んじゃった。
伊藤：学校に行かなくちゃいけないってプレッシャーは感じていた
エミ：行きなさい行きなさいって言われることがすごく嫌で。迎えに来てくれるんですよ、みんな。迎えに来てくれて、先生とかも家に来て、でなんかもう一度それを裏切っちゃうというか、来たのに出なかったりするとまた行きづらくなって、で行くって言ってたのに行かなかったり、寝坊しちゃったとか、行かなくなって教室に居場所がなくなって。［インタビュー］

　インタビューからは、Y校の不登校経験をもつ生徒たちの大多数が、生徒間関係をはじめとした対人関係の問題のもとで、不登校になったということを推察することができる。ただしその際、彼ら／彼女らの語りからは、対人関係によるボンドがないために不登校になるというよりは、対人関係が登校へのより直接的な障壁となることで不登校になり、さらにはその直接的な障

壁によって不登校を継続することになった者も多かったと考えられる。
　一方で、他のボンドに関してはどうだろうか。まず、手段的自己実現によるボンドについて検討すると、3人の生徒が「勉強面での困難」を不登校のきっかけの1つとして挙げている。しかしこれらの生徒はいずれも、不登校のきっかけについて、勉強面での困難だけでなく、同時に対生徒関係についても挙げている。下のシンゴの例からも解釈できるように、彼ら／彼女らにとって勉強面での困難は、不登校のきっかけが複数あるなかの1つ、という位置づけであると考えられる。

伊藤：《不登校に》何かなったきっかけって覚えてる？
シンゴ：なったきっかけですか。えーっと、中学校のころにサッカー部に入ってたんですけど、まあ、結構こういう体形なんで、まあ、結構言われるんです。でー、もう練習の途中にほんとー中学生ってガキですよ。だって砂こねて投げるとか訳のわかんないことばっかりするし。
伊藤：小学生みたい。
シンゴ：ほんと小学生ですよ。意味わかんないです。で、まあ、それがすごいおっくうで、もう中1終わるころに部活辞めちゃったんですけどねー。そのあと、もうなんかもうすごいなんていうか、小学校のころって実感もてないんですけど、やっぱり中学校になると勉強してないから当たり前なんですけど、こう自分の頭が悪いっていうのがすごいよくわかるようになってきて、であと、まあ、人間関係も有り体に言っちゃえば、うまくいかなくて、うん、それで嫌になりました。［インタビュー］

　コンサマトリー（即時的）な自己実現によるボンドについては、生徒たちが語る不登校のきっかけのなかで、コンサマトリーな欲求充足をもたらしうる活動として、部活動を挙げることができる。部活動については、5人の生徒が不登校のきっかけとして挙げているが、うち3人は「部活動でのいじめ／嫌がらせ」が理由であり、またフミヒコは「部活動の退部」が「友人関係

の不和」に結びついて、不登校に至ったというプロセスを語っている。部活動が不登校のきっかけとなった生徒たちのうち、少なくとも4人については、部活動でコンサマトリーな欲求充足ができなかったというよりは、部活動での対人関係が登校への障壁となったことが、不登校のきっかけであったと解釈できる。

　伊藤：その中2の不登校のきっかけってものを聞いちゃっても大丈夫ですか。どうして行かなくなったとか
　フミヒコ：友だち関係ですね。きっかけは部活に行かなくなったことから始まったんですけど、そっからだんだんクラスに馴染めなくなって、行かなくなって。
　伊藤：部活行かなくなった理由って、部活は何部だった？
　フミヒコ：えっ、ソフトテニスに入ってたんですけど、自分に合わなかったというか、だんだんサボるようになってきて、友だちから来いよとかそういうのがだんだん嫌になって、学校も行かなくなってって感じですね。[インタビュー]

　規範的正当性への信念によるボンドに関していうならば、「遊びたい」ことが不登校のきっかけになったケース、つまり、登校という規範よりも遊びを優先したケースが2ケースみられた。しかし、他の生徒たちからは校則や登校規範への違和感ということは語られず、学校に関する規範への違和感というよりは他の具体的な理由によって、不登校に至ったと考えられるケースが多かった。
　以上をまとめると、大多数の生徒は学校内の対人関係（主に生徒間関係）が登校への障壁となることで、不登校に至ったと考えられる。4つのボンドがない（あるいは弱い）ことは、もちろん彼ら／彼女らの不登校の背景にあるかもしれない。しかし、不登校の理由をボンドの不在（つながりの欠如）のみで説明できる生徒は少数であり、むしろ対人関係上の問題が登校を回避させるような直接的な障壁となっているケースが多いことを、押さえておく

5 Y校に通えている理由

次に、インタビュー対象の生徒たちが語る「Y校に通えている理由」について検討する。彼ら／彼女らが語る「Y校に通えている理由」についてカテゴリー化し、一覧にしたものが**表5-4**である。

まず注目すべきは、Y校に通えている理由として、13名中8名が生徒間関係、13名中6名が教師との関係を挙げていることである。

生徒間関係については、「友人ができて楽しい」ということと同時に、不

表5-4　Y校に通えている理由

仮名	性別	インタビュー当時	生徒間関係				教師		部活動	学校環境	その他
			友人ができて楽しい	自分と似た友人が多い	自閉症の生徒との関わり	バディの生徒との関わり	教師の支え	教師による前進への動機づけ	部活動	環境が変わった	
ケンタ	男子	3年生	○								
アサミ	女子	2年生					○				家族の支え
コウスケ	男子	2年生	○			○					教師と話すのが楽しい
マキ	女子	2年生			○			○	○		
エミ	女子	2年生		○		○	○			○	
ジョウジ	男子	3年生						○			
フミヒコ	男子	3年生								○	
ダイスケ	男子	3年生									「行かなければ」という意志
マコト	男子	3年生	○				○				友人の支え
タイジ	男子	3年生		○				○			
シンゴ	男子	3年生	○		○						
ハジメ	男子	3年生					○				
ユカ	女子	3年生	○								

登校経験をもつ「自分と似た友人が多い」ということを挙げる生徒もいる。また、「自閉症の生徒との関わり」も、学校に登校を続けるうえで重要な要因となっている生徒もいる。さらに、Y校では宿泊学習や行事などの際に、重度の障害をもった生徒に対して健常の生徒が1対1で身の回りのお手伝いをする「バディ」という取り組みがあるが、そうした「バディの生徒との関わり」があるからこそ登校が続けられていると語る生徒もいる。

彼ら／彼女らの語りからは、(自閉症の生徒を含めた) 友人に対して抱く愛着があるからこそ、登校が継続できているという語りがたびたび見出せる。たとえば、教師から怒られることで学校が嫌になることもたびたびあると語るシンゴだが、それでも学校に通い続けているのは、クラスの同級生や自閉症の生徒との「人の縁」があるからだという。

伊藤：うーんと、まあ、嫌なことも結構あるだろうと思うんだけど、それでも何だろ辞め、あ、それでも毎日《学校に》来続けてるのってなんでだろう。

シンゴ：来続けてる理由ですか？　まあ、やっぱり、まあ、クラスメイトですね。楽しいやつとかいっぱいますし、まあ、人の縁が、人の縁って一番大事ですからね。うーん、たとえ結構、結構あれですよ。自閉症の子とかと仲いいんですよ、けっこう。だって、ほんとになんかすごいなんでしょう、すごいなんか真っ白っていうか、すごい純粋なんですよ。で、そういう純粋さっていうんですか、そういうのに触れる時、すごい生きてるっていうか、ここにいるんだっていう感じがして、すごい、中学校とか小学校のころは、すごいもてなかった感覚なので、それはすごい気に入ってます。だから、まあ、嫌になってるところの理由も人ですし、何だかんだで行き続けている理由のところも結局は人なんです。［インタビュー］

また、教師との関係については、教師に対する反発心を語る生徒もシンゴを含め2名いたが、「教師と話すのが楽しい」ことや「教師の支え」によっ

て学校に通い続けられたと語る生徒もいる（詳しくは本章6.3）。また、「教師による前進への動機づけ」によって、学校に通い続けられていると考えている生徒もいた。学校に登校継続できている理由についてのエミの語りを一部取り上げるが、彼女はその理由の1つに、担任の大崎先生に認めてもらいたいという気持ちがあるという。

エミ：たぶん担任が良かったんでしょうね。合ってたんでしょうね。
伊藤：担任の先生が合ってるってのはどういうところで
エミ：大崎先生はとても、一定のことには厳しいんですよ。対人、他の人に対しての接し方とか、マナーだったりとか、でも私、一度も怒られたことがないんですよ、そういったことで。何か悪いことをしても怒られなくて、それが悔しくて、あの人を見返してやろうって逆に思ったりとか。
伊藤：大崎先生を超えるとか、そういったことが目標になってる
エミ：超えるというより、認めてもらいたいと思いますね。［インタビュー］

　他にも、Y校に通えている理由として部活動を挙げた生徒（3名）のうち、2名については、部活動の仲間が登校継続に重要な意味をもつことに言及している。たとえば、部活動がなかったらY校にも通い続けられたかわからないと語るジョウジは、インタビューの中で部活動について、「仲間もいっぱい増えて、なんかあれば助け合ったりするんで、それがすごく助かって」と語っている。また、マキは、「自閉症の生徒との関わり」や「教師による前進への動機づけ」に加え、部活動で濃いつながりをもてた先輩・後輩と連絡が取れなくなってしまうことが嫌だと考えたからこそ、学校に通い続けていると語っている。

マキ：あとは、部活で、私はラグビー部のマネージャーをやらせていただいてるんですけど、1回私のクラスの子が学校を辞めるって言い始

て、私はどうだろうなーって、学校を辞めたら何が嫌かなって思って、そしたらその先輩たちと離れるのが嫌だなって思って。多分学校辞めても同じクラスの子だったら連絡は取れるでしょうし、遊んだりもできるかもしれないけど、先輩や後輩とは連絡が取れなくなっちゃうだろうなって、いろいろ助けられもしましたし。けっこうラグビー部って夏合宿が15日間あって、岩手県まで行ったりとか、もう、本当に死んじゃうんじゃないかってぐらいまで部員さんもそうですけど、そこまでいってそれでも一緒にいる人たちだから、そこまで濃いつながりをもてたのが初めてなんで、それが強いかなって思います。［インタビュー］

　部活動の仲間について言及した2名を含めると、13名中11名が、生徒間関係や対教師関係といった対人関係がY校に通えている理由の1つにあると考えていることがわかる。その内実を確認すると、（自閉症の生徒を含む）同級生や先輩・後輩への愛着や、教師への尊敬の念といった「対人関係によるボンド」が、Y校での登校継続を支えていると解釈できるケースもある。しかし同時に、生徒たちの語りからは、「対人関係によるボンド」という集約の仕方からは漏れ落ちるような、教師の登校継続への直接的なサポートや、教師による前進への動機づけといった要因が、「Y校に通えている理由」になっている様子も見出せる。
　Y校の生徒たちは、決して他の3種類のボンドを登校継続の理由として語ることができない状態にあるわけではない。しかし実際には、生徒たちの語りからは、それらのボンドが登校継続に影響している様子はあまり読み取れなかった。
　Y校では、専門教科という形で専門的な教育による進路形成の道筋を提供しているし、またそれらの授業を「楽しい」「息抜きになる」と語る生徒も少なからずいる。生徒の9割以上が加入する部活動も含めると、生徒たちは、学校への手段的自己実現によるボンドやコンサマトリーな自己実現によるボンドが形成可能な環境であると考えられる。また、「学校に行かなければな

らない」と考えていたからこそY校に入学したわけであり、学校に対する規範的正当性への信念によるボンドは決してないわけではない。しかし、Y校に通えている理由を尋ねたときに、専門教科については1人も言及しなかった。また、部活動についても、その活動の楽しさよりも、むしろそこで結ばれる生徒間関係が登校継続に重要な意味をもつ様子がうかがえた。「学校に行かなければならない」という意志が重要であると答えた生徒も、1人だけであった。

なお、「Y校に通えている理由」についての語りからは、「志向性」(学業達成や地位達成には集約されない、何らかの目標を達成したいという願望) に関しても、ごく一部の生徒の語りからしか見出すことができなかった。前述したエミの語りは、教師に認められるという目標達成への願望、つまり教師に認められたいという「志向性」が、登校継続の背景にあったと解釈することができる。しかし、他の生徒たちの語りからは、何らかの「志向性」が生徒の登校継続の背景にある様子は読み取れなかった。

以上からは、不登校経験をもつ生徒がY校で登校を継続するうえで、対人関係によるボンドや対人関係から得られる直接的なサポートと動機づけが、とくに重要な意味をもっているということがうかがえる。しかし、友人や教師は、奥地 (2005) などの先行研究が示す「不登校になった理由」でも[1]、Y校の生徒たちが語る不登校のきっかけでも、たびたび挙げられるものである。なぜY校では、不登校経験をもつ生徒たちにとって友人や教師が「通えない理由」ではなく「通えている理由」となっているのか。次節では、その背景にある要因や教育実践のあり方について、4点を提示する。

6 生徒の登校継続を支える4つの教育実践・背景要因

6.1 過去の学校経験による「痛み」を共有する生徒集団

まず、Y校の生徒間関係が「通えている理由」となる背景について、Y校の生徒集団の特殊性があることを指摘しておく。

インタビューでは、Y校に登校継続できている理由として、「自分と似た

友人が多い」ことを挙げる生徒が2名いた。タイジは、Y校に不登校や引きこもりの経験をした生徒が集まっていて、自分と同様の経験をした生徒と仲良くなったことが、今Y校に通えている理由の1つにあると語っている。

　伊藤：うんと、今の学校に通えてる理由ってなんだろう？　毎日のように。
　タイジ：うんと、楽しいっていうのが一番なんですよね。通ってて、友だちとも会えるし、なんか、同じ感じの友だちといろんな話をしたりとか、そういうのが楽しくて。あと、部活も楽しいですね。それで来てます。
　伊藤：同じ感じの友だちってどういうこと？
　タイジ：あの、例えば、不登校だったりとか、あと、引きこもりとか、そこら辺の感じの友だちが集まってるっていうので、仲良く、同じ奴らで仲良くなったみたいな感じ。［インタビュー］

　不登校などの同様の体験をもつ生徒が多くいることは、不登校経験をもつ生徒たちにとってどのような意味をもつのだろうか。まず第1に、自分と雰囲気が似ているために、クラスになじみやすいということが挙げられる。マコトは中学校のときに、騒がしいメンバーが集まったクラスの雰囲気に合わなかったことをきっかけとして、不登校になった生徒である。彼は、Y校に入学当初も学校に行きたくなくて休もうとしたことがある。しかし、それは電車通学などで緊張して疲れてしまったからであり、クラスの雰囲気が問題であったわけではなかったという。彼は、「空気が似ている」生徒が集まるY校の生徒間関係は、自分にとって溶け込みやすいものであったと語っている。

　伊藤：《学校を休もうとしたことについて》別に人間関係でうんぬんとか、教室の雰囲気がとかいうことではなくて？
　マコト：そういうのはなかったですね。みんな同じような感じだったん

で、もう、別に。
伊藤：同じような感じって？
マコト：なんていうか、自分と、その、空気が似ている……。空気っていうか、その感じが似てるっていうので、何か、溶け込みやすかったっていうのがあるんですよね。[インタビュー]

　第2に、他の生徒たちが過去の学校経験に関する心の「痛み」を共有しているために、友人への配慮が生み出されるということが挙げられる。インタビューの中でエミが「この学校は似た人が多いんですよね。同じような傷をもってたりとか、同じような考えかただったりとか」と指摘するように、生徒たちが心の「痛み」や「傷」を共有していると語られることは多い。ただし、そうした心の「痛み」や「傷」を共有するのは、不登校経験をもつ生徒に限らない。マキはインタビューの中で、Y校には「事情がない人は入ってこない」と評し、不登校や学業成績、あるいは素行の問題のために他の高校には入学できない状態であった者が多く、その過程ですごく傷ついてきた人たちがいると語っている。
　そうした中で、卒業生のヒロミは、Y校でも急に1〜2日ほど登校できなくなることがあった中で、心の「痛み」を知っている友人たちの登校へのサポートがあったことを、インタビューで語っている。

ヒロミ：《中学校に比べて通いやすかった理由について、体調が悪くて遅刻した場合に》教室に行けば自分の身の周りの友達がこう机を囲ってくれる、「どうしたの今日は？」みたいな感じで理由を聞いてくれたりとかするところが。みんな痛みを知ってるから、こう来れなくならないようにしてくれる。
伊藤：「明日来ようよ」とか？
ヒロミ：うん、「今日は調理実習があるから、おいしいピラフが食べれるよ！」とか。あたしの興味をひくようなことを、ふっかけてくる。[インタビュー]

こうした「痛み」を共有していることによる友人への配慮は、不登校経験をもつ子どもが集まる他の場においても起こることである[2]。コウスケは、中学校で不登校を経験し、適応指導教室に通っていたが、インタビューの中でそこでの生活について、「やっぱ友だち関係もそういう境遇にあった人たちがわかり合うっていうところもあったので、みんな相手のことが考えられる」と振り返っている。そして、Y校にもそうした面があることを認めている。

Y校では、不登校や学業不振、非行傾向、発達障害・知的障害などの理由で、過去につらい学校体験を重ねてきた生徒が集まる傾向にある。その結果、不登校経験をもつ生徒たちがクラスへ溶け込みやすくなったり、他の生徒への配慮が生まれやすくなったりしていると考えられる。不登校経験をもつ生徒たちにとって、生徒間関係が学校に「通えない理由」ではなく「通えている理由」になる背景の1つとして、生徒集団が過去の学校体験における心の「痛み」や「傷」を共有しているということを押さえておく必要がある。

第1章で述べたように、これまでの研究では、学校格差構造で下位に位置づく学校（「課題集中校」）の生徒集団が、生徒の学校適応や進路形成に対して負の影響を与えていることをクローズアップしてきた。Y校も、学校格差構造での位置づけに基づき、不登校・高校中退・学業不振・非行傾向・発達障害などの背景を抱える生徒たちが集まる「課題集中校」である。しかし生徒たちの語りからは、そうした学校格差構造のもとで課題集中校に集まることになった生徒たちの特性が、逆に生徒の学校適応にとってポジティブな帰結をもたらす可能性を見出すことができる。

6.2 自閉症の生徒との共在

ただし、不登校経験をもつ生徒の登校継続を支えるのは、心の「痛み」を共有する健常の生徒たちだけではない。自閉症の生徒たちも、彼ら／彼女らの登校継続を支える重要な役割を果たしている。

Y校の健常の生徒たちにとって、自閉症の生徒たちは、ただ同じ学校にい

るだけではなく、普通教科の授業でも、専門教科の授業でも、行事や部活動でも、日々行動をともにし続ける存在である。彼ら／彼女らは、バディを筆頭として、日常生活の中で世話をする⇔世話をされるという形を含めた関わりの機会を数多くもつことになる。そうした中で、インタビューでは、自閉症の生徒への愛着を登校継続の1つの理由として挙げる生徒が複数いた。たとえば、エミはインタビューの中で、Y校での登校継続の理由の1つとして、「あの子《バディの生徒》と一緒にいたいって思うからこそっていうのもある」と語っている。

ただし重要なのは、健常の生徒たちの中には、自閉症の生徒をただ支えるだけでなく、むしろ彼ら／彼女から支えられているということを明確に意識している生徒が少なからずいるということである。マキにとって自閉症の生徒は、学校生活の疲れを癒してもらったり、いろんなことを学ばせてくれたりした存在であるという。そして、マキは彼ら／彼女らがいたからここまでがんばれた、つまり、学校に通い続けられたと考えている。

> マキ：《学校に通い続けられる理由についての回答の一部を抜粋》とあと、この学校の特色として、障害をもった友だちがたくさんいて、今までの学校だったら落ちこんだ時とかも友だちに気づいてもらえなかったり、先生だって落ちこんでる時も話を聞いてもらおうとしてもちょっと今忙しいからってはねのけられてしまったんですけど、やっぱそのあの子たちは、暗い顔してるだけで話しかけてきてくれて大丈夫って聞いてくれたり、なんだろうな、人によってはああいう子たちを差別したりする人が世の中にはいて、でもあの子たちはとても優しくて、普通の人よりも人の心をもっていて、誰よりも純粋で人間らしい子たちなんだなって気づけて、その子たちに学校生活とか人間関係で疲れていたものを癒してもらったりとか、いろんなことを学ばせてもらったりとかして、やっぱり彼ら彼女らがいなかったらここまでがんばろうとは思えなかったと思いますかね。［インタビュー］

第5章　不登校経験者の登校継続　141

　マキが述べる「暗い顔してるだけで話しかけてきてくれ」るという自閉症の生徒の働きかけは、参与観察の中でも見ることができた。進路選択を控えている3年A組の世界史の授業を見学した際に、副担任である田端先生は、一般常識対策試験で勉強を怠った生徒が多数みられたため、かなり厳しい口調で指導を行った。そうした指導の中で、泣いている女子生徒（レイカ）もみられた。授業の後、生徒の間に重たい空気が流れる中で、泣いていたレイカに真っ先に話しかけにいったのは、自閉症の生徒であるケンイチだった。

　《一般常識対策試験について》田端先生はどうして勉強しなかったのかを4人の生徒に聞いていく。アツヤはしばらく黙ったのち、田端先生に「言うのか言わないのかどっちだ」と問い詰められて、「言いません、というかうまく説明できません」と答える。そこで別の男子生徒に同じ質問をするが、彼も答えられない。田端先生は、アツヤにふったけどみんな考えてなくちゃいけないことで、答えられないのはどういうことだと強い口調で話す。さらに「面接ですぐに答えられなかったらアウトだぞ」と語る。
　そして田端先生は、「学校推薦の話したっけ」と、学校推薦の話をしはじめる。Y校では大学・短大やいくつかの専門学校の推薦には内申書の平均評定が最低4.0必要で、他の専門学校でも3.5必要ということだった。田端先生は「でも、これでは推薦は出せません」と生徒たちに言い放つ。
　《中略》
　次の時間の中野先生がやってきて、ようやく授業が終わる。「楽しいハワイ学習にしましょう」と言って田端先生は教室を去る。中野先生がちょっと休憩をとって、トイレに行く生徒もちらほらいるが、半分ぐらいの生徒は教室に残っている。生徒の反応はさまざまである。「最悪だわ。バカにされてるみたいでメッチャ腹立つ」と言っている男子生徒もいれば、ダイキ《自閉症の生徒》はトモオの席に寄っていき、「やるしかねーだろう」と言っている。そうしたなかでケンイチ《自閉

症の生徒》は、泣いているレイカに1人寄っていき、「大丈夫？」と話しかけている。［フィールドノーツ］

　また、自閉症の生徒による働きかけは、生徒を学校になじませるきっかけとなる場合もある。たとえばケンタは、Y校に転入学した当初は「人を信じられなかった」と語る生徒だが、彼は担任の先生に自閉症の生徒などと学校外で一緒に出かけて遊ぶ「校外交流」の機会を組んでもらってから、周囲に心を開けるようになったという。また、リョウタは、不登校に至るまでのプロセスや学校外の居場所での生活の中で人と関わることが嫌になったという生徒だが、Y校で自閉症の生徒が話しかけてきてくれたことで、人と話すことが楽しくなり、「学校も悪くないな」と思えるようになったと語っている。
　不登校経験をもつ生徒にとって、自閉症の生徒は、「彼ら／彼女らと一緒にいたい」という愛着が生まれることで登校継続の理由となる存在でもある。しかし、自閉症の生徒たちは、入学当初に他者への不信感を抱く生徒や落ち込んでいる生徒などに話しかけていくことで、不登校経験をもつ生徒たちを学校になじませたり、彼ら／彼女らの登校継続を支えたりする役割をも果たしている。
　杉山（2007）は、自閉症の特徴として、「自分の体験と人の体験とが重なり合うという前提が成り立たないこと」を挙げている。それと関連して野村（2003）は、自閉症の特徴として、「人と視線を合わせて表情で感情を交流させたり、人といっしょに遊びを楽しむことが難しいという対人関係の形成・維持に関わる困難」（野村 2003: 94）を指摘している。そうした特徴のもとで、自閉症の子どもたちは、他者の表情から気持ちを察することや、空気を読むことが難しいということが指摘されている[3]。
　しかし、Y校の事例からは、自閉症の生徒のなかにも他者の表情から気持ちを汲み取ることができる生徒がいることがわかる。また、その場の空気を十分に読み取れないがために、一見周囲が話しにくいと感じさせる場面でも他者に働きかけていく生徒もいる[4]。Y校の自閉症の生徒たちは、決して健常の生徒たちからサポートを受けるだけの存在ではない。自閉症の生徒たち

は、彼ら／彼女らがもつ「個性」のもとで、健常の生徒とは異なる角度から他の生徒たちに働きかけることで、不登校経験をもつ生徒の登校継続を支える重要な存在になっていると考えられる。

6.3　密着型教師＝生徒関係による支援

不登校経験をもつ生徒たちの登校継続は、生徒間の関係から支えられるだけではなく、教師によっても支えられている。

インタビューでは5名の生徒が、入学当初に病気・けがなどの理由なしに学校を休もうとした経験を語っている。そして、うち4名が、教師による家庭訪問を経験している[5]。

Y校では、学校を理由なく休んだ生徒に対し、担任・副担任や部活動の顧問などのつながりの強い教師が、その日の授業時間中に家庭訪問をすることが多い。家庭訪問の際には、生徒の家に向かう教師の時間割を急遽組み替えるなどのフレキシブルな対応を行い、即座の訪問を優先する傾向にある。家庭訪問は車で行くことが多く、話し合いによる合意のもとで生徒を車に乗せて学校に一緒に向かう場合もあれば、翌日学校に来ることを約束して帰る場合もある。もちろん家庭訪問は、保護者からの合意を得たうえでの行動である。

ハジメは家庭訪問の経験について、以下のように語っている。

ハジメ：あ、なんか迎えにきて、勝手に家に入られて、「なんだずうずうしいな」と思って。で、なんか、なんか暴れましたね。
伊藤：それは部屋で暴れて？　どういう感じで暴れたの？
ハジメ：いや、まさかくるとは思ってなかったんで、パニックになって、家でなんか、プラモデル作ってたんですよ。それ全部ひっくり返してました。ホント、まさかくると思わなかったんで。で、親もなんか、家に入れちゃうんですよ。で、とりあえずなんか、車、外で車で待ってるってことになって、それで落ち着いたら来いみたいな。車で待ってるからって。

伊藤：で、そのあと落ち着いて行ってって感じ？　何分、何時間くらいとか？

ハジメ：そんなにかからないで。あの、なんか、とりあえず、行くだけ行こうかなみたいな。[インタビュー]

　家庭訪問を経験した4名のうち3名は、そのあと学校への登校を続けるようになったという。彼らは家庭訪問のあと学校に通い続けた理由について、①また家に来てもらうのでは教師に迷惑がかかる、②学校に行かない方が面倒だ、という2つの理由を語っている。

　ただし、家庭訪問の後も学校に通うことができなかったというヤストシは、2週間の学校での宿泊を経験している。Y校では、生徒とのコミュニケーションを深めることを目的として、教師と生徒が一緒に学校に宿泊する場合がある。Y校には和室があり、そこには布団や洗濯機など宿泊に必要な設備が揃っている。宿泊の際には、友人との仲を深めたり、生徒と同じ目線から話をしてもらうことをねらって、先輩や同級生などが一緒に泊まるケースもある。

　ヤストシは、家庭訪問や学校での宿泊を経て、登校を継続するようになった過程について、当時は「同じことをしたらめんどくさいかなと思った」から学校に通い続けていたという。しかし卒業間際の今となっては、「結果的にこの学校でうまく生活することができたので、感謝してます」と、当時の経験を肯定的に振り返っている。

　こうした授業時間内の即座の家庭訪問や、それに伴う柔軟な時間割の変更、学校での宿泊といった教育実践は、全日制高校をはじめとした1条校では難しいかもしれない。というのも、制度的統制によるカリキュラム編成の自由度は、全日制高校をはじめとした1条校と、高等専修学校であるY校とは異なるためである（第2章）。ただしそれ以上に、これらの教育実践が可能になる理由としては、Y校が私学であるという点がより重要かもしれない。Y校は私学であるため、入学段階で保護者に面接を行い、Y校の教育実践への協力・理解を要請することが可能である。授業時間内の即座の家庭訪問や学校

での宿泊といった教育実践は、Y校に課せられる制度的統制の緩さや、私学の場合ある程度独自性をもった学校運営が可能になるという構造的背景のもとで、可能になっていると考えることができる。

　他にも、登校継続に向けた教師のサポートは、さまざまな形で行われている。Y校の参与観察の際には、長期間欠席していて久しぶりに登校できるようになった生徒（コウジ）の隣の席に担任が座り、授業を一緒に受けるという様子が見られた。コウジは人が多くいるところに入ることができなくなり、家で休養していたため、担任の品川先生が「心配しなくていいからね」などの声かけをしながら、久しぶりの教室で過ごすためのサポートを行っていた。

　　まず神田先生が、「この中で、小論文と国語のノートが一緒の人はいますか？」と質問する。ダイキ《自閉症の生徒》だけが手を挙げる。「お前新幹線みたいな顔してるからいけないんだよ」と神田先生が言うと、ダイキは笑っている。横の席のリョウスケ《自閉症の生徒》は新幹線が載っている下敷きをダイキに見せてからかっている。どこからともなく「こだま」「こだま」という声が聞こえる。にぎやかな感じで授業は始まったが、品川先生は横の席のコウジに、「コウジは心配しなくていいからね」とフォローを入れている。［フィールドノーツ］

　上記の登校継続のサポートからは、公立の1条校には難しい家庭訪問や学校での宿泊といった柔軟な対応を生かしながら、教師が一人ひとりの生徒に対して積極的な働きかけを行う、というY校の特徴を抜き出すことができる。なお、こうした積極的な働きかけの方針は、他にもさまざまな形で、学校の運営や日々の教師の実践に埋め込まれている。

　たとえば、Y校には生徒が生活や学習の予定を立案するためのノートがあり、生徒たちはノートの感想欄に日々の感想を記入して提出することが義務づけられている。担任・副担任は、授業の空き時間に大量のノートに目を通し、毎日コメントを記入し返却している。このノートは、教師＝生徒間の毎日のコミュニケーションを制度的に埋め込んだものとして捉えることができ

るが、教師たちはこのノートを、生徒とのコミュニケーションツールとして積極的に活用している。田端先生は、教師とのコミュニケーションを避ける生徒に対して、ノートを通して相手の語りを引き出すような工夫をしているという。

　田端先生：ただその書いてあげるんじゃなくて、質問形式で「これはどう思った？」「先生のホームルームの話はどう感じた？」などの形で疑問系で書くんですね。そうすると最初のうちは乗ってこないんですけど、質問が無視されたような形で、おそらく意図的に無視してるんだと思うんですけど、そのうち簡単な「はい」とか「いいえ」で答えるようなことに変えると乗ってくる。乗ってきたらこっちのもんで、答えが「はい」じゃなくてその後ろをつける。どんどん質問形式のこちらの記入を工夫していく。だんだん次の段階で話ができるようになってくる。［インタビュー］

　また、生徒への積極的な働きかけの一環として、生徒の表情や反応に日々目を配るということも、教師たちに絶えず意識されていることである。たとえば神田先生はインタビューの中で、生徒への接し方で心がけていることとして、「表情は毎回は見てるね。何かあるかなとか」と話している。また、大崎先生は、授業中でも生徒の様子を絶えず察知するようにしていて、集中が途切れているときは指名したりして集中を戻すようにしているが、それでもダメな場合は「あの子は今日ちょっとおかしかった」と担任に報告しているという。他にも、コミュニケーションをとることが苦手な生徒には毎時間のようにとことん話しかける、1年生に対してはこちらから挨拶していく、子どもたちと会う時間を多くする、というふうに、教師たちからはより多く、より長く生徒と関わることが意識されている。

　そして、生徒の表情や反応に日々目を配り、より深く生徒と関わろうとする主要な意図の1つには、生徒の登校継続を支えるという点がある。田端先生はインタビューの中で、「《アプローチの》タイミングを逃しちゃったらう

まくいくものもいかない」ため、「何かの反応を見逃すことがないようにってのは常に心がけて」いると話している。そして、登校できなくなるという反応への適切なアプローチの選択は、日常的に生徒と密に関わっていることで可能になると考えている。

> 田端先生：《学校に登校できなくなってしまった生徒への対応に関して》
> ですから、あのー、すべてのタイプの子に応じた対応ができますね。家に行って迎えに行くんじゃなくて、話をして次自分で来る約束、次の段階を約束してくる場合もありますので、ほんとに個々の状況によって違いますから、マニュアルがあってマニュアルどおりというものじゃないんでね、その場その場の対応した教員の瞬間的な判断、これが一番じゃないかな。じゃあその判断はどこにあるかっていうと、それはやはりどんだけ多く普段生徒と接しているか、じゃないかな。
> ［インタビュー］

教師たちは、日ごろから生徒とより深く関わることを意識し、生徒が示すサインを見逃さないように絶えず生徒の反応や表情に目を配っている。さらに、生徒が登校しない場合には、家庭訪問や学校での宿泊などを介して、より深く個別の生徒に働きかけを行っていく。こうした形で結ばれるY校の教師と生徒の関係を、本書では「密着型教師＝生徒関係」と呼ぶことにしたい。

こうした密着型教師＝生徒関係があったことで、今学校に通えていると語る生徒もいる。先ほど家庭訪問のエピソードを取り上げたハジメは、1年生の間は、学校に行かない方が怒られて面倒だと思いしぶしぶ登校はしていたが、ずっと学校に行きたくないと思っていたという。筆者がY校に訪問した際にも、彼は「辞める」と大騒ぎをしていたことがあった。しかしハジメは、3年生時点のインタビューで、学校に通えている理由について「先生のおかげです」と語っている。そして「先生のおかげ」という言葉の示す意味について、より具体的に、「1年から2年から今まで、なんていうか大ざっぱにいうと親身になってくれたことだと思う」と言い換えている。ハジメは教師の

さまざまな「親身」な（つまり密着型の）働きかけを「先生のおかげ」「親身になってくれた」というふうに、肯定的に解釈するようになっている。

　他にも、教師が生徒の反応を見逃さずに働きかけを行ったことで、前向きになった経験を語る生徒もいる。ケンタは、教師の密着型の働きかけについて、「入り込みすぎる部分もある」と留保はつけるものの、「生徒に入り込んできてくれる」と肯定的なニュアンスで語っている。ケンタに限らず、「気にしてくれるのはいいんだけど、少し気にしすぎ」というふうに、密着型教師＝生徒関係がときに過剰な働きかけに感じることを指摘する生徒もいる。しかしそうした密着型教師＝生徒関係は、基本的には多くの生徒から肯定的に捉えられている。

　　ケンタ：精神的に疲れてる時期があって、「今日は疲れました」みたいなかったるい感じで書いたノートがあったんですけど、それを見て副担任の先生が「どうしたの」ってすぐに駆けつけてきてくれて、でまあそっからポンと背中押されて、またやっていこうかなって感じで。だから先生は、うーん他の学校に比べて生徒に入り込んできてくれる。だけどたまに、それはちょっと入り込みすぎる部分もある。深追いしすぎだよって。［インタビュー］

　生徒たちの語りからは、Y校の教師たちが生徒と取り結ぼうとする密着型教師＝生徒関係が、生徒の登校継続を支える要因になっている様子を見出すことができる。先行研究でも、教師との密接な関わりが生徒の登校継続につながるということは示唆されてきた。杉田（2009）や柿内ほか（2010）では、非主流の後期中等教育機関の事例において、教師の親しみやすさ・話しかけやすさや家族のように接する関わりが、生徒を学校につなぎとめる要因となっていることを指摘している。本章の分析からは、教師＝生徒間の関わりの密接さが、さらに生徒の反応や表情の変化に注目し介入するという教師の働きかけを可能にし、生徒の登校継続を支えるという側面を新たに指摘することができる。

こうした密着型教師＝生徒関係の形成は、教師一人ひとりの心がけのみに任されているわけではない。密着型教師＝生徒関係が、教師＝生徒間で交換するノートや家庭訪問、学校での宿泊などの制度を装置として利用しながら、形成されていくという点も新たな発見だといえるだろう。

　また、補足すると、こうしたY校の密着型教師＝生徒関係は、時間外労働も厭わず互いに協力し合う教師文化のもとで成り立っている。教師たちは、家庭訪問の際には時間割の組み替えに協力し、普段と様子が異なる生徒がいたときには担任・副担任などとの情報交換を行っている。また、神田先生はインタビューの中で、生徒の学校での宿泊は、担任・副担任の教師だけが責任を担うわけではなく、他の教師も手伝いながら行っていることを指摘している[6]。

　神田先生：さっきも言ったとおりこれだけ小さい学校だから、みんながみんな先生が生徒のことを知ってて、自分のクラスじゃない生徒の子にも声かけたりするし、宿泊なんかのときは「この子を長期で泊めようと思います」って計画がやっぱり担任の先生にあれば、「じゃあすいませんが頼めますか」って言ったらいろんな先生が関わってくれる。……そういうことでこうしたいっていうと快く引き受けてくれる先生が多いのは確かだね。［インタビュー］

　ただし、留意しておかなければならないのは、学校での宿泊をはじめ、密着型教師＝生徒関係を形成するためのさまざまな仕掛けが、教師の時間外労働によって担保されているということである。教師たちは、夜間や休日でも学校や生徒、保護者などから連絡が入り、対応が必要になる場合がある。また、部活動も教師と生徒の結びつきを強める1つの重要な機会であるが、休日や夏季休暇中の活動は時間外労働として行われるものである。

　教師たちのこうした時間外労働への負担感は、生徒が変化することによるやりがいによって打ち消されていると考えられる。しかし、教師たちの労働者としての側面をふまえるならば、こうしたY校の教育実践を他校で応用す

る際には、慎重な議論が必要になるだろう。

6.4 教師による生徒間関係のコーディネート

教師が生徒に行う登校継続の支援は、教師から生徒に直接的に向けられるものだけではない。Y校の教師たちは、密着型教師＝生徒関係をもとに、生徒間の関係をコーディネートするような教育実践を行い、生徒たちの登校継続を支えている。

そうした教育実践が必要になるのは、生徒たちが挙げる不登校のきっかけからも示唆されるように、生徒間の関係は「学校に通えている理由」になりうるのと同時に、「学校に通えない理由」にもなりうるためである。不登校経験をもつ生徒たちには、生徒同士で関係を結ぶうえで、以下のような2つの問題が起こるという。

第1の問題として、他者との距離を置きすぎて孤立してしまう生徒がいるということが指摘されている。

Y校には、6.2で例として挙げたケンタやリョウタのように、人と関わることが嫌いであったり、人を信じられないかったりという状態で入学してくる生徒が少なからずいる。また、不登校経験をもつ生徒の中には、自分で学校に居場所を作れない生徒も多いという。

そうした中で教師たちは、生徒たちの友人づくりの手助けをさまざまな形で行っている。たとえば、4月中旬に行われる2泊3日の1年生研修では、入学前に得た情報から気が合いそうな生徒同士を部屋割りなどで意図的にくっつけ、微調整を行いながらグループを作る手助けをしていくという（文献資料より）。また、ケンタが学校で周囲に心を開けるようになるきっかけとなった校外交流のように、自閉症の生徒を含めた他の生徒との関わりの機会を教師がセッティングすることもある。他にも、給食の際に生徒同士で机をくっつけて食べることを促したり、部活動への加入を積極的に勧めたりするなど、さまざまな形で友人づくりを促すための働きかけが行われている。

マコトは、今学校に通えている理由の1つとして、仲のよい友人や自分のことを心配してくれる友人ができたことを挙げている。彼は、教師による友

人づくりへの働きかけがあることがこの学校のいいところであり、そのおかげで友人ができたのかもしれないと振り返っている。

> マコト：この学校って、いろんな人と、友だちとかとも、最初の頃、話をされる、されるというか、いろんな人と話をするように、なんか、先生たちから、こう、なんていうかな、声をかけてくれるんですよ。給食のときとか、一人ひとり食べるんじゃなくて、机をくっつけて食べるようにしたりとか、そうやって人と関わらせるようにしているっていうのが、この学校のいいところだと思います。そのおかげで友だちができた、自分もそうだと思うんですけど、それのおかげでできたっていうのもあるかもしれないです。[インタビュー]

しかし一方で、生徒間の距離が近づくことで、生徒同士でのトラブルが生じる場合もある。第2の問題として、不登校のために同年代の人々と交流した経験が少ないことから、相手の考えがうまく理解できないためにトラブルになるケースが多いということが指摘されている。

田端先生によると、「対人関係がすごく苦手な子でね、一方的に連絡して本当に都合が悪くて断ったりするとどうして来れないんだよって1人で盛り上がっちゃう」というような、相手の事情や考えをうまく理解することができない生徒がいるという。そうした生徒に対しては、「周りを見て自分の都合だけで判断するんじゃないよ」という指導を行うと同時に、お互いの共通の日時を聞き取って、日程の合う日に一緒に遊ぶようにアドバイスをすることもあるという[7]。

こうした状況下で、Y校の教師たちは、生徒の反応や表情だけでなく、生徒間のトラブルにも日々目を配っている。たとえば、スキー教室の食事の際に、女子生徒たちの間で席選びに関する小さなもめごとがあったが、その情報は2時間足らずで彼女たちの担任・副担任に共有されていた。

《教員が宿泊する》部屋にいる時間は、品川先生と田端先生の情報共

有の時間でもある。ユウヤ《自閉症の生徒》が夕食の時に薬をもってきていなかったという話に加え、女子のもめごとについての話もあった。ことの発端は、昼食の時にアリサとクミコが校長先生や大崎先生のいるテーブルに座ることになったのだが、食事の席は昼食で座ったものから固定だという話だったのに、校長先生や大崎先生のテーブルから離れて勝手に他の席に座ってしまったことから始まったという。そこで席を勝手にとられてしまった別の女子生徒2人が校長先生のテーブルに移動することになり、その場はそれで承諾したのだが、席を取られた形になった2人は面白くないわけで、彼女たちはしおりの今日の感想欄に愚痴を書いていたそうである。品川先生と田端先生は、もともとはアリサのわがままのせいで、席を変える方も変える方だが、文句があるのにその場で言えないで対処できないでグチグチ言っている2人もどうなのか、これでは今後が心配だという話をしていた。

（#この話の出所は、1階の本部（兼喫煙所）で校長先生や大崎先生などがしていた話だった。その場には品川先生も田端先生もいなかった。健常の生徒についてもそんな細かいところまで全教員に情報が流れているのかと驚いた。）[フィールドノーツ]

　Y校では、教師たちによって、友人づくりを促すような環境づくりが行われていたり、生徒間のトラブルに細かく目を配り、教員間で情報を共有し、場合によっては関係への介入が行われていたりする。Y校の生徒間関係が「学校に通えている理由」になる背景には、こうした教師による生徒間関係のコーディネートがあると考えられる[8]。

　以上、不登校経験をもつ生徒の登校継続を支える教育実践・背景要因として、①過去の学校経験による「痛み」を共有する生徒集団、②自閉症の生徒との共在、③密着型教師＝生徒関係による支援、④教師による生徒間関係のコーディネートの4点を挙げた（図5-1）。これらは、生徒にとって友人や教師が「学校に通えない理由」ではなく「学校に通えている理由」となるために、重要なものであると考えることができる。

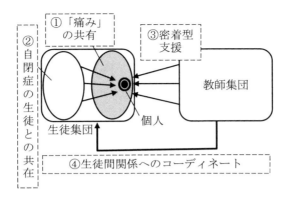

図5-1　生徒の登校継続を支える4つの教育実践・背景要因

　ここで、Y校が基本的に学級単位での活動を行うことが、不登校経験をもつ生徒の登校継続のあり方とどのような関わりをもっているのかについて考察したい。宮台（1999）や内藤（2001）では、学校での固定的な学級集団が生徒の高ストレス状態を生み出す元凶であるとして批判がなされている。しかしY校では、ある一定の条件が満たされているために、学級集団が不登校経験をもつ生徒の登校継続に対して有効に機能する側面を見出すことができる。

　Y校の不登校経験をもつ生徒たちの大多数は、「学校に通えている理由」として、友人・教師との対人関係にまつわる事柄を挙げている。一方で、教師からは、不登校経験をもつ生徒たちの特徴として、学校に居場所を作れず孤立してしまう生徒がいるということも挙げられていた。学級集団は、孤立しがちな生徒たちに対して友人づくりを促したり、担任・副担任が生徒と密な関わりを作ったりすることができる随一の場だと考えられる。そうした意味で、学級集団はY校においては、不登校経験者の登校継続にポジティブに機能していると想定できる。

　ただし、生徒同士の距離が近づき交流が生まれることで起こりうる生徒間のトラブルについては、教師が日ごろから生徒間の関係に目を配ることで、解決していくことが要請される。筆者が調査を行ったX校（チャレンジスクール）の例を挙げると、中学時代に非行傾向があり攻撃的な言動をとる生徒が

クラスにいるために、その言動が脅威となって学校に登校できなくなってしまう生徒が出るという困難を抱えていた（伊藤秀樹 2009）。Y校においても、非行傾向がある生徒はやはり入学してくるため、入学当初はどうしても生徒間のトラブルは起こるという。

しかしY校の場合は、教師に反発していた生徒たちが徐々に指導に従うようになり、向学校的な態度をとるようになっていく（詳しくは第6章）。生徒が向学校的になるメカニズムが両立していることで、Y校では学級集団が不登校経験をもつ生徒の登校継続に対してポジティブに機能しているのではないかと考えられる。

7　登校継続と卒業後の就業・就学継続の非連結

最後に、Y校における登校継続のメカニズムに注目することで浮かび上がる、新たな課題について指摘しておきたい。2000年代のY校では、卒業後3年間で健常の生徒の約半数が就職先・離職先を離職・中退していた時期もあり、Y校には登校を継続できたにもかかわらず卒業後に早期離職・中退してしまうという、登校継続と卒業後の就業・就学継続の非連結が大きな課題として見出されていた。そしてこの課題は、知見を先取りするならば、不登校経験をもつ生徒の登校継続が主に対人関係によって支えられ、また学校でその形成を促すような実践が行われているという状況と、関連をもつものであった。

現在のY校では、卒業後の就業・就学継続率は改善されており、また、第8章でみるように、卒業後の早期離職・中退者が主に対人関係にまつわる事柄のみによって生み出されているわけではない。しかし、これはY校が早期離職・中退対策に積極的に取り組んだからであり、登校継続と卒業後の就業・就学継続の非連結という課題は、筆者がヒアリング調査を行ったY校以外の高等専修学校でも指摘されているものである。そこで、2000年代後半に行ったY校の卒業生・教師へのインタビューに加え、Y校以外の高等専修学校の教師へのインタビューを補足データとして用いながら、卒業後の早期

離職・中退のメカニズムの一端を描き出していく。

　早期離職・中退した当時の卒業生の中には、不登校経験がありY校に入学した者も少なからず含まれていた。Y校では登校を継続できた彼ら／彼女らのなかで、なぜ中退や早期離職に至る者が多数出てしまっていたのか。その背景には、Y校の教師と生徒の言葉を借りるなら、生徒たちの登校を支えるために「温室」化しなければならないY校の環境と、卒業後の社会生活との間にギャップが生じるということがあった。

　もちろん当時のY校でも、卒業後の社会生活を見据えて、さまざまな教育実践上の工夫がなされていた。ボランティアやインターンシップ、あるいは全校生徒の前でのスピーチコンテストなど、さまざまな体験の機会が学校行事として埋め込まれていたし、コミュニケーション能力の育成やマナーの習得などを目指して授業内容やカリキュラムが設計されたり、生徒指導が行われたりしていた。しかし、それと同時に教師からは、Y校が学校生活の中で不安を抱えやすい不登校経験者の登校継続を支えるような環境にならざるをえないことが指摘されていた。上野先生はインタビューの中で、Y校について、「不登校の子もほんのちょっとした些細な言葉がけで傷つく子もいるので、教師自身がいろいろ言葉選んであげて、温室だと思います」と語っている。

　そうした中で、当時の卒業生からは、卒業後の社会生活はY校と異なる厳しい環境として感じ取られていた。たとえば卒業生のヒロミ（不登校経験あり）は、卒業後の社会生活について「荒波にもまれる」とたとえている。そして、新しい環境で不安が発露し、仕事や学校を続けることの危機に直面した様子も語られている。たとえば卒業生のタケヒコ（不登校経験あり）は、Y校を卒業後は専門学校に進学し、専門学校を卒業後同じ職場で勤め続けていたが、専門学校では精神面での問題で休学を考えたし、現在の職場についても「困難はずっとあります」と語っている。またヒロミも、短大で授業についていけないことに悩み2か月ほど学校を休んだことがあり、短大卒業後に編入した大学は中退している。

　Y校の不登校経験をもつ生徒には、Y校在学中にも不安やトラブルを抱え、

それらを乗り越えて卒業を迎えたという者も少なくないはずである。それにもかかわらず、彼ら／彼女らはなぜ卒業後はその危機を乗り越えられず早期離職や中退へと至ってしまっていたのか。その理由について、ヒロミは、自らの当時の経験や早期離職・中退したY校の友人たちの様子を振り返り、以下のように語っている。

　伊藤：じゃあ社会の荒波っていうときに、Y校の人が経験してるのは、やっぱり人間関係みたいな、Y校との人間関係のギャップとか、そういうところですか。
　ヒロミ：そうですね。やっぱりね。あそこは温室栽培だからね。守ってくれてそこから送り出してくれるんだけど、荒波にもまれたらそうはできないし、やっぱり他の人は助けてくれないし。そこから先の人たちはね。［インタビュー］

ヒロミはここで、「やっぱり他の人は助けてくれないし。そこから先の人たちはね」と、支えてくれる他者の不在という対人関係の変化に触れている。卒業後の場での対人関係については、タケヒコの場合、インタビューの中で専門学校での生活について、「友だち関係上では、自分の周りだったらあまりY校の人たちと変わってなかったってのが正直なとこなんで、あまりそのへんは全然大丈夫だったと思いますね」と、Y校に似た友人関係が安心をもたらした様子を語っている。上野先生もインタビューの中で、卒業後に言葉がけや手助けをしてくれる人間関係がある場に行ける人は幸せだが、そうでない場では厳しいものがあるだろうと、卒業後の場の人間関係が卒業生たちの就業・就学の継続に大きな意味をもつことを認めている。

これより推察されるのは、2000年代のY校の不登校経験をもつ生徒たちが、Y校への登校継続だけでなく卒業後の就業・就学継続に関しても、彼ら／彼女らが不安を抱えやすいことに配慮し支えてくれるような他者を必要としていたのではないかということである。かつてY校が抱えていた卒業生の早期離職・中退という課題は、Y校で結ばれるような関係性の対人関係が卒業後

の就職先・進学先では得られにくいという点が、重要な背景となっていたと想定できる。

　なお、1点補足しておくと、対人関係上の問題による早期離職・中退は、不登校経験をもつ生徒に限らず全体的な傾向としてみられるものであるという。そもそもY校には、不登校経験をもつ生徒以外にも、中学校時代にクラスで周辺的立場にあり友人も少なく、自信がもてないような生徒も多く集まってくるということも、教師たちから指摘されている。彼ら／彼女らにとっても、「痛み」を共有する生徒集団や、友だち作りを促すような教師のサポートは、中退せずにY校にとどまる1つの理由になっている可能性が想定される。Y校で得られるようなサポーティブな対人関係が得られないことによる早期離職・中退は、Y校の健常の生徒たちに広範にみられる傾向であったと考えられる。

　卒業後の就業・就学継続の困難という課題は、過去のY校に限らず、筆者がヒアリング調査を行った他の高等専修学校でも課題とされていた点である。そしてこれらの学校でも、卒業後の場で結ばれる対人関係のあり方とのギャップが、早期離職・中退の要因であるということが明確に意識されている。

　たとえばB校では、就職者は取得した国家資格を生かして就職するにもかかわらず、9割近くが1年間で離職してしまうという。就職者の早期離職の理由について、B校の進路指導担当の教員は、怒られ慣れていないために打たれ弱いことを挙げている。新たな環境での対人関係の変化、具体的にいうなら「打たれ弱さ」という彼ら／彼女らの特性に配慮されないことが、卒業後の就業継続の困難に結びついているということが、ここでも指摘されている。

　B校教員：基本的にはやっぱり打たれ弱いんですね。特に《専門コースに関連する》○○の仕事どこもそうなんでしょうけども、やっぱり怒られることってありますよね。でわれわれ最初の段階でいけないなと思うのが、今も改善すべき点だと思っているんですけど、不登校の子た

ちとか元々いじめられてた子たちが多いもんで、怒る指導ってのはあまり最初入れないんですよ。《中略》なので、怒られ慣れてない。それが一番の原因なのかなと思います。［インタビュー］

　なお、新たな環境での対人関係に対応することの難しさは、進学者の就学継続の理由や中退の理由の中でも言及されている。B校とC校は上級学校として系列の専門学校を有しているが、系列の専門学校への進学者は外部の専門学校への進学者に比べて中退率が低いという。外部の専門学校への進学者の中退理由として、B校の進路指導担当の教師からは同級生の「ノリ」の違い、C校の入試担当の教師からは教師の関わりの密度の違いという、高等専修学校で築かれていた対人関係とのギャップが、中退の背景として挙げられている。

　B校教員：たとえば外部《への進学》だと、繰り返しになりますけど、不登校とかいじめの子だったりする子が多くて、共通点として人づきあいがあんまうまくなかった子たちが多いので、言ったらその他の高校から上がってくる子たちの独特のその会話とか独特のノリっていうのにやっぱ合わなくって、辞めちゃう子、外部の専門学校は特に多くて、10人行ったらやっぱ3人4人は辞めますね。［インタビュー］

　C校教員：正直本校は、まあ少人数の良さってとこがあるんでしょうけど、1人1人に目を配ってやるタイプなんですけども、△△さん《卒業生が多く進学する外部の専門学校》って1クラスというか1つの授業の中に80人とか100人人がいて、まず先生も生徒の名前を覚えない。それをすると、その中で授業をやっていくと、どんどんその自分はここにいてもいなくてもいいんじゃないかとか、身にならないとか、目をかけてもらえないっていうところが強くなってきて、まあ辞めてしまうというか存在意義を失ってしまうというところですね。［インタビュー］

Y校の生徒たちは、過去の学校体験の「痛み」を共有することで、他者の困難に配慮しサポートを行うような生徒間関係を形成している。また、教師たちは、「密着型」と呼べるような教師＝生徒関係を築き、また、場合によっては「学校に通えない理由」になるかもしれない生徒間関係をコーディネートしながら、生徒たちの登校継続を支えようとしている。しかし、そうした生徒間関係や教師＝生徒関係は、卒業後の就職先・進学先と、助けてくれる人の不在という形で、対人関係上のギャップを生むものになる。また、B校・C校の教師の語りでは、他にも「ノリ」の違い、教師の関わりの密度の違いといった対人関係上のギャップが、早期離職・中退へと結びつくことも指摘されている。卒業後の就職先・進学先が、過去の苦しい学校経験を共有する友人関係や密着型教師＝生徒関係のもとで結ばれる対人関係を反転させたような場でありうることが、生徒たちを卒業後の早期離職・中退へと水路づける重要な一因となると考えることができる。

　なお、現在のY校における卒業生の3年間での離職・中退率は、約2割にまで減少している。Y校が卒業後の早期離職・中退という課題にいかなる対応を行い、それがいかなる帰結を生み出しているのかについては、第8章で詳しく述べる。

8　まとめと考察

　本章では、不登校経験をもつ生徒たちがなぜY校に登校継続できているのかについて、そのメカニズムを生じうる課題とともに提示してきた。

　まず、不登校経験をもつ生徒たちのインタビューでの語りに注目すると、不登校のきっかけとY校に通えている理由について、彼ら／彼女らの大多数が生徒間関係あるいは教師との関係といった学校内での対人関係に言及していた。次に、不登校経験をもつ生徒にとって友人や教師が「Y校に通えている理由」となるその背景として、①過去の学校経験による「痛み」を共有する生徒集団、②自閉症の生徒との共在、③密着型教師＝生徒関係による支援、④教師による生徒間関係のコーディネートという、4つの教育実践・背景要

因を示した。これらの4つの教育実践・背景要因からは、高ストレス状態を生み出す元凶として批判される学級集団が、生徒の登校継続にポジティブに機能しうるということも見出せた。

ただし、不登校経験をもつ生徒の登校継続が主に対人関係によって支えられる一方で、卒業後の場における対人関係のあり方のギャップから、卒業生が早期離職・中退の危機に直面する場合があるという課題も描き出した。なお、この課題は、不登校経験をもつ生徒だけでなく、Y校の対人関係に身を置き続ける他の生徒たちも直面しうる課題であった。

では、生徒たちが学校と卒業後の場との対人関係のギャップによって卒業後に早期離職・中退へと水路づけられないためには、いかなる方策が必要となるのか。そうした文脈から、本章がもつ実践的示唆について考察してみたい。

不登校経験をもつ生徒に焦点を当てながら考えてみると、1つ考えられるのは、こうした対人関係のギャップを消失させるために、学校が対人関係に配慮した支援を弱め、他の3種類のボンドの形成を重視した登校支援（たとえば、進路形成やコンサマトリーな充足を与える授業の形成など）を強化するという方法である。しかし、Y校では対人関係以外の3種類のボンドが「通えている理由」として語られる条件を備えているにもかかわらず、生徒たちから言及される「通えている理由」は対人関係に依拠したものが圧倒的多数であった。また、不登校になったきっかけも生徒間関係から与えられたケースが多かった。これらの知見に基づくと、彼ら／彼女らの登校を支えるような対人関係が不可欠であると想定すべきである。

むしろこれらのギャップに対しては、「荒波」と称される社会からの歩み寄りを求めていくべきである。貴戸（2005）も、不登校経験者が「学校とつながる」ことにとどまらず、就労・就学によって「『社会』とつながる」ことにも困難を覚えるということを受けて、人々が『社会』とつながる」形の再考を促している。そのなかで本章では、これまでの知見をふまえて、社会の歩み寄り方について1つの方策を提示しておきたい。それは、不安を抱えやすく対人関係のサポートを必要とする人々が認め支えられながら自己実

現を達成できるような就労・就学の場を、後期中等教育後にもより多く創出し、「なだらかな移行」と呼べるような進路形成を可能にする、という方策である。こうした社会の歩み寄り方は、不登校経験をもつ生徒に限らず、卒業後の場で同様に対人関係の変化による不安を抱えうる生徒たちに、有効な方策であるといえるだろう[9]。

　最後に、本章がもつ学問的示唆について、2点挙げておきたい。1つは、不登校経験者の「進路形成の問題」において、対人関係のあり方が重要な意味をもつということである。これまで、不登校経験者が抱える「進路形成の問題」の原因は、学歴取得などの進路選択上の不利益という点に求められてきた（森田編 2003）。しかし、本章で見出したのは、不登校経験をもつ子どもにとって、彼ら／彼女らを高卒後の進路へとつなげる非主流の後期中等教育機関や、卒業後の就職先・進学先での対人関係のあり方が、就業・就学継続（そして進路形成）を大きく左右しうるということであった。

　もう1つは、不登校／登校継続を説明するモデルとして、森田（1991）のボンド理論による不登校生成モデルを超えた、新たな説明モデルを探究する必要があるということである。森田（1991）は、不登校行動を押しとどめる4要素のボンドを提示しているが、不登校経験をもつ生徒たちの語りからは、とくに対人関係が不登校／登校継続に強く関連している様子がうかがえた。さらに、その語りを詳細に検討すると、対人関係に関しても、森田が対人関係によるボンドとして想定していた他者への愛着や尊敬の念などに加えて、直接的な心理的サポートや前進への動機づけなどの教育実践が登校継続に影響している様子も浮かび上がってきた。これらの知見は、対人関係のあり方を基軸に置き、そのあり方の諸側面を詳細に扱うような不登校／登校継続の説明モデルを構築していく必要性を示唆するものである。

　なお、Y校に入学する不登校経験者の大多数は「神経症型不登校」に分類可能な層であり、本章の分析では「脱落型不登校」の動向を射程に入れられていない。対人関係を基軸に置いた不登校／登校継続の説明モデルについて、日本の不登校全体の分布をふまえながら考えていくことは、不登校研究における今後の課題の1つとなるだろう。

第6章では、「不登校経験者の登校継続」と並ぶ学校適応のもう1つの側面として、「教師の指導の受容」のメカニズムとその中で生じうる課題について検討する。

【注】
1 たとえば、フリースクール東京シューレのOB・OGに行った質問紙調査では、最も大きい不登校理由について、「友人をめぐるもの」と回答した者が29.6%と最も多く、「教師との関係をめぐること」と回答した者も11.6%いる（奥地2005）。
2 不登校経験者が7割を占めるX校においても、教師たちから、生徒たちが「痛み」を共有することで他の生徒への配慮が生まれるという点が指摘されている（伊藤秀樹2009）。ある教師は、「今まででいじめだとか人間関係で悩んできた子がすごく多くて、その分人に優しくすること、人の嫌がることをしてはいけないということをすごくわかっている生徒が多い」と語っている。西山（2000）も、通信制高校の生徒たちを「心優しき受難者」と呼び、「自らが受難者ゆえに、他者の痛みがわかる」（西山2000: 318）と評している。
3 「とってもわかりやすい自閉症のページ」（http://autism.flop.jp/characteristic/post_16.html, 2016年5月4日取得）より引用。
4 私が卒業論文のために初めてY校の授業を参与観察した際にも、授業の合間に、自閉症の生徒（タク）が話しかけてきてくれたことが大きな助けになった。タクの関わり方は、東京大学の学生だと紹介された私に、「東大生は、漢検何級ぐらいとるのですか？」と質問する、突拍子もないものであった。しかし、「よそ者」であり話しかけにくい相手である私に対して、他の生徒が様子をうかがう中、彼が話しかけてきてくれたおかげで、「自分は生徒たちに受け入れられていないのではないか」と不安だった気持ちがほぐれた。以下はそのときのフィールドノーツの抜粋である。なお、この次の訪問では、タクが健常の生徒を呼び出してくれたおかげで、健常の生徒とも初めて話をすることができた。

> 生徒の1人（タク）が寄ってきて、私に話しかける。（喋り方と、初対面の人にいきなり話しかけられる人懐っこさから判断して、たぶん自閉症の生徒だと思われる。）
> タク「東大生は、漢検何級ぐらいとるのですか？」
> 伊藤「えーと、そんなにみんな受けてないみたいだけど」
> タク「今週の土曜日に、漢検2級を受けるんですよ。」
> 伊藤「2級、僕ももってるけど……」
> タク「どういうところを勉強したらいいですか？」
> 伊藤「普通の問題よりも、熟語とか、あっ四字熟語ね、あとは対義語とかで勝負だと思うよ。がんばってね。」

第 5 章　不登校経験者の登校継続　163

先生を待たせてしまっていたので、私はタクに手を振ってその場を立ち去り、先生と一緒に教室を出る。(#自分は生徒たちに受け入れられていないのではないかと不安になったが、話しかけてもらってすごく安心した。) [フィールドノーツ]

5　残り1名に関しても、家に電話があり「今から迎えに行く」といわれ、急いで学校に出てきたという。

6　とはいえ、宿泊の主な担当は、担任が務める場合が多い。1年生の場合、クラスの複数の生徒が長期間継続して学校に宿泊することもあるため、田端先生は、1年生の担任を務めていた1年間は、生徒とともに学校に約30泊したと語っている。田端先生の場合、学校での連泊が続き、Y校主催のパーティーで倒れて車椅子で運ばれたこともあったという。

7　そうした問題は、X校でも意識されていることである。たとえばX校のある生徒は、「あんまり学校に来てない子たちが来てるので、そういう関係で人間関係が普通の高校よりうまく伝わらなかったりする部分でギクシャクするってのはたぶん普通の高校よりはあると思う」と語っている。また、同様に教師も、同年代との交流のなさから「《相手と》うまく距離をとったりとか、言ってることがどこまで本音かがわからない」生徒がいて、生徒同士でトラブルになることが少なからずあるということを指摘している（伊藤秀樹 2009）。

8　こうした教師の教育実践は、他校でも行われていることである。徳原（1999）は、自らが担任を務める技能連携校の「不登校クラス」で、友人が欲しいという気持ちが強いが、集団生活や人間関係づくりを苦手としている生徒が多いことを指摘している。そのため、入学当初はとくに担任や副担任が生徒同士の媒介になって人間関係を作っていくことを心がけているという。

9　B校とC校にとって、系列の専門学校は、生徒たちが「なだらかな移行」を達成する場となっている。系列の専門学校での中退率は、外部の専門学校での中退率や就職者の離職率に比べると圧倒的に低いという。中退率が低い理由としては、B校の進路指導担当の教員からは個人面談が頻発に行われるなどの面倒見の良さ、C校の入試担当の教員からは少人数制により環境がC校と近いことが挙げられている。さらに、B校の教員からは、系列の専門学校の卒業者は年齢的な成長もあり、就職しても継続できているということも語られている。

B校教員：《系列の専門学校のサポート体制は》基本的にやっぱ内部進学が半分以上なので、同じですね。たぶん他の専門学校から比べたら、悪い言い方をすればほんとにこう子どものように扱う、いい言い方をすれば面倒見のいいと言われるんですけども、は、やりますね。たとえば掲示板に張り出してるだけとかじゃなくて、個人面談とかが頻発してありますし。[インタビュー]

C校教員：《系列の》専門学校はうち定員が20名ずつなんですよ1学科。なので同じように少人数でやっていくので、環境はまあもちろん先生方とかは全然違

いますけれども、近い環境の中で認められながら学んでいくことができるということなんですけども、[インタビュー]

第6章　指導の受容と生徒の志向性

1　問題設定

　第5章では、過去に不登校を経験した生徒たちがなぜY校に登校継続できているのかについて、そのメカニズムを生徒たちの語りをもとに検討し、生じうる課題とともに提示した。本章では、学校適応のもう1つの側面として、Y校の生徒たちがなぜ教師の指導を受容するようになるのかについて、そのメカニズムを生徒たちの語りをもとに検討し、生じうる課題とともに提示する。

　日本の学校の教師たちは、たとえばアメリカの学校の教師が教科指導にその役割を限定する一方で、生徒たちの人格の形成を目指す生徒指導[1]を重視してきた（酒井 1999a）。しかし、日本の後期中等教育では、生徒の学業達成の水準に基づく学校格差構造で下位に位置づけられる全日制高校や非主流の後期中等教育機関（以下、課題集中校）で、生徒の逸脱行動や無気力化・怠学、中退などの問題が集積し、教師たちは度重なる生徒指導上の課題に直面してきた（門脇・陣内編 1992；古賀 2001；手島 2007など）。そして、上記の学校・教育施設を対象とした研究の大多数は、そこでの生徒指導のうまくいかなさを強調するものであった。

　まず、下位ランクの全日制高校を対象とした研究では、主に学校格差構造とそれに基づくトラッキングを理論的背景とし、生徒指導上の困難が形成・維持されるメカニズムや教師のふるまいの逆機能を描き出してきた（岩木・耳塚 1983；門脇・陣内編 1992；吉田 2007など）。非主流の後期中等教育機関についても、生徒指導上の困難を解消するための教師の実践が、生徒指導上の新

たな葛藤を生み出すという逆機能が示されてきた（西村 2002；東村 2004）。

　その結果、これまでの研究では、以下のような生徒像や学校像を描き出してきたといえる。下位ランクの全日制高校に（半ば不本意で）集まった生徒たちは、地位達成・学業達成へのアスピレーション（上昇移動への達成要求）が低く、教師の指導を受け入れる必要性をもたない存在である。そのため学校は、教師＝生徒間の葛藤を解消して生徒を学校にとどめておくためには、生徒の社会化から撤退するしかない。非主流の後期中等教育機関を対象とした研究が示した知見も、こうした生徒像・教師像と重なるものである（詳しくは 2 節）。

　これまでの課題集中校研究が明らかにしてきた生徒指導上の困難は、現状の問題性を暴露し関心を惹きつける素材にはなるものの、日々問題に直面している教師たちがエンパワーされるわけではない。むしろ、解決の道筋が十分に提示されない形で困難が描き出されるばかりでは、教師たちのやる気を削いで「予言の自己成就」になるだけであろう。

　そこで本章では、生徒たちがいかなる教育実践・背景要因のもとで教師の生徒指導上の指導を受け入れるようになるのかについて、そのメカニズムを実際に生徒が指導を受容するようになる学校（Y校）の事例研究によって描き出していく。入学当初は度重なる生徒指導上の困難に直面している学校であっても、そうした困難を背負い続けることが運命づけられているわけではない。教師＝生徒間の葛藤を解消しながら生徒を指導の受容へと導いている学校は、たしかに存在する。

　本書で主な事例とするY校では、入学当初は教師の生徒指導上の指導に反発・無視していた生徒たちの大多数が、指導を受け入れるようになっていく。以下では、教師の指導に反発心があったと語る生徒たちへのインタビューデータを軸に、生徒たちが教師の生徒指導上の指導を受け入れるようになるそのメカニズムに接近していく。

　その際、本章で分析枠組みとして取り上げたいのは、第 1 章で挙げた「志向性」という概念である。結果を先取りするならば、生徒が教師の指導を受容するようになる契機は、地位達成・学業達成のアスピレーションには集約

されない、より多様で幅広い志向性の中に潜んでいると解釈できる。以下ではこの点を事例の詳細な分析から明らかにし、同時に、教師による生徒の志向性への働きかけを支えている、背景要因や教師の教育実践について考察する。

ただし、Y校で生徒たちが教師の指導を受容するようになるメカニズムの裏には、留意しなければならない課題も隠されている。Y校でも、すべての生徒が教師の指導を肯定的に受容するわけではなく、結果的にY校を中退していく生徒もいる。また、生徒が指導を受容するようになった後に生じる、卒業後の生活に向けた課題も見出せる。そこで本章の最後では、Y校における指導の受容のメカニズムに注目することで浮かび上がる、新たな課題について言及する。

多くの生徒たちは、教師の指導を受け入れるようになることで、教師への反発による中退を免れ、社会的自立につながるような進路形成へと水路づけられる。また、第8章で確認するが、教師の指導の内容が、将来的に彼ら／彼女らの生活の指針として生きてくる場合もある。それゆえ本書では、教師の指導の受容は生徒たちの社会的自立につながる重要な一要因であると考える。しかし、生徒たちが指導を受け入れるようになればそれでよい、というわけではない。そこでいかなる指導が行われ、また生徒にどのような形で受け入れられているのかについて考えていく必要があることも、Y校の事例からは示唆される。

2　分析の視点：志向性

日本の課題集中校の生徒指導をめぐる先行研究では、生徒たちの学業達成・地位達成へのアスピレーションのなさをふまえながら、生徒指導が困難であるさまを強調してきた。本節ではそれらの先行研究を振り返るとともに、アスピレーションではなく志向性という新たな概念枠組みで問題を捉えることの有効性について示す。

下位ランクの全日制高校での生徒指導をめぐる先行研究では、生徒指導上

の困難は後期中等教育の学校格差構造とそれに基づくトラッキングに連動する形で生じていることを指摘してきた。岩木・耳塚 (1983) では、学校格差構造で下位に位置づく学校の生徒たちには、学校や教師のもつ価値からの逸脱を促す反学校的下位文化や、学校外の活動や友人関係に関心が向く脱学校的下位文化が形成されやすいと論じている。

また先行研究では、そうした反学校的／脱学校的下位文化が形成・維持されるメカニズムについても探究が進められてきた。最も古くに指摘されたのは、「地位欲求不満仮説」である。耳塚 (1980) では質問紙調査をもとに、反学校的下位文化は報酬分配尺度上で低い地位を占める生徒の欲求不満、反動形成の結末ではないかと推察している。そこでは、学校格差構造による学校タイプの分化が、下位校の生徒たちに現在の地位への不満をもたらし、その結果逸脱行動や教師への反発が生まれていると想定されている。

しかしこの仮説の妥当性については、批判も加えられてきた（竹内 1995; 大多和 2000, 2014）。たとえば竹内 (1995) では、そもそも下位ランクの全日制高校の生徒たちには、そもそも学校での学業や専門教科の知識・技術のレリバンスが低いため、地位不満は起こりにくいと考察している。言い換えるならば、生徒たちが高い学業達成や地位達成を目標としていないため、地位への不満はそもそも起こりにくい、ということである。

そこで次に出てきたのは、そうした地位達成・学業達成へのアスピレーションの欠如自体が、反学校的／脱学校的な態度の形成・維持に影響しているという主張である。片桐 (1992) によると、下位ランクの全日制高校では、生徒たちは勉強の成果が自らの将来にどれほどの見返りを与えてくれるかを見抜いているという。そのため片桐は、生徒たちは学校で伝達される知識の見返りに学校規則を遵守したり、教師に従順であったりする必要性はなく、結果、規則違反や問題行動が生じていると指摘している。ここでは、生徒たちが地位達成・学業達成へのアスピレーションをもつことの無意味さを認識しているために、（地位への不満を経由しない形で）反学校的な態度が生まれる、という関係性が想定されている。

さらに、地位達成・学業達成へのアスピレーションは、課題集中校で形成

される生徒集団のもとでより引き下げられていくものであるという。岩木・耳塚 (1983) では、脱学校的下位文化については、そもそも強い地位達成へのアスピレーションが存在しないか、下位文化のもとで引き下げられた結果生じるものであると指摘している。また、竹内 (1995) では、入学時点では学力によって生徒の勉強意欲に差があるにもかかわらず、学年が進むにつれてすべての生徒で勉強意欲が減退する「低位」同質的社会化が起こっていると考察している。

　そうした知見をふまえたうえで、先行研究は、生徒指導上の困難が形成・維持されるメカニズムの分析から、困難を解消するための教育実践に注目しその帰結を記述する方向へと進んできた。しかし、こうした研究では、それらの教育実践がもたらす逆機能や負の帰結を明らかにすることが、1つの目的とされてきた。

　まず、問題行動を取り締まるための厳罰的な生徒指導については、生徒に教師への不信感を与え、さらに問題行動や中退を増加させるものであるという、負の循環が指摘されてきた（片桐 1992 など）。

　一方で、大多和 (2000) や酒井編 (2007) では、問題行動への厳罰的対応に対するオルタナティブな実践として、自主性の尊重のもとに逸脱的行動を許容するという対応が行われてきたことを指摘している。しかし大多和 (2000) によると、こうした実践は、結果的に学校がもつ生徒の社会化機能をそぎ落とすものであるという。酒井編 (2007) でも、下位ランクの商業高校で行われている「アットホームな指導」が、自主性や学校へのコミットメントが低い者に対しては指導が介在できないという限界を抱えていることを指摘している。

　また、教師が生徒との衝突を避けるためにとる対応について、「サバイバル・ストラテジー」(Woods 1979) や「現地化」(竹内 1995) などの概念を用いて、その負の帰結を記述してきた研究もある。たとえば、竹内 (1995) では、教師が生徒との衝突を避けて「親しい先生」になろうと試みる「文化休戦」は、学校にいるときは教師の言うことに従うが教師の考えるように考える必要はない、という生徒の儀礼主義を進展させると指摘している。また、吉田

(2007) では、生徒指導の規準を外部化し教師は生徒がその規準をクリアするよう支援する者として優しくふるまう「ぶつからない」統制システムが、生徒の多様性に反する処遇の画一化という意図せざる結果を生み出していると考察している。

以上の研究では、下位ランクの全日制高校で生徒が教師の指導を受容し、向学校的にふるまうようになるということは、研究の前提に組み込まれていなかった。生徒たちは地位達成・学業達成へのアスピレーションの欠如／喪失のために、教師の指導を受け入れる必要性をもたない存在である、ということが前提とされてきたといえる。

また、そうした生徒像を背景にして、生徒への指導の浸透を断念することでしか、教師＝生徒間の葛藤を弱め生徒を学校にとどめておくことができないという、悲観的な学校像が示されてきたといえる。校則による統制を強めて何が正統であるかを生徒に伝えようとすると、教師＝生徒間の対立は激化する。逆に、生徒との衝突を避けるふるまいをとると、生徒に教師の指導の声が届かなくなる。これまでの研究から示されてきたのは、そうしたジレンマからの脱出しがたさであった。

もちろん、そうした下位ランクの全日制高校の生徒像・学校像とは異なる姿を示した研究もある（門脇 1992; 知念 2012; 大多和 2014）。しかしこれらの研究では、教師の生徒指導のあり方に注目する一方で、生徒がいかなる意識のもとで指導を受容していくのかという視点はもたれてこなかった[2]。

非主流の後期中等教育機関の生徒指導を対象とした研究についても、上記の生徒像・学校像と重なる知見が提示されてきた。これらの研究では、非主流の後期中等教育機関が生徒の学校定着を目指して逸脱的行動を許容していることと、そうした教育実践が新たな生徒指導上の葛藤を引き起こすことを指摘してきた。

渡辺（1992）は定時制高校について、管理的側面の強い下位ランクの全日制高校（＝前籍校）に比べて校則が緩やかなため、退学に追い込まれることが少ないと論じている。また、西村（2002）や東村（2004）でも、それぞれ定時制高校とサポート校について、規律を緩めることで生徒の学校定着を目

指す教師の教育実践を描き出している。ただし西村（2002）は、逸脱的な行動を許容することで、逆に欠席時数をオーバーして中退に至る生徒がいることを指摘している。また東村（2004）も、補講によって遅刻や欠席が許容されることで、生徒たちが集団生活を行うことが困難になるのではないかと懸念を示している。

　本章では、生徒指導上の指導が受容されるに至るメカニズムを明らかにすることで、生徒指導の困難性が前提とされてきた課題集中校の生徒像・学校像に対して、それとは異なる生徒・学校の姿を提示することになる。その点は、本章の学問的意義の1つであるといえよう。

　またその過程で、指導の受容へと結びつくような生徒の意識を捉えるために新たな概念枠組みが有効であることを示すことも、本章の学問的意義の1つとなる。先行研究では、生徒がもつ意識について、地位達成・学業達成へのアスピレーションのみが、指導の受容の必要性と結びつくものとして考えられてきた。しかし本章では、そうした論理上の前提を問い直したい。

　第1章でも示したが、社会的絆の理論を提唱したハーシは、「現在の活動をうまくやりたいという生徒の願望といった一般的な達成の志向性（orientation）を捉えた指標の方が、彼の将来の希望や計画、そして将来の展望などよりも、強く非行と関連していた」（Hirschi 1969＝1995: 203，一部筆者が改訳）と述べている。ここでは、学業達成や地位達成へのアスピレーションだけではなく、より多様で幅広い達成への願望に関しても、逸脱行動を抑制する効果があることが示されている。

　現在の活動をうまくやりたいという願望などの一般的な達成志向性は、社会的地位の上昇移動への具体的な達成要求を捉えようとするアスピレーションの概念枠組みのみでは捉えきれない。そのため、第1章でも述べたとおり、学業達成や地位達成には集約されない願望も含め、何らかの目標を達成したいと個人が思い描く願望を総称して「志向性」と定義し、志向性という新たな概念枠組みのもとで生徒指導上の指導の受容のメカニズムを検討していく。

　日本の課題集中校に関する先行研究では、学校格差構造とその帰結であるトラッキングを理論的背景としてきたため、学業達成や地位達成へのアスピ

レーションに関心が向く一方で、それらに集約されない志向性の存在は看過されてきた。しかし、ハーシの議論をふまえると、下位ランクの全日制高校や非主流の後期中等教育機関の生徒たちにおいても、多様な志向性のもとで教師や指導への意味づけが変化し、逸脱行動をやめていく可能性が考えられる。しかし、いかなる志向性が生徒たちの指導の受容へとつながるのかについては、事例をもとに経験的に検討していく必要があるだろう。

Y校の事例からは、生徒がもつ多様な志向性との関連のもとで、生徒指導上の指導が受容されるようになっていく様子を見出すことができる。3節で事例の特徴や分析の対象と手順について概観したあと、4節では指導の受容の契機とそれをもたらす生徒の具体的な志向性について、データに基づきながら描き出していく。

3 事例の特徴と分析の手順

3.1 Y校における指導と生徒の反応

分析の対象と手順を説明する前に、まず、Y校での教師の指導の様子とそれに対する生徒の反応について、簡単に確認しておく。

Y校の健常の生徒の中には、「この学校に入ったからにはそういうのはルールはルールだし」というように、入学当初から教師の指導にまったく反発心を抱かない生徒もいる。しかし一方で、非行傾向をもつ生徒に限らず、不登校経験者を含む多くの生徒が、教師に不信感や反発心を抱いて入学してくる。そのため1年生の時点では「問題行動」とみなされるような行為がたびたび生じ、教師の指導や校則への反発・無視も多くみられる。たとえば、筆者が4月中旬に見学した1年生の地理の授業では、全体的に絶えず騒がしく、周辺の生徒と雑談を続ける生徒や、授業を行う田端先生が何度質問しても返事をしない生徒、起こされても再び寝る生徒など、さまざまな形での逸脱の様子がみられた。

　　窓際の前から3番目の女子生徒はずっと横向きに座っていて、前の女

子生徒や後ろの男子生徒としょっちゅう雑談をしている。ただし、授業の大きな妨害になっていないので、田端先生は一度も注意していない。一応地図帳は開いている。

　途中、ハジメが寝ていて、「約束違反」ということで田端先生から起こされる。「がんばって、頼むよ」と声かけされていた。彼は授業の最初にも寝ていて注意されている。

　次に、2016年の夏季オリンピックについて、教室を回りながら4つの候補都市を生徒たちに尋ねていく。最初にユウタに尋ねるが、田端先生の働きかけに無言を貫き、3回目の問いかけで「わかりません」と答える。彼は授業の最後の方は寝ていた。授業にかかわる気がないらしい。[フィールドノーツ]

　また、入学当初の1年生については、ブレザーを着用せずカーディガンを羽織っていたり、茶髪にしていたりするなど、頭髪・服装に関する校則違反を続ける生徒も数多く見られる。さらには、入学当初は無断欠席も多発する。これらの理由からY校は、入学当初は他の課題集中校と同様に生徒指導上の困難を抱えている学校だと考えることができる。

　そうした生徒たちの生活態度について、教師たちは、「しつこい」「口酸っぱく言ってくる」と生徒たちに称されるように、毅然とした態度で繰り返し指導を行う。それは、生徒たちが社会的自立に向けて大きな課題を抱えていると、教師たちに考えられているためである。たとえば、大崎先生はインタビューの中で、Y校に入学してくる生徒たちには、常識や一般的な倫理観を大きく逸脱しているところがあると指摘している。そのため、「せめてここにいる3年間だけはその規則等に関しては厳しくしてあげなきゃいけない」という意識のうえで、厳格な指導を行っているという。他にも、教師たちはインタビューの中で、社会的自立に向けた生徒の課題として、劣等感や自信のなさ、傷つきやすさ、学力不足などを挙げている。そして教師たちは、生徒指導（や教科指導）によってそれらの課題を克服する手助けをしなければならないと考えている。

参与観察の中では、たびたび教師が毅然とした態度で指導を行う場面に立ち会うことがあった。以下のフィールドノーツは、2年生の情報コースの授業での一幕だが、駒込先生は卒業後の自主学習ということを念頭に置きながら生徒たちに指導を行っていた。社会的自立という目標に向けたこうした指導は、(入学してすぐを除けば)3年間継続して行われているものである。

　　アツヤに自主課題のExcelの説明をしていた駒込先生がいったん前に戻る。
　駒込先生：「はいやめてください。」「前向いて、手気をつけ。」「トオル、何で消したんだ。」
　　一回全員のディスプレイが消され、トオルのExcelの画面に移しかえられる。彼は遊んでいたらしく、「平成教育予備校」「IQサプリ」などと打ち込まれている。
　　以下は、すべては書き取れなかったが、駒込先生の言葉の断片。
　駒込先生：「何をする時間だったの。」「IT検定3級取ったからっていい気になってんじゃないの。」「この自主課題学習の時間は、みんなにとって一番難しい時間だと思う。」「みんなは与えられたことをやるのは得意だけど、自分で何かを見つけてそれをやるのは苦手でしょ。」
　　タクが途中で口を挟むと、駒込先生から「お前もだタク」という注意が入る。
　　自主学習の大事さを説いた後、駒込先生は「上級学校に行った伊藤さんがいるから、聞いてみようか」と後ろの席にいた私に話をふり、「自主学習なんて、やらなくても誰も指摘してくれる人はいませんよね？」と質問する。私は「そうですね。やらなくても誰も文句は言いませんけど、卒業できない……」と答える。［フィールドノーツ］

　こうした教師の指導が繰り返される中で、指導に嫌気がさし、学校を辞めるつもりで登校しなくなる生徒も出る。しかしその多くは、教師の指導のもとで結果的には中退せず学校にとどまる。2・3年生になると、生徒たち

はみな毎日登校し、頭髪・服装の乱れや教師の指導に対する表立った反発や無視はみられなくなっていく。

3.2 分析対象と手順

　Y校には教師に不信感をもつ生徒が多く入学し、入学当初は教師の指導や校則に対して反発・無視する様子もしばしばみられる。しかし、その中の多くの生徒は、そうした指導の中でも学校にとどまっており、指導や校則への反発・無視の様子も徐々にみられなくなっていく。こうしたY校の生徒指導の受容過程をふまえて、本章では以下のような分析手順をとることにした。

　まず、健常の生徒29名に実施したインタビューのうち、入学当初に教師の指導に反発心があったと明示的に語った13名（2年生男子2名、3年生男子10名・女子1名）の語りに焦点を当て、彼ら／彼女らがなぜ教師の指導を受け入れるようになったのかについて分析する。なお、分析対象から除外する残りの16名のうち、8名は入学当初から教師への指導に反発心はなかったと語っている。また、他の8名については、別の関心のもとでインタビューを実施したため、入学当初の教師への反発心については尋ねていなかった（インタビュー時点で教師に反発心があると話す2名のうち1名は、後者の8名の中に含まれる）。

　13名のうち1名は、教師の指導については今も反発心はあり、最近は感情を顔に出さないようにしてやり過ごしていると語っている。しかし残りの12名の語りからは、校則に対しては若干の不満はありながらも、教師の指導に関しては、基本的には「先生の言ってることが正しい」「怒ってくれるだけ感謝」といった形で、肯定的に引き受けている様子が見出せる。

　分析の具体的な手順としては、上記の12名の生徒たちが指導を受け入れるようになったプロセスについての語りから、そこで語られている指導の受容の契機と、その契機によって生じる教師や指導への意味づけの変化に着目する。続いて、複数の生徒の語りに共通する指導の受容の契機と教師や指導への意味づけの変化を、主なものとして抽出する。さらに、主な契機に関してなぜそうした意味づけの変化が起こりえたのか、その根底にあると考えら

れる生徒の意識について、志向性の概念をふまえながら検討する。

次に、彼ら／彼女らの指導の受容過程を支えていると考えられる背景要因や教育実践のあり方を、フィールドノーツや卒業生・教師のインタビューなどをデータとして交えながら3点提示する。ただし、Y校で生徒たちが教師の指導を受容するようになるメカニズムの裏側には、留意すべき課題も隠されている。そのため本章の最後では、参与観察や卒業生へのインタビューの結果を参照しながら、Y校における生徒指導の裏側で生じている課題を2点提示する。

4 指導の受容の契機と3つの志向性

生徒たちが教師の指導を受容するようになったプロセスについては、多様な語りがみられた。その中には、将来のことを考えて指導に従うようになったという語りや、親に迷惑がかかるから指導に従うようになったという語りもあった。また、徐々に従うようになっていったが、その契機が明示的に語られない場合もあった。

ただしその中で、複数の生徒によって語られた指導の受容の契機もあった。それらは、以下の3つの契機である。そして、それらの3つの契機によって生じた、教師や指導に対する生徒たちの意味づけの変化は、生徒たちが暗黙のうちに抱えていた3つの志向性があったからこそ生じたものだと解釈することができる。

4.1 地位達成・学業達成に集約されない幅広い「成長志向」

インタビューでは、教師の指導に従って成長を感じられる経験をしたことや、逆に指導に従わなかったために失敗体験に直面したことを契機として、教師の指導を「正しいもの」「感謝すべきもの」と認識するようになった様子が語られている。

マコト（インタビュー当時3年生・男子）は、1年生のころは「自分が何が悪かったのかとかまったくわからないんで、怒られても意味がわからなかっ

た」ために、教師の指導に反発心があったという。しかし、彼は「文章を長く書く」という教師の指導に従ったことで、対応できることの幅が広がり、その経験から「怒ってくれるだけ感謝」と教師の指導を肯定的に捉えるようになったと語っている。

> 伊藤：なんでそう《怒ってくれるだけ感謝と》思えるようになったんだろうね。
> マコト：やっぱり、あの、その直してから、怒られてた部分を1回直したことがあるんですけど、そしたら、自分がその思った以上に成長できたっていうか、そういうなんかいろんな対応ができるようになって、まあそういうところで感謝っていうのもありますね。
> 伊藤：具体的に、どういうところを直したの？
> マコト：1回、あの、文章が、あの書けなくて、短くしか書けなかったんですけど、まあそういうところで、ま、1回、怒鳴られたわけじゃないんですけど、注意されてこういうふうに書けとか、まあいろいろ言われたりとか、そういうのをやって、書けるようになって、そういうところでは感謝っていうか。[インタビュー]

　また、逆に失敗体験への直面が教師の指導の正当性を認識するきっかけになった生徒もいる。「昔は、本当に『なんでおれが怒られなきゃいけないんだ』みたいなという感じ」で教師の指導を捉えていたというダイスケ（3年生・男子）は、教師の指導を受け入れるようになった契機について、以下のように語っている。

> ダイスケ：3年間そのラグビー《部》といったところでやってきて、やっていくうちに、あの、自分より後輩などたくさんの人間関係のところを持ちますよね。そのときにやっぱり、自分がいかにしゃべれないかとか、いかにその、筋力が不足しているとかそういったことで、今までの自分のその努力をしてこなかったことのツケが回ってきたんだ

なって自分で思うようになりまして、それで、そういったことをもつようになってから、怒られても人のせいじゃなくて、自分が悪いからそうなんだ、自分が努力しなかったからそうなったんだっていうことを。［インタビュー］

　ダイスケは、自らの努力不足が部活動での「しゃべれないこと」や「筋力不足」という「ツケ」として回ってきたことを契機として、教師に怒られても努力しなかった自分が悪いと捉えるようになったと語っている。そのとき、ダイスケに努力することの必要性を気づかせてくれたのは教師であるという。ダイスケはインタビューの中で、叱りながらも悩みを1対1で親身になって聞いてくれる教師たちの「熱心なご支援」がなかったら、「自分のその今まで努力しなかったこともダメさ加減とかわからないで、ずっと過ごしてきたんじゃないか」と振り返っている。

　マコトとダイスケは、教師の指導がそれぞれ成長体験と失敗体験につながるものだと認識したことを契機として、教師の指導を「正しいもの」「感謝すべきもの」と肯定的に意味づけるようになっている。彼らが語る成長体験や失敗体験は、将来の地位達成や学業達成と明確な関連をもつものではない。一方で、マコトはより抽象的な「成長」への願望、ダイスケは「他者との円滑な会話」「筋力アップ」という部活動と関連した「成長」への願望を潜在的にもっていたからこそ、彼らは成長体験や失敗体験を指導の受容の契機となるような重要な出来事として認識したと考えられる。地位達成や学業達成に集約されない幅広い具体的／抽象的な「成長」に向けた願望、つまり「成長志向」を有していたからこそ、彼らは指導の受容の契機や指導への意味づけの変化を経験することになったと解釈することができる。

4.2　教師への「被承認志向」

　また、生徒に「しつこい」「口酸っぱく言ってくる」と称されるような教師の積極的な働きかけ自体が、指導の受容の契機を生み出している様子も見出せる。

たとえば、不登校経験があり「中学校の頃は、先生たちの言うことは全然聞かないで、『こんな先生たちの言うこと聞いてられるか！』って感じだった」と語るタイジ（3年生・男子）は、Y校の教師の話を受け止められる理由を以下のように語る。

　　伊藤：なんでY校の先生の言うことだったら聞けるんだろう？
　　タイジ：あの、この学校の先生方だったら信じられるっていうのがあります。
　　伊藤：なんで信じられるようになった？
　　タイジ：えっと、自分のためにここまでしてくれるのかっていうのがあって。ここまでしてくれるなら先生方を信じてもいいかなって思うようになりました。
　　伊藤：ここまでしてくれるっていうのは、何か覚えてるエピソードとかきっかけとかって？
　　タイジ：は、もう最初の頃にやった迎えに来てくれるっつーのと、あと自分のためにどんだけ考えてくれたりとか、進路に向けてとか、そういうのが。［インタビュー］

　第5章でも述べたとおり、Y校では理由もなく学校を休んだ生徒に対して、その日の授業時間中に教師が家庭訪問をすることがある。タイジは、入学当初に仮病を使って学校を休もうとしたことがあった。しかしそのときに教師が「迎えに来てくれる」という経験が、「自分のために」「ここまでしてくれる」という形で働きかけの個別性・濃密性への肯定的な認識を生み出し、タイジは教師を信頼し指導を受け入れるようになっている。
　また、入学当時、「正直、辞めたいなっていう気持ちのほうが強かった」というナオト（3年生・男子）の例を挙げておきたい。彼は、教師の指導についても、「授業中に寝ているとか、そういう、ま、ひじついているとか、そういう細かいところまでも注意してきて、最初はうざったいな」という認識だったという。そうした学校・教師へのまなざしのもとで、ナオトは1年生

の秋に、学校を辞めるつもりで家出をして1週間ほど行方不明になり、その後学校内で謹慎と宿泊をすることになった。そうした中で、ナオトの語りからは、学校での宿泊と謹慎の中で教師から「いっぱいいろんな話」を聞いたことが、「辞めちゃいけない」と気持ちを変化させる1つの要因となった様子が読み取れる。

> ナオト：最初やっぱり、見つかって、学校に来いって言われて来た時は、辞めるつもりで来たんですけど、あの、そのあと謹慎とか宿泊ということになって、あの、やっているうちに、やっぱり先生とかからいっぱいいろんな話を聞いて、で、その、自分がある意味、先輩とか裏切ったのに、その裏切ってしまった先輩とかが、必死に自分を変えようと、あの、先輩方が接してくれたりとかしてくれて、そこで、初めてその、あの、なんていうんですか、自分以外の他人から救ってもらうっていうか、本当に相談に乗ってもらえる先輩もできてっていう、あの、人間関係が良くなったので、まあ辞めちゃいけないなと思ってがんばった。［インタビュー］

ナオトは、宿泊や謹慎の中で、ただ学校を続けることを決めただけではない。彼は上記の語りの直後に、教師や先輩の話を聞く過程で、教師や先輩に対して「ありがたさ」を認識するようになったと語っている。そして、「いつ終わるかなとかそういうこと考えながら、あの、宿泊とかする」のではなく、「与えられたことをひたすら100パーセントやっていけば、そのう、先生とかなんも言わないけど、絶対見ててくれる」と自分の中で決めつけて生活するようになったと述べている。入学当初は「細かいところまでも注意してきて」「うざったい」ものであった教師が、宿泊によって個別で濃密な関わりを深める中で評価されたい対象に変わり、謹慎や宿泊についても前向きに捉えるようになった、という変化を読み取ることができる。

タイジとナオトに関しては、逸脱行動を機会とした教師の個別で濃密な関わりが指導の受容の契機になっている。では、教師たちの個別で濃密な関わ

りが、なぜ指導の受容の契機になったのだろうか。ここで、教師の生徒への働きかけ方により深く注目してみたい。

ボルノウ（O. F. Bollnow）によると、子どもと教師の間の信頼は相互的な関係であり、応答を求めるものであるという（Bollnow 1964=2006）。信頼が相互的であるならば、教師から生徒への信頼が示されることが、生徒から教師への信頼にとって不可欠なものであるだろう。ある1年生研修での個別指導の場面からも、教師からの信頼が示されたからこそ生徒が教師を信頼するようになった様子を見出すことができる。

　　持ち物からタバコが見つかったタカヒロが、神田先生に連れられて部屋にやってくる。神田先生はタカヒロを大崎先生に引き継ぎ、部屋を出ていく。まず、残り2本のタバコの箱とライター3つが見つかったという話をすると、彼はそれについて、「《たばこは》拾った」「《ライターは》おじいちゃんの家からもってきた」とウソをつく。そこで大崎先生は、タバコは残り2本の軽い状態では落ちないし、落ちていたら土などがついているはずで、こんなきれいな状態であるはずがないということ、そしてもし落ちていたのならどこの公園でいつ何時に拾ったのか、警官はどの時間にどのくらい回っているのかを教えろと強い口調で話す。そしてタカヒロに、今までお前のことを信用しようとしてたけど、これでは全部パーだということ、そしてこれは公表しないし、校長にも伝えるかわからないから正直に言ってみろと話す。すると彼は、タバコは○○《クラスメイト》に頼んで買ってもらって、吸い始めたのは部活動を始めて3日後ぐらいだったと思うと答える。

　　そして、大崎先生は残ったタバコを2本立て続けに吸い、お茶の残ったペットボトルの中に捨てる。大崎先生が「お前を信じる大人もいるんだ」という話をすると、口元が震えていたタカヒロの目から涙がこぼれ始める。（#このタイミングで涙を流し始めたことについて大崎先生は、「今まで大人に裏切られてきたんじゃないか」と話していた。タカヒロにはずっと児童養護施設にいて、入学前の3月から里子になった経緯がある。）［フィール

ドノーツ]

　タカヒロが本当のことを話したのは、大崎先生に強い口調で問い詰められて観念したからだ、あるいは公表しないことに安心したからだ、と解釈することもできる。しかし、涙が流れたのが「お前を信じる大人もいるんだ」という言葉の後だったことを考えると、彼が一番心を動かされたのは、教師から信頼を向けられたことだったのではないかと推測できる。

　他にも、教師とのやり取りの相互性のもとで、教師の存在に肯定的な意味づけがなされるようになった例を挙げることができる。ただし、その内容は「信頼」が向けられることに限定されない。たとえば、教師について「自分のためにここまでしてくれる」と語っているタイジの場合、個別的・濃密的な働きかけを受けたことが教師への信頼へとつながったと考えられる。また、ある卒業生（女性）は、公開授業の際に行われたパネルディスカッションの中で、教師が自らを理解しようとする試みを認識することで、教師イメージが好転した様子を語っている。彼女は中学校時代もY校入学当初も教師と衝突を続けていたが、「Y校の先生はしつこいけれども、わかろうとしてくれてるのがわかって、いろんなことを相談できるようになった」と語っている（フィールドノーツより）。

　これらの場面や語りからは、教師から価値ある存在として認められ尊重されている、つまり「承認」されていると認識することが、教師イメージを好転させるきっかけになっていると解釈することができる。逸脱行動を機会として行われる教師の個別で濃密な関わりの内部では、生徒に「信頼」を向け、あるいは「理解」しようとし、さらには生徒に「自分のためにここまでしてくれる」と思わせるような教師の働きかけが行われている。そうした働きかけは、生徒たちが教師から価値ある存在と認められ、尊重されていることへの洞察につながりうるものであるだろう。

　生徒たちは、教師の個別で濃密な関わりの中から自らが「承認」されているという認識を見出すことで、教師不信を信頼へと転化させていくと考えられる。このとき、生徒たちは教師から「承認」されたいという願望、つまり

「被承認志向」を有していたと想定できる。そして、生徒がもつ教師への「被承認志向」のもとで、教師の個別的・濃密的な関わりは指導の受容の契機となったと考えることができる。

4.3　先輩をロールモデル化する「年長役割志向」

　教師の指導を受容するにあたって重要なのは、教師自身の働きかけだけではない。先輩は、後輩を向学校的な態度へと導くロールモデルとなりうる。
　たとえば先述のナオトの語りからは、教師の関わりだけでなく「必死に自分を変えようと」接する先輩の関わりが、中退せずに学校にとどまる契機の1つとなったことがうかがえる。さらにナオトの語りからは、悩んでいる後輩を助けるという先輩が自分にしてくれた行為を引き継ぎたいという思いが芽生え、学校に残りがんばることを決意している様子が読み取れる。

> ナオト：《部活動の》3年生のキャプテンが、あの、自分が辞めるっていうことを伝えたら、その先輩が1年生の時も、あの、自分と同じ気持ちだったんだよということを隠さず全部話してくれて、そういう自分のある意味汚点だったところをさらけだして、あの、後輩のために一生懸命変えて、変えてくれたから、あの、自分もまあ、そんなつまんないことで悩んでんじゃなくて、先輩がしてくれたことを、また自分が2年生、3年生になった時に、あの、まあ、また迷った1年生がいたら助けてあげようというふうに思って、で、がんばるというふうに決意しました。[インタビュー]

　また、学校の校則に従って行動する先輩との出会いが契機となり、頭髪や制服の校則違反を直したと語る生徒たちもいる。「口酸っぱく何度も言ってくる」教師を「正直ウザイ」と思っていたケイ（2年生・男子）が、茶髪や制服の着こなしの違反を直したのは、部活動のキャプテンが「しっかりした人」で、それを見て自分もまじめにやろうと考えたからだという。またユウタ（2年生・男子）は、入学当時は腰パンでネクタイも緩めていて、教師に注

意されても従わなかったが、先輩を見て自分の服装が「ガキっぽい」と思い制服をきちんと着るようになったと語っている。

> 伊藤：そういう腰パンとかネクタイとかって、従うようになったのってなぜ？
> ユウタ：は、なんか、ガキっぽい。
> 伊藤：ガキっぽい、なんでガキっぽいって思うように
> ユウタ：うーん、なんかみんな、俺の中学校のときはみんな周りが全員そういうのしてて、でここに来てそういう先輩とか見てもうネクタイちゃんと締めてて、腰パンとかしてなくて、でなんかそっちの方がなんかかっこいいなみたいに見えてきて、で直すようになりました。［インタビュー］

ナオト、ケイ、ユウタは、向学校的にふるまう先輩のロールモデル化を契機として、その姿に近づくように自らの考えやふるまいを変化させている。ナオトらのそうした意味づけ・行動の変化は、年長者や年長役割に憧れそれに近づきたいという願い、いわば「年長役割志向」があった（生まれた）からこそ起こったものだと解釈できる。彼らは「年長役割志向」のもとで先輩をロールモデル化し、結果的に向学校的なふるまいを肯定するようになっているのである。

5　生徒を指導の受容へと導く3つの教育実践・背景要因

生徒たちの語りからは、①地位達成・学業達成に集約されない幅広い「成長志向」、②教師への「被承認志向」、③先輩をロールモデル化する「年長役割志向」という3つの志向性のもとで、指導の受容の契機が生まれていることが見出せた。本節では、そうした指導の受容のメカニズムを支える教師の教育実践と背景要因について、3点挙げておきたい。

5.1 密着型教師＝生徒関係

　まず、生徒たちを教師の指導の受容へと導く教育実践として、第5章でも挙げた密着型教師＝生徒関係の効果が挙げられる。

　Y校の教師たちは、絶えず生徒の反応や表情に目を配り、家庭訪問や学校での宿泊などを介しながら深く個別の生徒に関わろうとしている。そうした教師と生徒の関係を、第5章で「密着型教師＝生徒関係」と名づけた。そして、Y校での密着型教師＝生徒関係は、生徒の反応や表情の変化に注目し介入するという教師の働きかけを可能にし、生徒の登校継続を支えていることを示した。

　4.2.では、生徒たちは教師への「被承認志向」をもちうる存在であり、教師の個別で濃密な関わりが生徒の教師不信を信頼へと転化し、指導の受容の契機をもたらしうると指摘した。ここからは、教師の個別で濃密な関わり、つまり密着型教師＝生徒関係が、生徒の登校継続を支えるだけでなく、生徒を指導の受容へと導く効果ももっていると考えることができる。

　密着型教師＝生徒関係が生徒を指導の受容へと導くという点は、教師たちからも意識されている点である。そして、普段から教育実践に反映するよう心がけられてもいる。では教師たちは、生徒の指導の受容に向けて、教育実践の中でどのような点を意識しているのか。

　第1に、教師たちは、生徒が指導を受け入れるようになるには、コミュニケーションを多くとることが必要だと考えている。たとえば、神田先生はインタビューの中で、生徒と会話を多くすれば教師の意図も知ってもらえること、逆に生徒との会話が多くなければ意思の共有がうまくいかないことを指摘している。

　神田先生：だから会話はやっぱり多くないとできないね。こっちがどうしろこうしろって言ってるだけじゃね。
　伊藤：会話を多くすることが大切。
　神田先生：うん、そうすればこっちの意図も知れるだろうし。一声かければ、今の3年生ぐらいになれば何が良くて許されるかってのはわかっ

てくると思うんだよね。ここまでだったらやっても許されるだろうと。［インタビュー］

　また、田端先生もインタビューの中で、入学当初は教師や大人に不信感を抱いている生徒が多い中で、積極的な関わり合いをもつことで、教師たちが生徒にとって敵ではないということを伝えていこうとしている、と語っている。生徒の教師不信を解消し、指導の意図が円滑に生徒に届くようにするためには、積極的なコミュニケーションが必要だと考えられている。

　第2に、教師たちは、生徒に毅然とした態度で指導を行う裏側では、生徒にとって心理的に近い存在になることが必要だと考えている。大崎先生は、インタビューの中で、「自分が彼らにとって恐い存在であり続けなくちゃいけないというさっきの話の、裏づけっていうかそのフォローとして自分の中で近くありたいと思う」と述べている。さらに、続けて以下のように語っている。

大崎先生：両方《恐さ・厳しさと面白さ・近さ》が表裏一体ってのは、両方あるから一体なんだもん。だからどっちがあるからどうじゃない。表があれば裏があんだから。でもそれを、表だけで通しちゃう先生もいちゃうの。厳しいだけっていう。そうすると煙ったがられちゃう。うん、つまんねえ。逆に面白いだけでもね。面白いだけの先生がある日進路はこれがいいと思うよって、何言ってんすか先生！で終わりになっちゃう。それが両方もってるから真剣なときの一面で、君は大学よりも専門学校向いてるんじゃない、先生そういうんだ、じゃあそう行ってみようかなって思うし、じゃあ俺学校行くのやめるわって、バカヤロウもうさよならだよって言ったら、もうすいませんってなるし、ちゃんとした正当な話し合いになる。［インタビュー］

　「恐さ」「厳しさ」だけでは生徒に煙たがられてしまうし、「近さ」「面白さ」だけでは真剣な話も聞き流されてしまう。そのため、生徒と正当な話し合い

をするためには恐さ・厳しさと近さ・面白さの両面をもつことが重要だ、と大崎先生は考えている。

　生徒にとって心理的に近い存在であるために、教師たちはある工夫を行っている。それは、自らが生徒と「同質な者」であることを提示するというふるまいである。大崎先生は、日々の生徒との関わり方について以下のように語っている。

> 大崎先生：変なくすぐりあいっことか、トントン相撲とかでコロッて転げてこっちがゴロゴロになって汚れたとしても、気にしない。こちらがリスクを感じてるような行動をとると、あーあの大人ってこのぐらいの付き合いしかしてくれないんだっていうふうにしか見ないので、たとえばグラウンドとか、グラウンドって言ってもうちは校庭でしかないけど、相手が寝っ転がってワーってふざけてたらこっちも寝転がってワーってふざける。向こうが汗だくになってキャッチボールしてたらこっちも汗だくになってキャッチボールする。暑い日は一緒に暑い思いして寒い日は一緒に寒い思いしてってやると、あっこの人って近いかもしれないって一部一部思うっていうのが、心がけていることかな。［インタビュー］

　「あーあの大人ってこのぐらいの付き合いしかしてくれない」という発言からは、大崎先生が、教師を含めた大人への不信感が生徒にあることを前提として話をしていることがうかがえる。そして、そうした教師不信の感情をふまえたうえで、生徒に「この人って近い」と思わせるために、生徒と同じ価値の世界に立って遊ぶというふるまいが心がけられていることがわかる。

　教師が生徒と「同質な者」としてふるまいながら関わる実践は、他の多くの教師にも心がけられているものだと考えられる。教師が生徒と同じ価値の世界に立って関わり合う姿は、Y校ではよく見られる光景である。休み時間に体育館で教師と生徒がプロレスごっこのような形でじゃれあっていたり、1年生研修の際には教師チームと生徒チームで本気でバスケの試合をしたり

する。渋谷先生もインタビューの中で、入学当初は生徒が教師にもっている負のイメージを変えていくために、会話をしたりスキンシップをとることで「先生ぶらない時間」を作り、生徒との距離を詰めようとしていると話している。

　また、自らが生徒と「同質な者」であることを、言葉で伝えようとする光景も見られる。筆者が参加した1年生研修の中では、大崎先生と田端先生はともに、生徒たちに向けて自らの挫折とそこからの再起の体験を語っていた。研修でこの内容を選んで話した理由について、大崎先生はインタビューのなかで以下のように語っている。

　　大崎先生：《生徒たちには》どうせ僕は高等専修学校にしか入れなかった、という劣等感があるわけよ。だからこの負のアドバンテージをね、どうやって取り除くかってすると、そうだ、やりなおせるんじゃん！って立ち上がる人間がいるか。だから奮い立つような話をしたかったの。《中略》あの子たちの想像力と話を聞く力からすると、具体性がないとわかんないんだ。うん。抽象的な言葉並べ立てても頭の中の想像力がないから、たとえばだよ、ある人がいました、ある人ですね、その人は実は中学校時、中学校時点って具体的なところをこうやって構築していってあげて、あっなんだ先生じゃんみたいな感じで、それを一番さっき前の話に戻っちゃうけども、あっあんたもそうだったのって。じゃああんたわかってくれるの俺のこと、っていうところにはもっていきたいなって。［インタビュー］

　上記の語りからは、大崎先生の「やりなおしができる」というメッセージの裏に、「自分も生徒たちと同じだった」ということを開示することで生徒の教師不信を解消する、というねらいがもたれていることがわかる。
　教師たち、関わりや語りかけの中で自らが生徒と「同質な者」であることを示し、生徒にとって心理的に近い存在となることを目指している。そうしたふるまいは、生徒の教師不信を解消し、指導の受容へとつなげることを

目的の1つとして行っていることである。

　第3に、教師たちは、生徒に指導を効果的に浸透させるために、生徒の個別性に配慮して指導を組み立てる必要があると考えている。田端先生は生徒への指導について、常に厳格な態度をとるわけではなく、チャンスを与えたりフォローを加えたりするなどして、一人ひとりの心理状態に合わせながら調整しているという。

　田端先生：常に堅物じゃなくて、柔らかく、ダメなところを見せておけば、チャンスが全くないってわけじゃなく、チャンスがあるんだってことも見せておきながらも、やっぱり引けないところは引けない。だから、表現も良くないかもしれないけれども、馬の手綱のようにね、ときにはしっかり引いて、ときには緩めて。それは場面場面の状況に、個人の状態ですね、今あんまりにも彼にガチガチにやってったらつぶれちゃうから、少しよいしょして、ちょっと緩めてあげて、でもここのときはガツンといく、というような押して引いてという調整を、やっぱり一人ひとりの状態をつかんでおくことがあれば、細かい規則ってのはあってもなくてもいいんですね。[インタビュー]

　具体的なエピソードとして、スキー教室でのハジメの事例を挙げておきたい。スキー教室の2日目の夕食時に、ハジメ（当時2年生）は部活動の顧問である大崎先生に、運動部に所属しているにもかかわらず夕食をあまり食べていなかったことについて、「成長しようとする気がないのか」と叱られた。その後、担任である田端先生は、ハジメのスキー教室のしおりの感想欄を読み、ハジメを呼び出して話をすることにする。

　　田端先生は就寝準備の見回りに行った後、ハジメを呼び出して廊下で話をするという。田端先生からハジメのしおりを手渡される。彼が今日の感想の欄に書いていた文章を読むと、夕食中に注意されたときに大崎先生にマネージャーに戻っていいと言われ、その言葉が頭から

離れなかったこと、《同様に小柄な》ショウヘイが食べるのが大変だと言っていて、「俺何やってんだろう……」と思ったことなどが書かれている。ハジメと話をする理由について、田端先生は「これでそのまま帰したら見捨てられたと思うじゃない」と話す。

《田端先生が部屋を出て、ハジメと話をしにいく。私は同行しなかった。》

田端先生が部屋に戻ってきたので、ハジメとどんな話をしたのかを聞く。ハジメが考えていたことはだいたいしおりの通りで、自信をもたせるために、先生たちの間で彼が目立たなくなったという話が出ていることを伝えたそうである。ハジメに「どういう意味かわかるか」と聞いたところ、「わからない」と答えたので、田端先生は「昔は悪い意味で目立ってたが、去年と今年のお前は違う」という話をしたという。また、一般常識対策試験の結果も気にしていたらしいので、クラスで2位だったということをこっそり伝え、褒めたそうである。
［フィールドノーツ］

ここで田端先生は、大崎先生の指導の後に葛藤を抱えていたハジメに対して、「そのまま帰したら見捨てられたと思う」と考え、悪い形で目立つことがなくなったことや試験の結果がよかったことなど、彼の自信につながるような話を伝えている。生徒が前向きに学校生活に臨めなければ、そもそも教師の指導を受け入れることはできないだろう。そのため教師たちは、教師間で連携を取りながら、生徒一人ひとりの心理状態に合わせて指導とフォローを織り交ぜた働きかけを行っている。

なお、こうした教育実践は、田端先生のみではなく、他の教師たちも交えて連携しながら行われている。生徒によっては、教師の間で叱る役とフォロー役が決められていて、両者の間で連携しながら指導とフォローが行われている場合もある。

密着型教師＝生徒関係は、不登校経験者が登校を継続できるようにすることのみを目指して行われているわけではない。教師たちは、生徒を指導の受

容へと導くために、生徒と積極的にコミュニケーションをとり、心理的に近い存在となるために「同質な者」としてふるまい、個別の心理状態に配慮してフォローを織り交ぜながら指導を行っている。生徒たちが教師から価値ある存在として認められ尊重されている（「承認」されている）と感じ、指導を受け入れるようになる背景には、密着型教師＝生徒関係を形成していくこれらの意図的な教育実践があると推察される。

　また、生徒たちの語りからは、家庭訪問、学校内での謹慎・宿泊のように、生徒が反学校的／脱学校的態度を示すときに密着型の働きかけを可能にするような制度的な仕掛けが、指導の受容の契機につながっていることもわかる。これまでの課題集中校の研究では、教師が生徒との衝突を回避するようふるまう姿や（竹内 1995; 吉田 2007）、生徒の自主性を尊重し逸脱行動を許容する姿（大多和 2000; 酒井編 2007）が示されてきた。しかし、生徒が教師に「承認」を求めているのであれば、生徒が反学校的／脱学校的な行動をとったときに自宅謹慎や停学などで学校から引き離したり、「自主性の尊重」のもとに教師が関わりを減らすことは、かえって逆効果になるのではないだろうか[3]。家庭訪問や学校内での謹慎・宿泊のような生徒との関わりを強めるための制度的仕掛けは、生徒が逸脱行動をとったときに彼ら／彼女らを指導の受容へと導くための、オルタナティブな対応策であると考えることができるだろう。

5.2　部活動への巻き込み

　生徒たちを教師の指導の受容へと導く2つ目の教育実践としては、生徒の部活動への巻き込みが挙げられる。

　下位ランクの全日制高校においては、部活動の加入率は低く、活動も低調であることが指摘されてきた（穂坂 1992; 酒井編 2007 など）。一方でY校では、田端先生が「いい刺激を受けることが100％考えられますから、私は全員に入ることを強く勧めてます」と語るように、教師たちは1年生が部活動に入部するように、2・3年生を勧誘者として巻き込みながら、積極的な働きかけを行っている。結果的に、Y校では9割以上の生徒が部活動に加入してい

るが、活発に活動している部も多く、なかには夏休みに3週間以上の合宿を行っている部活動もある。

　ダイスケの部活動と関連した失敗体験や「成長志向」、先輩をロールモデルとして捉えるようになったナオトやケイの経験は、部活動に入部したことで生じたものである。部活動への巻き込みは、生徒に「成長志向」をより具体化させるような目標を提供したり、先輩とのつながりを強くして生徒の「年長役割志向」を引き出したりすることが、Y校の事例からは示唆される。

　ただし、ハーシのボンド理論（Hirschi 1969=1995）の知見をふまえるならば、部活動への巻き込みには、以下のような役割もあるのではないかと想定される。ハーシは、逸脱行動を押しとどめる要因として4つの個人の絆（ボンド）を挙げているが、その1つに「インボルブメント（日常的な活動への関与）」がある。ハーシはインボルブメントについての記述で、「日常のありきたりの活動に忙しいほど、それだけ逸脱行動について思いを巡らすことさえないわけで、ましてやその思いを実行に移すことなどまったくできない」(Hirschi 1969=1995: 35) と述べている。

　部活動への入部は、放課後や休日、長期休暇中での練習・合宿・試合（または発表の機会）などによって、学校で過ごす時間、学校内部の人と関わる頻度、学校での経験を確実に増加させる。それと同時に、部活動が忙しくなることで、逸脱行動にコミットしたり学校外の逸脱文化・逸脱集団に関わったりする時間は減るであろう。部活動には、指導の受容につながるような生徒の志向性を引き出すだけでなく、逸脱文化から生徒を切り離す可能性もあることが想定できる。実際に、6.2で取り上げる卒業生のマキの語りからも、学校外の経験や仲間集団から切り離されていることが、教師の指導の（全面的な）受容へとつながっていることが推察される。

5.3　学校と家庭の協力体制

　Y校での生活に強く巻き込まれているのは、生徒だけではない。生徒たちが教師の指導の受容へと導かれるメカニズムの背景要因として、Y校の教育方針に家庭が賛同し、学校と家庭が協力体制を築いているという点を挙げる

ことができる。

　Y校では、家庭が学校の教育方針に賛同し、協力体制を得ることができるようになるかどうかを重視している。というのも、これまでの経験から、教師たちの間で「親が変わらないと子どもは変わらない」という認識が共有されているためである。また、生徒の学校での宿泊や無断欠席者への即座の家庭訪問といった特別な働きかけは、保護者の了承と協力がなければ実現しないものである。そのため、入学試験の際には保護者面接によって、保護者に学校の教育方針に対して承諾が得られるどうか確認している（第3章）。さらには、保護者会や参観行事などで年に十数回保護者が学校に足を運ぶ機会を設定し、家庭と学校との連携強化を目指している。

　家出の際に学校を辞めるつもりでいたナオトが、学校での宿泊・謹慎という学校の決定を受け入れることになったのは、両親が彼を再びY校に通わせたいと考えていたからである。また、ナオトの学校での宿泊に際しては、Y校からの提案で、父親がナオトと一緒に学校に泊まるという試みも行われた。両親が学校を辞めることを認めず、学校に宿泊するプッシュ要因になったことが、ナオトが中退せずに学校の中で「がんばる」という意思を形成するまでの背景にあった。家庭が学校の教育方針に賛同して協力体制を築いていることで、教師は学校での宿泊・家庭訪問などによって生徒に深く働きかけることが可能になっている。

6　留意すべき課題

　4節では、入学当初に教師に反発心を抱いていたY校の生徒たちの語りに基づき、彼ら／彼女らが「成長志向」「被承認志向」「年長役割志向」という3つの志向性のもとで、教師の指導を受容するようになった様子を示した。そうした中で5節では、指導の受容に関係しうる教育実践・背景要因として、①密着型教師＝生徒関係、②部活動への巻き込み、③学校と家庭の協力体制という3点を指摘した。

　ただし、これらの教育実践や背景要因のもとで、誰もが指導を受容するよ

うになるというわけではない。また、Y校の事例からは、生徒たちが指導を受容するようになったのちに生じうる課題を見出せる。本節では、こうした生徒指導のメカニズムのもとで起こりうる帰結として、留意すべき課題を2点提示しておく。

6.1　中退・転編出者の存在

1点目は、すべての生徒たちがY校の教師の指導を受容するようになるわけではないということである。中には、Y校の方針や指導に従うことを生徒ないし保護者が拒否して、学校を去っていくケースもある。

Y校の健常の生徒のうち、中退あるいは他の学校へと転編出する生徒は1割程度である。中退・転編出者の中には、家庭の経済的な問題や転居などの関係で中退・転編出を余儀なくされる者も一定数いる。しかし、とくに1年生においては、生徒が学校の指導に従うことを拒否したり、家庭が学校の教育方針に賛同できないとすることで、中退・転編出していく生徒が毎年みられる。

生徒の志向性に働きかけながら毅然とした指導を行うという教育実践は、必ずどの生徒にも受け入れられるというわけではない。当然のことだが、生徒たちは「成長志向」「被承認志向」「年長役割志向」といった志向性以外にも、「オシャレをしたい」「一人で過ごしたい」など、さまざまな志向性を同時に有する存在である。そうした中で、生徒が有する志向性と学校が目指す指導の目標が対立し、教師＝生徒間のコンフリクトが起こるケースもある。筆者が参与観察を行っていた学年の生徒たちの中には、校則の制約の多さに反発したり、同級生との対話や関わりを教師から求められ続けることに耐えられなくなることで、Y校を中退・転編出していった生徒がいた。また、家庭が学校から求められる協力の要請を拒んだり、保護者が有する子育ての方針と学校が目指す指導の目標が一致しなかったりすることで、学校から離れることになった生徒もいる。

Y校の教師たちは生徒の社会的自立に向けて、「せめてここにいる3年間だけはその規則等に関しては厳しくしてあげなきゃいけない」という意識のう

えで、厳格な指導を行っている。本章で指摘した生徒指導のあり方には、それに賛同できない生徒やその保護者もいる。そのため、課題集中校の内部では、そうした生徒指導のあり方には乗れない生徒たちの学習や進路形成を支えていく場を、同時に保障していく必要がある。

仮に本章で挙げた生徒指導のあり方が唯一の代表的な教育モデルとなった場合、そのモデルに乗れない生徒が背負う不利益は自己責任化されるおそれもある。平井（2014）は、第1章で取り上げた犯罪者の立ち直り（社会再参入）における長所基盤アプローチについて、以下の危惧を投げかけている。そして、その危惧は本章で指摘した生徒指導モデルの場合でも同様に起こりうることである。

平井（2014）は、犯罪者の「立ち直り」における長所基盤アプローチに関して、その根拠の1つとなるマルナ（S. Maruna）の「回復の脚本」(Maruna 2001=2013)[4]が支援の規範的（単一的）なモデルとなる場合、以下の2つの危険性があるとする。それは、①「社会の役に立つ」などの市民性が過剰に要求される、②回復者のふるまいの変容ばかりが求められ社会の不正は見逃される、という2点である。そして、回復の脚本に限定されない多様な回復のあり方を承認する場を作り出し、変わろうとしない社会を変える努力を継続していくことが重要であると主張している。

本章の知見から導かれる新たな生徒指導のモデルは、指導の諦念につながるような知見しか生み出してこなかった課題集中校の生徒指導研究に対して、生徒の社会的自立に向けた支援の可能性を提供するという意味で、新たな一歩を提供することになっただろう。しかし、平井（2014）の指摘をふまえるならば、それらの生徒指導モデルが単一の規範的な教育モデルとされた場合、①生徒に「成長志向」「被承認志向」「年長役割志向」といった「普通さ」が過剰に要請される、②生徒の変容ばかりが求められ社会の不正は見逃される、という2点の問題を抱えることになる。そうした社会の中では、学校で求められる志向性をもたない生徒が中退していき、彼ら／彼女らに不利益を与える社会の不正は見逃される。結果、彼ら／彼女らが被ることになった不利益は自己責任としてみなされるであろう。

生徒が有する志向性や、保護者が有する子育ての方針が、学校が目指す指導の方針と一致するとは限らない。しかし、彼ら／彼女らが学校を離れる選択をすることになった際、その結果被った不利益が自己責任の名のもとに放置されることのないように、彼ら／彼女らが学びの機会を適切に得られる別の場を保障していく必要があることを主張しておきたい。

6.2 指導の全面的な受容

2点目は、Y校の生徒たちが、教師の指導を徐々に「全面的」に受容するようになるということである。

教師の指導や校則を受け入れるようになった生徒たちへのインタビューでは、教師の指導内容をその都度吟味すると答えた生徒は少数派で、むしろ教師の指導内容を全面的に信頼している様子を見出せる場合が多かった[5]。また、参与観察の中では、生徒たちが校則を自ら変えていこうとする動きも見られなかった。Y校の校則は、身なりに関する「靴下は白で、スニーカーソックスは禁止」「女子の髪を結ぶゴムの色は黒・紺・茶」などの規定や、貴重品の回収・通学路の指定・買い食いの禁止など、細かく定められている。しかし、生徒側の働きかけによって校則が変わったという例は、筆者が参与観察を始める前に1例（通学時に携帯電話の所持が可能になった）あったのみであるという。

ではなぜ生徒たちは、教師の指導や校則に異論を唱えなくなるのか。その理由を示唆するものとして、卒業生であるマキの語りを取り上げたい。

> 伊藤：あと、逆にこの学校に、何だろう、もっとY校がこうであればよかったなって思うところって今考えると何かある？
> マキ：えっと、やっぱり大学に行っていろんな人の話を聞いて、いろんな高校の人の話を聞くと、やっぱり生徒の自由な考えっていうんですかね、っていうのが抑止されちゃってるのかなってのは、思い返したりとか見てて思うところがあって、さっきも言ったように、先生に言われたことをじゃあ自分がいけないんだってすぐ思っちゃってたなっ

てのがすごく大きくて、で卒業して私あのときは悪くないよなって、もうちょっと主張してもよかったかなって後悔、後悔っていうか思い返すこととかがあるので。《中略》
伊藤：マキさんが言えなかったのはやっぱり恐いから？
マキ：恐いっていうか、間違ってる、先生が間違ってるとは最初から思わなくて、あまり恐いっていう気持ちはなかったんですけど、もう言われてあっそうなんだって、疑問に思うことが少なかったっていうか。
［インタビュー］

　マキは、教師の発言に反発しなかったのは、恐かったわけではなく、教師の発言が間違っているという発想がなかったからだと振り返っている。彼女の語りからは、教師の指導を相対化しその正当性について考えるプロセスなしに、自分が悪いと考え、教師の発言を全面的に受け入れていた姿が浮かび上がる。
　教師の指導が生徒に全面的に受容されるとき、教師と生徒の間の対立・葛藤は解消され、良好な教師＝生徒関係のもとで学校生活が送られることになる。学校内だけのことを考えるなら、こうした状態は教師・生徒の双方にとって合理的な状況だと考えられる。しかし、後期中等教育が卒業後の社会参加に向けた準備の場でもあることをふまえるならば、生徒が指導を受容するだけでなく、指導を相対化する視点をもつことを同時に目指していく必要があるだろう。生徒たちは将来、自らを苦境に追いやるような職場での待遇や政策の決定に直面するかもしれない。学校は生徒たちにとって、周囲の決定や助言について内容を吟味し、必要なときには不当なルールや待遇を改善するために行動を起こすという、将来のための経験を積む場になりうる。しかし生徒たちは、教師の指導を全面的に受容している場合、自らへの処遇が正当であるかについて考えたり、状況改善に向けて主体的に行動する経験の機会を（無意識的に）失うことになる。
　なぜ生徒たちは、このように教師の指導を「全面的」に受容するようになったのだろうか。生徒たちの中には、教師の指導内容云々ではなく、教師

への「被承認志向」が満たされたり、「年長役割志向」のもとで指導を受容するようになる生徒がいる。指導される内容とは別の要因が指導の受容の契機になりうるという点は、1つの理由として考えられるだろう。

ただし、マキの語りを振り返ると、もう1点の理由が見えてくる。マキは、大学に入って他の高校の人の話を聞いたことが、生徒の自由な考えが抑止されていたことに気づくきっかけとなったと述べている。マキの語りからは、Y校の外での経験やそこで接する人々が、教師の指導や校則を相対化するための参照枠になりうるということが見えてくる。しかし、Y校の生徒たちは、そうした学校外の参照枠を失っている傾向にあると考えられる。

Y校の生徒たちは、そのほとんどが部活動に加入することで、放課後や休日も多くの時間を学校やそこでの人間関係の中で過ごすことになる。また、アルバイトは許可制だが、部活動との両立が難しいため実際に行う生徒は少なく、3年生が進路決定後に行う程度であるという。さらに、生徒たち（とくに不登校経験のある生徒）の中には、学校外に友人をほとんどもたない生徒もいる。そのため、生徒たちは学校内で長い時間を過ごす一方で、学校やそこでの人間関係とはまったく関わりのない空間で過ごす時間や経験は少なくなる。

生徒を部活動などによって学校に深く巻き込んでいくという教育実践は、たしかに指導の受容へとつながっているだろう。しかし同時に、生徒たちが学校外の参照枠を失い、指導を全面的に受容するようになるというジレンマもはらむものでもある。

Y校の教師たちは、生徒たちが自主性に欠けるということを課題として認識している。こうした課題は、指導の受容を達成するための方策が同時に指導の全面的受容をもたらすというジレンマのために、解決が難しくなっているのではないだろうか。

なお、入学当初から教師の指導に対して反発心を抱かなかった生徒についても、指導の全面的受容という課題は同様に生じうる。彼ら／彼女らの中には、叱る指導も多いY校の教師の指導を「恐い」と感じ、反発しない生徒もいる。たとえばある男子生徒はインタビューの中で、教師たちに反発心がわ

いたりしないのかという筆者の問いかけに対し、「反発心ってのはないんですけど、まああの恐いとしか言いようがないです」と話している。彼ら／彼女らの場合も、教師の指導を相対化しその正当性について考えるプロセスなしに、指導を全面的に受け入れていると考えられる。叱るという指導が生徒によっては指導の全面的受容につながってしまうという点についても、留意する必要があるだろう。

7　まとめと考察

7.1　指導の受容と生徒像・学校像の描き直し

　課題集中校（下位ランクの全日制高校と非主流の後期中等教育機関）の生徒指導をめぐる先行研究では、生徒たちを地位達成・学業達成へのアスピレーションが低く、教師の指導を受容する必要性をもたない存在として描いてきた。しかし、本章では志向性という新たな概念枠組みを設定することで、①地位達成・学業達成に集約されない幅広い「成長志向」、②教師への「被承認志向」、③先輩をロールモデル化する「年長役割志向」のもとで指導の受容の契機が生まれていることを見出した。そして、こうした指導の受容のメカニズムを支える教育実践として、密着型教師＝生徒関係の形成と生徒の部活動への巻き込みという2つの教育実践を指摘した。また、同様に指導の受容のメカニズムを支える背景要因として、学校と家庭の協力体制があることを指摘した。

　2節では、本章の学問的意義として、①生徒指導の困難性が前提とされてきた課題集中校の生徒像・学校像に対して、それとは異なる生徒・学校の姿を提示する、②指導の受容へと結びつくような生徒の意識を捉えるために新たな概念枠組みが有効であることを示す、という2点を挙げた。本章ではそれらの2点の学問的示唆を提示することができたといえるだろう。

　本章の知見からは、生徒たちは地位達成や学業達成へのアスピレーションには集約しきれない幅広い志向性のもとで、教師の指導を受容するようになる存在であるという、課題集中校の新たな生徒像を提起することができる。

また、Y校の事例は、教師＝生徒間の葛藤を解消して生徒を学校にとどめておくためには生徒の社会化から撤退するしかない、という先行研究が示してきた学校像に、異論を提示するものである。先行研究では、教師が逸脱行動に厳罰的にアプローチすると教師＝生徒間の対立が激化し（片桐1992など）、逆に逸脱行動をとる生徒との衝突を避けると生徒に指導の声が届かなくなる（竹内1995；酒井編2007など）というジレンマを示してきた。これらの研究が描き出してきたのは、教師が逸脱行動という「問題」そのものに焦点化した対応を行い、その結果ジレンマに直面する姿であったといえる。一方で、本章で示したのは、教師が逸脱行動という機会を通して生徒たちの志向性へと働きかけることで、生徒の教師や指導への意味づけが変化し、指導が受容されていくという学校像である。こうした生徒像・学校像は、地位達成や学業達成のアスピレーションに集約されない目標への願望を捉えるために、志向性という概念を導入して分析を試みたからこそ、見えてきたものだといえるだろう。

上記の知見は、実践的示唆にもつながるものである。当然のことだが、後期中等教育段階の子どもたちは、将来の地位達成や学業達成ばかりに心が囚われているわけではなかった。たしかに下位ランクの全日制高校や非主流の後期中等教育機関の生徒は、地位達成や学業達成のアスピレーションを高めにくい環境にいるかもしれない。しかし彼ら／彼女らも、何らかの形で成長したい、現在の活動をうまくやりたい、誰かから認められたい、先輩のようになりたいなど、他校の生徒たちと同様の志向性をもちうる存在であった。本章の知見からは、こうした課題集中校においても、生徒たちのそうした志向性に働きかけ、彼ら／彼女らの願いの達成を支援していく生徒指導が可能であるということを主張することができる。

7.2　生徒指導の志向性基盤アプローチの可能性

なお、本章でみてきた指導の受容のメカニズムは、犯罪者の立ち直り（社会再参入）において近年注目されているモデルの1つである、「長所基盤アプローチ」と親和性をもつものである。第1章でも述べたが、長所基盤アプ

ローチは、本人がそもそももっている長所や資源を手がかりに、立ち直りの道筋をつけようとするものである（津富 2009）。また、犯罪者の変化に対する動機づけに注目するところが、特色の1つであるといえる（Maruna and LeBel 2011）。加えて、ベイジーらの指摘からは、犯罪者の立ち直りには犯罪歴などのスティグマ化する「問題」への治療だけではなく、当人が望む価値の実現や社会的役割の獲得への支援が必要になることが示唆される（Veysey 2008; Veysey and Christian 2011）。

　Y校では、教師たちは逸脱行動という「問題」の統制のみに焦点化して生徒指導を行っていたわけではない。むしろ無断欠席や家出などの逸脱行動を働きかけの機会としつつ、生徒の志向性に働きかける指導を行っていた、と捉えるべきである。本章の知見と犯罪者の立ち直りに関する議論からは、課題集中校において、逸脱行動という「問題」ではなく志向性という資源へと働きかける生徒指導 —— 名づけるならば生徒指導の志向性基盤アプローチ —— が重要であることが示唆される。

7.3　課題への対応策

　ただし、Y校における指導の受容のメカニズムからは、Y校の生徒指導のアプローチが抱えうる2つの課題も浮かび上がってきた。1点目は、すべての生徒たちがY校の指導を受容するようになるわけではなく、学校の方針や指導に従うことを生徒ないし保護者が拒否して、学校を去っていくケースもあるということである。2点目は、Y校の生徒たちが、教師の指導を徐々に「全面的」に受容するようになり、教師の指導を相対化しその正当性について考える機会を失っていくということである。それらの課題への対応策について、最後に述べておきたい。

　本章で挙げた生徒指導のあり方（生徒指導の志向性基盤アプローチ）にのることができない生徒とその保護者の存在については、彼ら／彼女らが学習と進路形成の機会を適切に得られる場を後期中等教育の中で保障していく必要がある。とくに非主流の後期中等教育機関は、後期中等教育のセーフティネットの役割を担う以上、指導に反発を続ける生徒を排除しないという理念

を保持することがまずは重要であるだろう。加えて、非主流の後期中等教育機関が多様な教育方針をとることを生かして、生徒の志向性により合致するような学校への転編入ネットワークを作っていくことが、1つの重要な方策として挙げられる。

　生徒たちが教師の指導を全面的に受容するようになるという点については、指導の正当性を改めて考えさせ、教師との対話・交渉を行う機会を積極的に用意することが、指導が受容されるようになった学校にとっての次の目標となると考えられる。そうした機会を積極的に用意することは、教師が生徒の考えを理解し、より生徒の志向性やニーズに合致した指導を行ううえでも、効果的なものであるだろう。

　第7章では、生徒の進路形成について、「進路決定」のメカニズムと生じうる課題について検討する。

【注】

1　生徒指導は、『生徒指導提要』の中で、「一人一人の児童生徒の人格を尊重し、個性の伸長を図りながら、社会的資質や行動力を高めることを目指して行われる教育活動」（文部科学省 2010: 1）と定義されている。生徒指導という言葉は、学校現場では子どもたちの問題行動に対して行う指導といった狭義の意味で使われることも多い（新保 2010）。しかし本書では、生徒指導の意味を問題行動への指導や校則指導に限定せず、自発性・自律性・主体性や自己指導能力を育むためのあらゆる指導を含む、広義の意味で使用していく。

2　門脇（1992）や大多和（2014）では、質問紙調査の結果から、教師の生徒への接し方によって教師への見方や問題行動の有無、学校適応に違いがあることを示している。また、知念（2012）では、反学校的な態度をとる生徒たちに対して、教師たちがサバイバルを目的として衝突を避けるのではなく、卒業後の自立などの「理想」を目指して戦略的な教育実践を行う姿を描き出している。しかし、門脇（1992）や大多和（2014）では、そうした教師のふるまいのもとで生徒がいかにして指導を受容していくのかというプロセスは検討されていない。また、知念（2012）が描き出したのは、生徒がそうした教師を肯定的に評価しつつも、教師の伝えるメッセージに順応するのではなく、むしろ学校生活を戦略的にやり過ごそうとする姿であった。

3　なお、生徒指導上の困難を抱えた中学校においては、Y校と同様に、教師が生徒との関わりを強めながら指導を行う様子も示されてきた。志水（1991）は「荒れた中学校」の事例で、生徒指導の裏づけとして教師たちが生徒と積極的に関わ

り、情的なつながりを形成することを重視していると指摘し、こうした指導を「つながる指導」と名づけている。本章から示唆されるのは、こうした「つながる指導」は、生徒の「被承認志向」へと働きかけるものであったために、有効な指導として成立したのではないかということである。
4 　マルナは、犯罪からの離脱者に特徴的にみられる語りを、「回復の脚本」として定式化している（Maruna 2001=2013）。その語りは、平井（2014）の言葉を借りるなら、「本当の自分は『本来の犯罪者』とは違う善人である」「過去を変えることはできないが、現在と未来は自分がコントロールできる」「社会や次世代の役に立つ人間でありたい／活動をしたい」という3つの特徴を有するものである。こうした回復の脚本にのっとった支援は、必然的に犯罪者がもつ長所や資源に注目する「長所基盤アプローチ」となると考えられる。
5 　たとえばダイスケは、インタビューの中で「《教師に》怒られても人のせいじゃなくて、自分が悪いからそうなったんだ」と思うようになったと語っているが、この語りからは、教師の指導内容が不当である（「人のせい」である）とは考えず、教師の指導を無条件で正しいと判断している姿が浮かび上がる。

第7章　進路決定と出来事の創出／制御

1　問題設定

　第5章・第6章では、生徒の学校適応の重要な側面である「不登校経験者の登校継続」「教師の指導の受容」のメカニズムと、同時に生じうる課題について指摘した。本章と第8章では、それぞれ「進路決定」と「卒業後の就業・就学継続」という進路形成に関するメカニズムと、同時に見えてくる課題について検討する。本章では「進路決定」の側面に注目し、Y校の生徒たちが進路を決定して卒業していくメカニズムを生徒たちの語りをもとに検討し、留意点とともに提示していく。

　第1章でも指摘したとおり、非主流の後期中等教育機関における進路形成の状況に関しては、長い間、卒業後の進路動向の量的把握（高口ほか 2008；全国高等専修学校協会 2007 など）が行われるのみにとどまってきた。ただし、文部科学省の学校基本調査からは、非主流の後期中等教育機関の生徒たちが全日制高校の生徒たちに比べ、進路未決定（フリーター・無業）のまま卒業している傾向が浮かび上がってくる。平成27年度の学校基本調査によると、定時制高校では27.1％、通信制高校では39.8％が進路未決定のまま卒業しており、その割合は全日制高校（4.8％）に比べて圧倒的に高い。

　石田（2005）は日本の若年層について、学校卒業後にすぐに就職しなかった場合、初職で正規雇用の職に就ける可能性はかなり低いこと、また、初職で非正規雇用の職に就いた場合、その後正規雇用の職を得るのは難しいことを指摘している。後期中等教育機関を進路未決定のまま卒業した若者たちは、その後正規雇用の職を得ることが難しく、将来の社会的自立に向けて大きな

リスクを背負うことになる。非主流の後期中等教育機関では、生徒たちがそこに入学したことによって今後の社会的自立の困難へと水路づけられないようにするために、いかなる支援を行っていけばよいのか。そうした支援についての探究は、公正な社会的自立の機会を保障するという意味で、大きな社会的意義をもつものだと考えられる。

そうした探究の1つの方策として、生徒の大多数が進路を決定して卒業している非主流の後期中等教育機関の教育実践・背景要因に注目するというアプローチが考えられる。そもそも非主流の後期中等教育機関の中でも、第2章・第3章でも指摘したように、進路形成の状況は一枚岩ではなく、学校種の間や学校種の内部でかなりの多様性がある。高等専修学校であるY校では、定時制高校・通信制高校とほぼ同様の生徒層を受け入れているが、卒業生のほとんどが進学先か（正規雇用での）就職先を決定して卒業している。Y校の事例からは、非主流の後期中等教育機関において大多数の生徒を進路決定へと導くメカニズムの1つのあり方を描き出すことができると考えられる。また、そうした進路決定のメカニズムは、同様に生徒の進路未決定率の高さが課題となっている下位ランクの全日制高校に対しても、示唆を与えるものであるかもしれない。

そこで以下では、Y校の生徒たちの進路決定のメカニズムについて検討していく。その際、具体的に焦点を当てたいのは、Y校の生徒たちにおける「やりたいこと」（≒つきたい職業）と進路決定との関係性である。

先行研究では、「やりたいこと志向」は、若者たちをフリーター・無業へと水路づけるものとして考えられてきた（小杉 2003; 久木元 2003; 岩田 2010 など）。しかし同時に、生徒の「やりたいこと」の尊重は、学校の進路指導の基盤から外すことはできないものだと考えられている（千葉・大多和 2007: 81）。大多和（2014: 116）では、日常的に教師が行う進路指導において、「やりたいこと」の醸成とコントロールをいかに行うかということが一番の課題になると論じている。また、酒井編（2007: 237）でも、「生徒の希望・自己選択」を重視しながら生徒の将来に配慮して堅実な進路を「自主的に」選択させるための、用意周到な環境設計が重要であると論じている。

Y校の生徒へのインタビューでは、大多数の生徒が卒業後の進路について、入学当初は何も考えていなかったと語っている。しかし、そうした彼ら／彼女らの進路選択についての語りに注目すると、生徒の進路展望の形成過程に働きかけ、生徒の「やりたいこと」の尊重と進路決定を両立させるような、Y校の教育実践・背景要因を見出すことができる。また、「やりたいこと」が見出せない生徒たちに関しても、Y校の教育実践を背景として、進路決定へと水路づけられていく様子が浮かび上がる。本章ではそうしたY校の教育実践・背景要因を、生徒たちの進路展望の形成過程をもとに提示し、非主流の後期中等教育機関の生徒たちの進路形成と社会的自立に向けていかなる支援が有効なのかについて考察する。

ただし、卒業生の語りからは、Y校の教育実践から示唆を得るうえでの留意点も浮かび上がってくる。本章の最後ではそれらの留意点についても言及する。

2 分析の視点：出来事と志向性

本章では、進路展望の形成過程に関する生徒の語りの中から浮かび上がる、「出来事」と「志向性」という2つの要素に注目しながら、分析を進めていく。

2.1 進路選択に影響を与える「出来事」

これまで、高校生の進路未決定者の生成メカニズムに関しては、主に教育社会学の立場から研究が蓄積されてきた。それらの研究では、高校生の進路選択に影響を与える要因として、高校の学科や地域的背景、性別・家庭の社会経済的地位・社会的ネットワークなどの当人の社会的背景、現行の進路指導の問題点、当人の学校での成績・生活態度、当人の意識の問題などを挙げて検討を行ってきた[1]。

その一方で、上記の研究では、どのような具体的な出来事が生徒たちの進路展望の形成に影響したのかという点は看過されてきた。しかし、以下で示す「計画された偶発性」理論（Planned Happenstance Theory）からは、彼ら／

彼女らが経験した出来事に注目することの重要性が示唆される。

　心理学による従来のキャリア理論では、将来のキャリアは予測可能であり、本人の適性や希望から合理的に導き出すことができると考えられてきた（下村・菰田 2007: 92）。一方で、「計画された偶発性」理論は、人々のキャリアには本人が予期せぬ「偶然の出来事」が重要な役割を果たすことを強調するものである。この理論によると、偶然の出来事は、キャリアに関する新たな興味を生み出したり、新たな学習の機会を提供したりするものである。そのため、人々は進路形成に向けて、偶然の出来事を受け入れ／生み出すための心構えをしておくことが重要だとされる（以上、Mitchell, Levin & Krumboltz 1999）。

　提唱者の1人であるクランボルツ（J. D. Krumboltz）は、進路形成に重要な役割を果たす「偶然の出来事」について、まったくのランダムな要因で誰にも予測がつかなかった出来事（例：災害）ではなく、客観的には必然的な事象だが当人には予測できなかった出来事として捉える立場をとっている（Krumboltz 1998: 390）。そのため「計画された偶発性」理論では、偶然の出来事は当事者の心構えによって「計画的に」生み出すことができるという議論が展開されている。

　教育社会学の立場による高校生の進路選択の研究では、「本人がどのようにキャリアを形成していくのか」についての指針となる心理学によるキャリア理論との接続は、酒井編（2007）を除くと行われてこなかった[2]。「計画された偶発性」理論についても同様であり、これまでの教育社会学的な進路選択研究では参照されることがなかった。そのため、これまでの高校生の進路選択の研究では、「偶然の出来事」が進路選択に与える影響を捉えようとしてこなかった。

　「計画された偶発性」理論と教育社会学の分析視角の両者をふまえると、高校生の進路展望の形成過程について以下の2点を想定することができる。第1に、（客観的には必然的な事象かもしれないが）当人には予測できなかった偶然の出来事が、生徒たちの新たな興味（さらには「やりたいこと」）を生み出し、進路選択に影響を与えるということである。

第2に、そうした偶然の出来事は、当人の心構えだけでなく、学校の環境によっても「計画」的に生み出すことができるということである。心理学を学問的背景とする「計画された偶発性」理論では、当人の心構えによって偶然の出来事を「計画」的に起こすことができると主張している。一方で、教育社会学の先行研究では、生徒たちの進路に関する意識が、学校要因や家庭背景などの社会的文脈の影響を受けて構成されていることを明らかにしてきた（苅谷ほか 2003; 酒井編 2007 など）。また、そうした点はクランボルツも認めることである。クランボルツは「計画された偶発性」理論のベースとなった自身の社会的学習理論の中で、「環境的状況・環境的出来事」を個人のキャリア意思決定に影響を与える要因の1つとして挙げている（Krumboltz 1979）。これらの点をふまえるならば、偶然の出来事やそれを生み出すような心構えは、学校の環境のあり方に影響を受けると考えるべきである。

　これらの2つの想定からは、「生徒の進路決定は、学校の環境によって計画された偶然の出来事によって支えることができる」という仮説を導くことができる。ただし、生徒たちの進路選択に影響する出来事は、「やりたいこと」の発見につながると本人が予期していなかった「偶然」の出来事だけでないだろう。当人が進路選択に向けて主体的に行った活動（例：ボランティア、インターンシップ）や、当人に進路選択との結びつきが予期されているであろう進路行事など、「非偶然」と考えるべき出来事も含まれる可能性がある。そこで分析では、Y校の生徒たちによる進路展望の形成過程についての語りから、彼ら／彼女らの進路選択に影響を与えた出来事を偶然／非偶然にかかわらず抽出し、そうした出来事の背景にあるY校の教育実践について検討していく。

2.2　「出来事」を意味づける「志向性」

　なお、分析の中で見出された出来事は、当人から何らかの意味づけがなされることで、彼ら／彼女らの進路選択へと結びついている。そこで分析では、彼ら／彼女らの語りから、出来事に対していかなる意味づけがなされているのかについても注目する。

分析結果を若干先取りすると、彼ら／彼女らの意味づけには、ある一定のパターンも見出すことができる。そうした意味づけのパターンの背景には共通の意識があると想定できるが、その候補として挙げられるのが「志向性」（何らかの目標を達成したいと個人が思い描く願望）である。
　第1章でも指摘したが、下位ランクの全日制高校における生徒たちの進路選択に関しては、先行研究でも、学業達成や地位達成のアスピレーションだけでなく、生徒たちがもつ「やりたいこと志向」と「現在志向」／「将来志向」が影響していることが明らかにされてきた。下位ランクの全日制高校においては、こうした「やりたいこと志向」や「現在志向」が強い生徒ほど、進路未決定者になりやすいという調査結果が示されてきた（岩田 2010；苅谷ほか 2003）。
　本章の目的に従ってこうした指摘を裏返すならば、「やりたいこと志向」が弱い生徒や、「現在志向」ではなく「将来志向」が強い生徒が、進路を決定して卒業していく傾向にあるといえる。ただし、第6章で示したように、生徒たちは学業達成や地位達成のアスピレーションに集約されない、さまざまな志向性を有する存在である。進路選択に影響を及ぼす生徒たちの志向性のレパートリーについては、事例を通して改めて経験的に見出していく必要があるだろう。第6章では、Y校の生徒たちが「成長志向」「被承認志向」「年長役割志向」といった志向性を有しており、それらの志向性のもとで教師の指導を受容する契機が生まれていることを見出した。これらの3つの志向性は、生徒たちが経験する出来事に対してある一定の意味づけを生み出す基盤になり、彼ら／彼女らの進路選択に影響を与えているかもしれない。また、第6章での生徒たちの指導の受容に関する語りからは見出されなかった志向性が、進路選択に影響を与えている可能性もありうるだろう。
　以上より分析では、生徒たちの進路展望の形成過程についての語りの中で、出来事からいかなる意味づけが生起しているのかについても注目する。そして、挙げられた出来事からなぜそうした意味づけが生まれたのかについて解釈を試みることで、その根底にある生徒の意識（志向性）と、それに働きかけるようなY校の教育実践を提示する。

3 事例の特徴と分析の手順

　事例となるY校では、健常の生徒のここ5年間の進路未決定率は0.8%であり、ほとんどの生徒が進学先や（正規雇用での）就職先を決定して卒業している。進学者と就職者の割合は、比率で示すとおよそ2:1である。

　四年制大学への進学者（全体の約2割）については、毎年2～3名は指定校推薦を利用して進学し、残りの生徒はAO入試を利用して進学する。一般入試を受験する生徒はごくわずかである。短大（5%程度）と専門学校（約4割）への進学者は、主に一般推薦を利用している。就職者（3割強）に関しては、その多くが家庭の経済的な事情や学力面での問題を抱える生徒である。学校が卒業生やその保護者が勤める企業に依頼して求人票を送ってもらうケースもあるが、今までY校と関係をもたなかった企業を希望する生徒も少なくない。最初の1社から内定がもらえず、2社目以降で内定を獲得する生徒もいる[3]。

　進学先の分野や就職先の職種については、他の高等専修学校とは異なり、自らが学ぶ専門教科に直結した進学先・就職先を選ぶ生徒はそれほど多くない。一方で、保育系・福祉系に進む生徒が多いということが、Y校の例年の特徴として挙げられる（例：**表7-1**）。

　以下では、2005年10月～2011年7月にかけて健常の生徒29名（**表7-2**）に行ったインタビューにおける、彼ら／彼女らの進路展望の形成過程についての語りを軸に、分析・考察を進めていく。ただし考察を広げるために、参与観察の記録などもデータとして補完的に用いている。

　インタビューを行った生徒29名のうち、21名は入学後に見出された「や

表7-1　2012年3月の卒業生の進路（健常の生徒）

	専門コースと直結	福祉系	保育系	その他	（合計）
進学	4人	3人	3人	4人	(14人)
就職	1人	1人	0人	8人	(10人)
合計	5人 (21%)	4人 (17%)	3人 (13%)	12人 (50%)	(24人) (100%)

表7-2　インタビュー対象者の概要

学年・性別	3年生20名（男子17名・女子3名） 2年生9名（男子5名・女子4名） 　※うち5名には卒業後にもインタビューを実施
卒業後の進路	四年制大学12名、短大2名、専門学校8名、 就職6名、その他（浪人）1名
（分野）	専門コースと直結6名、保育系7名、福祉系6名、その他10名
進路展望	入学前から「やりたいこと」が一貫（専門コースと一致）3名 入学後、学校内／学校外の出来事をベースに「やりたいこと」を決定18名 入学後「やりたいこと」が見つかったが、その過程を尋ねなかった3名 まだ「やりたいこと」が見つかっていない／漠然としている5名

りたいこと」に基づいて卒業後の進路を決定していた。そのうち18名については、学校内／学校外における出来事とそれに対する意味づけの連鎖のもとで「やりたいこと」が設定された様子が語られた。ただし、彼ら／彼女らが語る出来事には、「やりたいこと」の発見につながると本人が予期していなかった「偶然」の出来事だけでなく、「非偶然」と考えるべき出来事も含まれていた。まずは、18名が語った出来事それ自体に着目し、いかなる出来事が生徒たちの進路決定に影響を与えたのかについて整理する。

　次に、それらの出来事から生徒たちにいかなる意味づけが生起しているのかについて、複数の生徒から共通して語られた意味づけのパターンを、主なものとして抽出する。同時に、そうした主な意味づけのパターンについて、その根底となるような意識がいかなるものであるかを、志向性の概念をふまえて検討する。

　そして、上記の分析の中で見出された出来事や志向性のパターンをもとに、生徒たちを進路決定へと水路づけるようなY校の教育実践・背景要因について、2点提示する。ただし最後に、Y校の教育実践から示唆を得るうえで留意すべき点についても言及する。

4　学校内の多彩な出来事による「やりたいこと」の発見

インタビューを行った生徒29名のうち、18名の語りから、学校内／学校外における出来事とそれに対する意味づけの連鎖のもとで「やりたいこと」が設定された様子が見出せた。まず、入学後に経験した偶然／非偶然の出来事とそれに対する意味づけの連鎖によって、「やりたいこと」を発見したという生徒の語りの例を3つ挙げたい。

事例①：サトル（3年生／男子／福祉系の専門学校に進学／障害者介護の仕事を志望）
　筆者：この学校のいいところ、好きなところってどんなところですか。
　サトル：まあバディですか。自分バディがいたから進路も決められたようなもんで、ほんとにバディがいなかったら進路も決められなかったし、学校も辞めてたかもしんないし。《中略》
　筆者：《福祉系の専門学校に進学することについて》バディの友だちと交流してる間に、どうしてそういう、思うようになったのかってのは。
　サトル：障害を持った人たちってのをまず、よく思ってなかったんですよ。差別って言い方は悪いですけど、そういう感じで思ってたんですけど、こう一緒に接してて、自分たちとそんな変わらないような存在で、素直で、一緒にいて楽しいっていうのがすごくあって、見方がどんどん変わってって、福祉の道も進んでみたいなって気持ちができて、選びました。［インタビュー］

入学当初は「将来の夢とかなんもなかった」と語るサトルは、障害がある人たちに対しても、昔は差別的な認識をもっていたと振り返っている。しかし彼は教師からの指示で、1年生の宿泊学習のときから、重度の自閉症の生徒とバディを組むことになった。最初は「何をすればいいかまったくわかんなくて」「不安がすごくあった」という彼だが、バディを組んだ生徒との交流を重ねるうちに、自閉症の生徒の見方が「自分たちとそんな変わらない」「素直」「一緒にいて楽しい」と肯定的なものに変化し、福祉系の進路を選ぶに

至ったという。自閉症の生徒とのバディを任されるという、サトルの進路展望の形成にとっては予期しなかった偶然の出来事が、「やりたいこと」を発見する重要な契機となったと解釈することができる。

事例②-1：マキ（卒業2年目／女子／四年制大学の福祉学部に進学／教員志望）

マキ：えっとー、高校1年生2年生のときはまったく違うことを考えていて、むしろ人と接する仕事を避けてたんですけど。

筆者：あのね、前の記録《2年生時のインタビュー》には植物に関わる仕事につきたいって言ってたって。

マキ：高校3年生になって、部活の中でマネージャーであって最高学年であって、マネージャーリーダーっていうのもやっていて、生徒会でも生徒会長っていうものになって、やっぱり自分がしっかりしなきゃいけない立場になって、で後輩を指導するっていう面で、楽しいっていうかやりがいをすごく感じて、何て言うんでしょう、そこに居場所があるような感じがしたのと、あとやっぱり、そういうマネージャーリーダーとか生徒会長とかやってると先生との関わりもすごく濃くなってくるので、そういう先生たちの、Y校の先生たちの姿を見てて、こういうふうに歳をとってもっていう言い方は失礼かもしれないんですけど、熱くなれる仕事があったりとか、毎日楽しそうっていうかやりがいを感じてるんだなっていうふうに、そういうものをすごく近くで見てきたので、そういう仕事に就きたいなって思うようになりました。［インタビュー］

マキは、小学校5年生から中学校3年生まで不登校を続けていた生徒である。彼女は、卒業後の進路について、「高校1年生2年生のときはまったく違うことを考えていて、むしろ人と接する仕事を避けてた」と語っている。しかし彼女は、Y校でのリーダー経験（部活動のマネージャーリーダーと生徒会長）にやりがいを見出し、またY校の教師の姿を近くで見ていくうちに教師たちをロールモデル化するようになり、最終的には教師を目指して四年制大

学に進学している。人と接する仕事を避けたいと思っていたのならば、学校でのリーダー体験やそれに伴う教師への接近という学校内での出来事は、進路展望に沿った形で自ら選び取ったものではなかっただろう。しかし、それらの出来事は「やりたいこと」の発見につながる予期せぬ偶然の出来事となり、マキは教師という人と接する仕事を選び取っている。

事例③：リョウタ（3年生／男子／保育系の専門学校に進学／保育士志望）

    リョウタ：《部活動で》僕の学年が僕以外自閉症の子で、先生に「お前がいてくれるからすごく助かるよ」って言われてやっぱ人に必要とされるのはいいなって思って、すごくうれしいなって、生きてる実感がわくっていうか、全然前と違って部活の中で必要とされて、自分生きてる意味あるなとか、価値があるなとかがわかってきて、それで人に必要とされたいと思って。うち母子家庭であの保育園に弟を迎えに行ってたりしたんですよ。親が働いてて。そのときに保育士の方にすごい励ましてもらったりして、《中略》それ《保育士への憧れ》を考えたのが《小学校》2年生ぐらいの時なんですよ。すごいなって思って、子どもいっぱい見てんのに、でもその保護者っていうか迎えに来てる親とかも気にしたりして、すごいなって思って、僕もそういう風になれたらいいなって、《中略》それで保育園にボランティアに行った時も、ある子に「明日また来てね」って言われて、あーすごい必要とされてるのかなと思うとこれやりたいなーって。今、保育士になれる学校に入ろうと思って、今がんばっています。[インタビュー]

リョウタは不登校経験があり、入学当初は人が嫌いで関わりたくないと思っていた生徒である。しかし彼は、部活動の顧問からの「お前がいてくれるからすごく助かるよ」という声かけで、人に必要とされたいと思うようになったという。そして彼は、かつて弟を保育園に送り迎えする中で生まれた保育士への憧れもあり、保育園へのボランティアに行ったところ、子どもたちから必要とされていることを実感し、保育士を志望するようになっている。

リョウタは、部活動の顧問からの声かけや弟の保育園の送り迎えという進路展望の形成にとっては「偶然」の出来事や、保育園へのボランティアといった自ら主体的に行った出来事、そしてそれらの出来事に対する意味づけの連鎖のもとで、保育士という進路を選択している。

　上記の例以外にも、インタビューを行った生徒のうち18名が、さまざまな出来事を「やりたいこと」の発見と結びつけて語っている。彼ら／彼女らが語った出来事をカテゴリー化し、「学校内／学校外」「偶然／非偶然」の2軸から4類型に分けたものが表7-3である。「偶然／非偶然」の分類については、当初は進路選択につながると本人が予期していなかったと考えられる出来事を「偶然」に、①本人が進路選択に向けて主体的に行動したことで経験したと考えられる出来事、②生徒たちに進路との接続が当然予期されていると考えられる専門コースや進路行事における出来事、の2タイプを「非偶

表7-3　進路展望の形成に影響した出来事の4類型

	学校内	学校外
偶然	・自閉症の生徒との関わり（バディを含む）［保育1名、福祉5名］ ・Y校の教師のロールモデル化［専コ1名、その他1名］ ・学校でのリーダー体験［その他1名］ ・部活動での経験（教師の褒め言葉、地方遠征）［保育1名、その他1名］ ・先輩の体験談を聞く機会［福祉1名］	・過去の不登校（とそれに伴うカウンセリング）の体験［その他2名］ ・父親の趣味（少年サッカーのコーチ、日曜大工）の手伝い［保育1名、その他1名］ ・下のきょうだいの世話［保育2名］ ・きょうだいの送り迎えで出会った保育士への憧れ［保育1名］
非偶然	・系列の幼稚園・保育園でのボランティア［保育2名］ ・福祉施設でのボランティア［福祉1名］ ・ホームヘルパー2級の講習［福祉1名］ ・専門コースの授業［専コ1名］ ・職業レディネステスト［福祉1名］ ・インターンシップ［その他1名］ ・教師からの進路選択のアドバイス［福祉1名］	・保護者からの進路選択のアドバイス［その他1名］

注）［　］内の「専コ」「保育」「福祉」「その他」は、卒業生の進路のことをさす。具体的には以下のとおりである。
　・専コ：専門コースと直結する進路を選んだ生徒
　・保育：保育系の進路を選んだ生徒
　・福祉：福祉系の進路を選んだ生徒
　・その他：その他の進路を選んだ生徒

然」に分類した。

　ここで、学校内で経験した出来事に注目すると、偶然の出来事としては、先ほどの3人の例でみられた「自閉症の生徒との関わり」「Y校の教師のロールモデル化」「学校でのリーダー体験」「部活動での経験」に加え、「先輩の体験談を聞く機会」が挙げられる。生徒会活動や部活動とそこでのリーダー体験、さらには教師・自閉症の生徒・先輩との交流が、偶発的に生徒の進路展望の形成に影響を与えていることが見出せる。

　ただし、生徒たちが「やりたいこと」の発見と結びつけて語った学校内の出来事は、「偶然」とみなせる出来事だけでない。卒業後の進路の選択をふまえて生徒が主体的に行動することで経験した「非偶然」の出来事（「幼稚園・保育園でのボランティア」「福祉施設でのボランティア」「ホームヘルパー2級の講習」）や、専門コースや進路行事といった生徒たちに進路との接続が当然予期されていると考えられる「非偶然」の出来事（「専門コースの授業」「職業レディネステスト」「インターンシップ」「教師からの進路のアドバイス」）も挙げられている。専門コースの授業や従来型の進路行事、あるいは学校の紹介によるさまざまな職業体験の機会が、依然として生徒の進路展望の形成に重要な影響を与えていることがわかる。

　その他にも、数はそれほど多くないが、学校外の偶然／非偶然の出来事も、進路展望の形成に影響したものとして語られている。これらの出来事は、大きく分けると「過去の不登校にまつわる経験」「家族との関わりのなかで生じた出来事」の2つのパターンに集約できる。

　生徒たちの「やりたいこと」の発見に結びついた出来事は、進路指導に基づく学校内の非偶然の出来事に限らず、非常に多岐にわたっている。生徒たちは、そうした多彩な出来事を経験できる環境の中で、各々の「やりたいこと」を発見していると考えられる。

5　「やりたいこと」の発見と志向性

　次に、生徒たちの進路展望の形成に結びついた出来事をもとに、いかなる

意味づけが生まれているのかに注目する。そして、そうした意味づけが生まれるその根底にある彼ら／彼女らの意識について、「志向性」の概念をふまえながら検討する。

　生徒たちの語りからは、出来事をもとにさまざまな意味づけが生まれている様子を見出すことができる。また、その意味づけの根底に、何らかの目標を達成したいと個人が思い描く願望（つまり志向性）があると考えられるものも多くみられる。たとえば、事例③のリョウタは、保育園へのボランティアに行ったところ、子どもたちから必要とされていることを実感したことが、保育士を志望する一因になっていた。彼の語りからは、人から必要とされたいという「被承認志向」が、進路展望が形成される背景にあったと解釈することができる。

　そうした中で、生徒たちの語りに基づき、出来事をもとに生じる意味づけとして、主にみられた4つのパターンを挙げておきたい。そして、それらの4パターンの意味づけは、彼ら／彼女らが有する4つの「志向性」のもとで生まれていると解釈することができる。

　なお以下では、第6章と同様、複数の生徒の語りに共通するということを基準として、主なものとして4つの志向性を提示していく。そのため、第6章で挙げた3つの志向性（「成長志向」「被承認志向」「年長役割志向」）のうち、「被承認志向」は、リョウタの語りのみからしか見出すことができなかったため、以下では取り上げていない。一方、第6章では取り上げなかったが、本章のデータから新たに見出された志向性も、2点提示する。

5.1　「楽しいことを仕事に」志向

　まず、5名の生徒から語られた、過去・現在の出来事に対する「楽しい」という意味づけについて注目しておきたい。

　事例①のサトルの語りを振り返ると、バディの生徒との関わりが「一緒にいて楽しい」と思えるようになったことが、福祉の仕事に進もうという意思を形成する一因となっていたことがわかる。下のショウゴの事例にもみられるように、彼ら／彼女の語りからは、過去・現在の「楽しい」出来事の延長

線上にある仕事を選ぼうとしている様子が見出せる。

　ショウゴの場合、父親がコーチをしている小学校のサッカーチームの手伝いをする中で、子どもたちに教えることの楽しさに気づいたことが、特別支援学校の教員の仕事を志望するきっかけの1つになったと考えられる。

事例④：ショウゴ（2年生／男子／四年制大学の保育系学科に進学／インタビュー当時は特別支援学校の教員と保育士で迷い中）

　　ショウゴ：やっぱりあの高1のころからずっと小学校のサッカーのコーチの助っ人みたいなのでずーっと行ってて、子どもたちにサッカーを教える楽しさをそこで、子どもたちに教えるってことを楽しいってことをわかったっていうかそう自分でそういう気持ちがあるんだっていうのがあったんで、やっぱり先生をやってみようかなっていう気持ちになったのと、自閉症の子どもの先生をやってみようと思ったのはこのバディとの接している中でわからない子たちをどうこうわからせる、わかってもらえるようになるかなっていうのをこう教えたいっていうのはありました。［インタビュー］

　過去・現在の「楽しい」出来事の延長線上にある仕事を選ぼうとするとき、彼ら／彼女には、「楽しいことを仕事にする」という目標を達成したいという願望が根底にあると考えることができるだろう。換言すると、彼ら／彼女らは楽しいことを仕事にしたいという願望、つまり「『楽しいことを仕事に』志向」を有しているからこそ、過去・現在の「楽しい」出来事の延長線上にある仕事を選ぼうとしていると解釈できる。

　ただし、「楽しいことを仕事にする」ことを目標とした進路選択には、正社員就職や上級学校への進学という形での進路決定という目標と齟齬をきたすケースもあるだろう。たとえば、高校時代にバンドを組んでいた経験からミュージシャンを目指すなどの形で、人気・稀少・学歴不問の職業（ASUC職業（荒川 2009））を目指してフリーターになるという選択もありうる。

　しかし、彼ら／彼女らの多くは、「楽しさ」だけで自らの進路を選択して

いるわけではない。彼ら／彼女らの語りからは、以下でみていくように、進路決定（正社員就職や上級学校への進学）に親和的な志向性を有している様子をうかがうことができる。

5.2 サポート志向

　Y校の生徒たちの毎年の傾向として、保育系・福祉系の進路を選ぶ生徒が多いことが挙げられる。ただし他にも、教師やカウンセラーなど、誰かのサポートをする仕事に就きたいと考え、進路を選択する生徒が多い。

　彼ら／彼女らの一部からは、進路展望を形成する出来事として、誰かのサポートをした経験が挙げられている。そして、複数の生徒がそれらの出来事に対して、「誰かに教える仕事がしたい」「誰かをサポートする仕事がしたい」という思いが芽生えたという意味づけを語っていた。たとえば、事例④のショウゴの語りからは、特別支援学校の教員を目指すきっかけとなった出来事として、小学生のサッカーの手伝いとバディとの関わりという、他者へのサポートの経験を挙げている。そして、それらの出来事から教えることが楽しいという気持ちだけでなく、わかってもらえるように「教えたい」という気持ちが芽生え、特別支援学校の教員を進路として考えるようになったという様子を読み取ることができる。

　自閉症の生徒との関わりから、誰かのサポートをする仕事につきたいと希望するようになった様子は、ジュンの語りからも見出せる。彼は2年生のとき、進路選択を迫られる中で、障害がある生徒たちと接してきた経験から「1人で生活が難しい人のサポートができたらいい」と思い、老人介護の仕事を希望することにしたという。

事例⑤-1：ジュン（3年生／男子／介護職員として正社員就職／老人介護の仕事を希望）

　ジュン：来年にもうすぐ、進路を決めなきゃいけない、もう進路決めなきゃいけないってのが間近に迫っていて、えー、今自分が就きたい仕事ってなんだろうって考えてみたら、やっぱり、あの、うちの学校と

かで、あの、障害をもった子どもたちと接していて、まあやっぱり1人で生活が難しい人のサポートができたらいいなっていう、思ったので、まあ介護系の仕事。[インタビュー]

　彼ら／彼女らの中には、誰かにサポートをした経験だけでなく、自分がサポートを受けた経験をもとに、誰かのサポートをする仕事を進路として希望する生徒もいる。不登校経験をもつヤストシの語りからは、カウンセラーにお世話になった経験が、自分も同じ（つまりカウンセラーなどの形で他人のお世話をする）ことができたらという思いにつながり、進路選択の1つの理由になっていることがうかがえる。

事例⑥：ヤストシ（3年生／男子／四年制大学に進学／カウンセラーの仕事を希望）
　伊藤：カウンセラーになろう、カウンセラーとかそういう仕事を目指そうと思ったきっかけとか理由とかあったら聞かせてください
　ヤストシ：えーと、その心理関係に興味があったっていうのと、あと自分もそういう方々にたくさんお世話になってきたので、まあ自分もおんなじようなことができたらなと思いました。[インタビュー]

　上記の生徒たちは、子どもや自閉症の生徒などをサポートした出来事や、自分が他者からサポートされた出来事をもとに、仕事を通して誰かのサポートをしたいと考え、進路を選択している。こうした出来事と意味づけの連鎖は、誰かのサポートがしたいという願望、つまり「サポート志向」を彼ら／彼女らが有していたからこそ、生じたものだと考えられる。
　彼ら／彼女らのサポート志向は、入学以前からもっていたものかもしれない。しかし、ノディングズ（N. Noddings）の指摘をふまえると、彼ら／彼女らのサポート志向がY校での教育実践によって培われた可能性もある。フェミニズムの立場からケアリングに基づく倫理と教育の思想を展開したノディングズは、ケアリングの倫理の観点からみて、道徳教育には「模範」「対話」「実践」「確証」という4つの構成要素が必要だと主張している。そこでは、

生徒たちがケアする者となるためには、教師たちが生徒たちをケア（≒サポート）[4]し「模範」を示すことと、生徒たちが実際にケアする者としての「実践」の機会を得ることの必要性が示されている（Noddings 1992=2007: 54-62; 橋迫・池水 2003）。

　こうした「模範」と「実践」によるケアリングの連鎖は、Y校の教育実践の中でもみられる。教師たちは生徒に対して、「密着型」教師＝生徒関係を結ぼうとし、家庭訪問や学校での宿泊などを通して生徒たちが登校を継続できるようになるためのサポートを行っていた。また、バディをはじめとした自閉症の生徒へのサポートという形で、生徒たちはケアの「実践」の機会を得ていた。ただし、第5章を振り返るならば、自閉症の生徒たちは不登校経験をもつ生徒たちの登校継続を支えるサポート源にもなっており、健常の生徒と自閉症の生徒の間では、双方向のケア／被ケア関係が生まれていると考えられる。生徒たちは、学校内（＋学校外）で教師→健常の生徒⇔自閉症の生徒というケアリングの連鎖を経験していくことで、ケアする者としての態度の1つとして考えられるサポート志向も培われていくのではないか、ということが推察される[5]。

　なお、サポート志向は、生徒たちの進路決定に親和的であるといえる。サポート志向に基づいて彼ら／彼女らが選択した進路（保育系、福祉系、教師、カウンセラー）は、先述したASUC職業（人気・稀少・学歴不問の職業）ではない。とくに、保育系・福祉系に関しては、弁護士や医者などの専門職のように、中等後教育入学時に高水準の学力が求められるわけではないため、Y校の多くの生徒たちに（上級学校への進学を経た）就職の道が開かれているといえる。たしかに保育系・福祉系の職場は低賃金であることが少なくなく、教師・カウンセラーについては大学卒業後すぐに常勤の職に就けない場合もある。ただし、こうしたサポート志向に基づく進路選択は、Y校卒業の段階ではフリーター・無業となることを回避し、「やりたいこと」と進路決定を両立することを可能にする選択であるといえる。

5.3 年長役割志向

　生徒たちの語りについては、進路展望を形成する出来事に教師・先輩・カウンセラーなどの年長者がよく登場するということも、傾向の1つとして挙げられる。さらに、それらの年長者をなぞって同様の進路を選択していく様子もみられる。たとえば、事例②のマキは、Y校の教師たちの姿を間近で見る中で、教師を志望するようになっている。また、事例⑥のヤストシも、カウンセラーにお世話になった経験から、同じ仕事を志すようになっている。

　彼ら／彼女らが周囲の年長者をなぞって進路選択をする理由としては、まず、進路を選び取るうえで年長者は1つのモデルケースになりうるということが挙げられる。たとえばシンゴの場合、Y校に福祉系の進路を選ぶ先輩が多く、彼ら／彼女らの体験談を聞く機会が得られたことで、福祉の仕事につきたいと思うようになったという。

事例⑦-1：シンゴ（3年生／男子／四年制大学の福祉系学科に進学／障害者介護の仕事を希望）

伊藤：えっと、福祉に行こうって思ったのっていつごろ？
シンゴ：うーん、明確に決めたのは高校2年生の暮れごろぐらいですね。それまではぼんやりと考えてました。
伊藤：その決めるきっかけになったのってなんだろう。
シンゴ：決めるきっかけですか。うーん、そのころって1個上の先輩たちの進路ももう決まってて、やっぱり、なんていうか、この学校ってやっぱり、そういう道を取る、ああ、福祉系の道を取る人って多いんですよね。そういう話とかを聞いて、あと、こう、なんかそういう体験談っていうか、こう、なんかそのいろんな学校のことなんかを聞いて、やっぱりなってみたいなって、おも、漠然と思ったっていうのがきっかけです。［インタビュー］

　ただしもう1つの理由として、年長者が彼ら／彼女らにとって憧れの対象となりうるということも挙げられる。その典型例が事例③のリョウタである。

第 7 章　進路決定と出来事の創出／制御　223

　リョウタの語りを振り返ると、かつて弟を保育園に送り迎えしていた際に自分を励ましてくれていた保育士に対して、「僕もそういう風になれたらいいな」という憧れを抱いていたことが、保育士という進路を選び取る1つの理由となっていることが見出せる。事例⑥のヤストシに関しても、カウンセラーにお世話になった経験が、自分も同じ仕事ができたらいいと思うきっかけとなっている。彼らは、年長者にお世話になったという出来事に、自分も同じ仕事ができたらいいという意味づけをしている。

　年長者をなぞって進路を選び取った生徒たちの中には、年長者との関わりによって年長者とその仕事への憧れという意味づけが生み出された者たちがいる。彼ら／彼女らの進路選択の背景には、第6章でも述べた「年長役割志向」（年長者やその役割に憧れそれに近づきたいという願い）があったと解釈できる。生徒たちの「年長役割志向」は、生徒を教師の指導の受容へと導くだけでなく、彼ら／彼女らの進路選択にも重要な意味をもちうるものだと考えられる。

5.4　成長志向

　第6章で挙げた志向性のうち、「年長役割志向」だけでなく「成長志向」も、生徒たちの進路選択の背景にある志向性として挙げることができる。

　たとえば、事例⑦で挙げたシンゴの進路選択は、ただ先輩の進路選択を指針としてそれをなぞったわけではない。彼は、ところどころ言葉を探しながら、障害がある人たちとの関わりが一方的な「世話」ではなく、自分にとっても得るものがある「相互関係」だからこそ、福祉の仕事に就きたいと述べている。

事例⑦-2：シンゴ（3年生／男子／四年制大学の福祉系学科に進学／障害者介護の仕事を希望）

　シンゴ：やっぱり、この学校で自閉症児との関わり合いっていうか、まあ、関わらなきゃいけないんですけど、まあ、そういうのを通してるうちに、こうなんかすごい、そういうなんか心っていうか、なんか別

に心身、心でも体でもなんていうか、障害をもった人っていうんですか、そういうなんかいろんな人たちとのつきあいっていうか、世話、世話っていうとすごいあれなんですけど、一方的で。そういう人たちとの、こう、うーん、なんていうのかな、そういう人たちのそういう……

伊藤：手助けかな。

シンゴ：手助け、手助けってなんか……

伊藤：うーん、手助け、支え合い、うーん、手助けって何か片方の感じなのかな。

シンゴ：そういうのって、ある種の相互関係だと思うんですよね。たぶん、こっちからもなんかそういう得るものがあるんじゃないかなって思って、そういうこう、まあ、有り体に言えば、そういう福祉関係の、こう人との関係に、こう……。

伊藤：関わっていく仕事。交流してく感じの。

シンゴ：そういう仕事に就きたいと思って、一応そういう大学に進もうと思ってます。［インタビュー］

また、事例②のマキは、親と住む家を離れて別の地方の四年制大学に進学したが、彼女は卒業後のインタビューで、その理由について以下のように語っている。彼女は入学する大学を選ぶ基準について、部活動で地方遠征をした経験から、もっと新たな発見をしたいと考え、地方の大学であることを最優先にしていたという。

事例②-2：マキ（卒業2年目／女子／四年制大学の福祉学部に進学／教員志望）

マキ：地方に行きたいってのが最優先であって、大学選びのときに《教員》免許が取れるってのも条件であったんですけど、何より自分が新しい経験をしたいっていう思いが進路選びのときはすごい強くて、えっとー、私は小中と学校に行ってなくて、あんまり外に出る機会がなくて、高校に入ってラグビー部でいろんな各地に遠征に行ったりし

て、こういう場所もあるんだって発見がすごく多かったんですね。で、そういう経験をもっとしたいなっていうふうに思って、で地方に行きたいって気持ちが一番強くて。[インタビュー]

　シンゴとマキは、自閉症の生徒との関わりや部活動での地方遠征という出来事に対して、それらが新たに何かを得たり発見する機会であったと意味づけている。そして、福祉の仕事や地方の大学への進学が、自分にとってさまざまな経験や気づきを得る機会になると考え、それぞれの進路を選び取っている。さまざまな経験や気づきを得たいという願望は、それを通して自らが成長したいという願望につながっているだろう。彼ら／彼女らの語りからは、いかなる目標に向けて新たな経験や気づきを積み重ねたいのかということはみえてこない。しかし、地位達成や学業達成に集約されないより抽象的な「成長」に向けた願望、つまり「成長志向」が、彼ら／彼女らの進路選択に影響を与えていると考えることはできるだろう。

　なお、生徒たちの語りからは、「より高いレベルの大学に行きたい」「より高い地位にある職業に就きたい」という意味づけが、進路展望の形成過程に影響を与える様子はほとんどみられなかった。大学進学を希望している生徒たちに関しても、大学進学の理由について、職業選択の幅や給料の面で有利だからと答えた生徒は1名いたが、他の生徒たちはきょうだいの影響や親の意向といった、教育達成・地位達成へのアスピレーションとは関連がない理由を挙げていた。また、「早く社会に出て働きたいと思ったから」「実習が多いから」という理由で、大学ではなく短大・専門学校を進学先に選ぶ生徒もいた。

　Y校の生徒たちの多くは、教育達成・地位達成へのアスピレーションとは別の志向性のもとで、進路展望を組み立てていると考えられる。ただし、教育達成・地位達成へのアスピレーションが進路展望の形成に関わってこない背景には、学力面の困難についての生徒たちの自己認識があるだろう。7.1で改めて確認するが、生徒たちの中には、中等後教育進学後の学力面での困難を予期して、就職を選択する生徒たちがいる。また、インタビューの中で

は、大学進学希望者からも、進学後の学力面での不安が複数語られた。彼ら／彼女らは、教育達成・地位達成へのアスピレーションをもちにくい状況下にあるといえよう。教育達成・地位達成へのアスピレーションを起点としない進路決定のメカニズムは、そうした背景の中で成立していると考えられる。

6 生徒を進路決定へと水路づける教育実践・背景要因

　生徒たちは、学校内／学校外のさまざまな偶然／非偶然の出来事によって、各々の「やりたいこと」を発見していた。さらに、彼ら／彼女らがそれらの出来事のもとで進路展望を形成するその主な背景として、「『楽しいことを仕事に』志向」「サポート志向」「年長役割志向」「成長志向」という4つの志向性を指摘した。本節では、そうした進路決定のメカニズムを支えるY校の教育実践・背景要因について、大きく2点に分けながら述べておきたい。

6.1　学校内での多彩な出来事の創出

　Y校の生徒たちの大多数は、卒業後の進路展望が曖昧なままY校に入学してくる。分析では、そうした生徒たちが各々の「やりたいこと」を発見するきっかけとなった出来事が、多岐にわたることを見出した。生徒たちの進路展望の形成過程は、専門コースの授業や従来型の進路行事、あるいは学校の紹介によるさまざまな職業体験の機会だけでなく、生徒会活動や部活動とそこでのリーダー体験、さらには教師・自閉症の生徒・先輩との交流などの出来事に影響を受けていた。また生徒たちは、5節で挙げた4つの志向性をはじめとした、さまざまな意味づけとその背景にある意識のもとで、それらの出来事を進路展望へと結びつけていた。こうした知見から示唆されるのは、生徒たちの多様な志向性をふまえ、進路展望を形成する出来事となりうるような経験を多彩に用意することが、生徒たちの進路決定にとって重要であるということである。

　Y校は高等専修学校であり、授業の5割弱は専門教科の授業である。第3章で取り上げたY校以外の4校の高等専修学校では、生徒たちの大多数が専

門コースに直結する進学先・就職先へと進んでいた。一方でY校の場合は、専門コースの中には情報コースや調理コースのように卒業後の進学・就職へと直結しやすいものもあるが、陶芸コースなど卒業後の進路に直結しにくいものもある。ただし、卒業後の進路に直結しにくいコースだけでなく、情報コースや調理コースに関しても、保育系・福祉系を含む他の進路を選ぶ生徒は多い。彼ら／彼女らの語りをみてきた中では、学校内で多彩な出来事を経験することで、専門コースに直結する進路よりもさらに積極的に進みたいと思えるような進路を発見していることが推察できる。また、専門コースの授業に関心がもてなくなった生徒にも、積極的に進路を選び取る機会が提供されていると解釈することもできる。

学校内の多彩な出来事から生徒たちが「やりたいこと」を発見する過程からは、その背景にあるY校の教育実践・背景要因として、以下の3点を指摘することができる。

第1に、生徒会活動や学校行事などの特別活動や、部活動などを生かしながら、学校内の人間関係を豊饒化させていく教育実践である。Y校では、密着型教師＝生徒関係によって、教師と生徒の関わりを深めて生徒たちの学校適応を支えようとする教育実践が行われている（第5章・第6章）。また、生徒の部活動への巻き込みは、先輩との関わりを深めることを目的の1つとして行われていることである。他にも、掃除の班を全学年縦割りで編成するなどして、学年間の生徒の関わりを作ることが心がけられている。自閉症の生徒との関係に関しても、一緒に授業を受けたり部活動の時間をともにしたりするだけでなく、宿泊学習を契機にバディを組み、最大3年間にわたり深く関わり続ける相手がいる場合もある。

学校内の人間関係を豊饒化させていくこれらの教育実践は、生徒たちの登校継続や指導の受容を促すための教育実践でもある。本章の知見からは、これらの教育実践が、サポート志向や年長役割志向をはじめとした、生徒たちが有するさまざまな志向性に呼応することで、進路展望の形成にもつながっていることが見出せる。

特別活動や部活動については、下位ランクの全日制高校を対象とした事例

研究では、部活動や学校行事の活動がきわめて低調であること（穂坂 1992; 酒井編 2007）、その背景としてクラスの討議や学校行事などを牽引するリーダー層が不在であること（穂坂 1992）が指摘されてきた。しかし、Y校の事例をみる限り、学校格差構造で下位に位置づけられる課題集中校でも、特別活動や部活動の低調さやリーダー層の不在を運命づけられているわけではない。

たしかに穂坂（1992）の指摘と同様、Y校にもリーダー経験をもつ生徒はほとんど入学してこない。例を挙げると、6月に行われるスポーツ大会の応援合戦では、1年生の内容は毎年同じもので、名目上の生徒のリーダーは立てるが、練習は基本的には教師主導で行われる。また、明らかにやる気がない態度を見せる生徒も少なからず存在する。以下のフィールドノーツの抜粋は、スポーツ大会直前にホールで行った1年生の応援練習の一幕である。

　　集合がかかり、4列の隊形を作る。神田先生が舞台の上でマイクをもち、全体の指揮をしている。神田先生はマイクで、「隣の子いなかったら呼んであげて」と問いかける。《中略》
　　まず、全体の通しをやってみるということで、舞台横のモニターに流れる踊りの見本を見ながら、一度やってみる。C組の生徒《重度の自閉症の生徒》が横にいる何人かの健常の生徒たちは、踊りの最中も合間も彼らの世話を焼いている。《当時学校を辞めると言い続けていた》ハジメも、踊りの前はいろいろと自閉症の生徒をかまっていたようだ。一方、ゲンやハヤトはとりあえず小さく踊りを合わせるだけで、ハヤトは赤坂先生に「ハヤト、ちゃんとやれ！」と怒られていた。
　　1回踊りを通して練習したあと、ケイ、ユウタ、リュウがエールを送る練習をする。リュウがなかなかやりださないので、神田先生が「何を迷ってる」とツッコむ。リュウ、ユウタが照れくさそうにやり、ケイもダラダラとやったので、「こういうのはいけませんって見本ですよ」と神田先生がマイクでしゃべる。［フィールドノーツ］

第7章　進路決定と出来事の創出／制御　229

　しかし、Y校の参与観察では、3年間で徐々に部活動や学校行事に主体的に取り組む生徒が増えていく様子が見出せた。3年生になると、教師の助けを借りずに学校行事や部活動を牽引するリーダーが複数人みられるようになる。3年生の場合、学年対抗のスポーツ大会や、クラス対抗のマラソン大会、合唱コンクールなどの行事は、教師は生徒たちにたまにアドバイスこそするものの、基本的には生徒たちが主体となって事前準備や練習を行っている。以下のフィールドノーツの抜粋は、スポーツ大会を週末に控えた3年生のスポーツ大会の練習での一幕である。

　　応援合戦の練習を指揮しているのはケイ、ナオト、ユウタ、ダイスケ。今日は1・2年生へのエールの練習が主だった。離れたところで私と一緒に見ていた田端先生《3年B組の担任》に「なんかみんなつまんなそうな顔でやってますね」と話しかけると、「内容が内容だからね」ということだった。今日は主にダイスケが他の生徒に指示をしていたが、なぜか丁寧語だった。「なんでダイスケは丁寧語なんですか」と聞くと、「ダイスケだからじゃない？」と笑いながら言っていた。
　　練習に先生たちはほとんど口を出さない。田端先生は途中で「ミカ《自閉症の生徒》、全然人の話聞いてないね。手逆だし」と注意した以外は、ほとんど口を出さなかった。［フィールドノーツ］

　教師たちは生徒たちの自主性が欠けていることを課題として考えているし（第6章）、参与観察ではこうした活動の中で教師の手助けや声かけが行われる場面にもたびたび立ち会った。しかし、3年間の中で比較すれば、最初は教師主導で行われている活動に、生徒たちが徐々に主体的に関わるようになっていき、その中でリーダーとしてふるまう生徒たちも複数生まれてくる。課題集中校においても、特別活動や部活動は徐々に活発になりうるし、生徒にとってはそこでの経験が進路展望の形成につながる重要な出来事になりうることが、Y校の事例からは指摘できる。
　第2に、生徒間での経験の分散を目指す教師たちの教育実践である。上で

挙げたリーダー体験やバディについては、その経験が数人に集中するのではなく、できるだけ多くの生徒が経験できるように、教師たちが配慮を行っている。リーダー体験については、教師が普段口数の少ない生徒に生徒会長への立候補を勧めたり、クラスの中で目立たない生徒に音楽祭の指揮者に立候補するよう促したりしていた。また、バディを組む健常の生徒については、自分自身の身の回りのことがしっかりできる生徒だけでなく、あえて気がきかない生徒や元気すぎて他人にちょっかいを出すような生徒に任せ、彼ら／彼女らの成長を促すこともあるという。そうした経験の分散は、どの生徒にも「やりたいこと」の発見に結びつきうる出来事（やサポート志向を培う機会）を幅広く提供するという形で、生徒たちの進路決定に寄与するものであるといえるだろう。

　第3に、専門コースの授業や進路行事、職業体験などの、「非偶然」の出来事となりうる機会が積極的に用意されているという、Y校の環境である。まず、専門コースの設置は、生徒の進路展望の形成を支える1つの背景要因であるといえる。専門コースに直結する進路を選ぶ生徒の割合は、他の高等専修学校と比べると低いかもしれないが、例年2割程度は存在する。また、進路行事を充実させ、インターンシップや学校訪問への参加を促す教育実践も、生徒たちの進路展望の形成に一役買っていると考えられる。生徒たちは

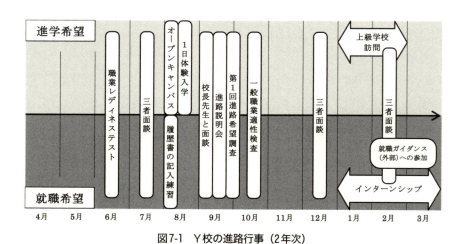

図7-1　Y校の進路行事（2年次）

2年次から、進学希望者はオープンキャンパスや上級学校訪問、就職希望者はインターンシップや就職ガイダンスへの参加が促され、早くから進路展望の形成を促すような進路行事を経験する（図7-1）。他にも、附属幼稚園や近隣地域でのボランティアの機会が積極的に生徒たちに紹介されている。これらの経験は、これまでに挙げてきた「偶然」の出来事と同様に、生徒たちの進路展望の形成につながる出来事として、重要な役割を果たしている。

6.2. 学校外の出来事の制御による進学・就職の自明視

ただし、もちろんこうした教育実践や背景要因のもとでも、3年生になっても「やりたいこと」が見つからないという生徒はいる。しかしそうした生徒も、卒業後に進学・就職することは自明視しており、進学先・就職先を見つけて卒業している。彼ら／彼女らが「やりたいこと」が見つからなくても進路を決定して卒業していくのはなぜか。以下では表7-3にみられる学校外の出来事のパターンをふまえながら、この点について考察していく。

インタビューからは、Y校の生徒たちが、卒業後に進学あるいは正社員就職することを自明視している様子を見出すことができる。たとえば、下のタイジとジュン（ともに3年生・男子）の語りにみられるように、フリーターは卒業後の進路の選択肢として明確に否定されている。

伊藤：あ、そうだ。フリーターになるとか、そういうことは考えてる？
タイジ：は、ない。考えてないです。
伊藤：どうして考えなかったの？
タイジ：あの、まず、自分が就職しないって考えてるんで、フリーターになるとかは考えてないですね。［インタビュー］

伊藤：あと、フリーターでもいいやとかそういうことは。
ジュン：いや、ぜ、だめですね。フリーターは、あの、まあ学校の先生からもよく言われるんですけど、フリーターは、やっぱり、あの安定しないし、あの保険とかもないし、フリーターはないですね。［インタ

ビュー]

　では、なぜ生徒たちにとって、フリーターは卒業後の進路の選択肢に入らないのだろうか。その理由の1つには、Y校の教師たちが、生徒たちが非正規雇用という進路を選ばないようにするための積極的な指導を行っているということが挙げられる。たとえば、3年生に対して2月末に行われた「卒業に向けて」という授業で、担当の大崎先生は派遣社員という働き方について、「契約を切られて当たり前」であり、そういう働き方を選んだ（選ばざるを得なかった）本人に問題がある、という話を生徒たちに伝えている。

　　大崎先生は派遣社員について、現在派遣切りだと騒いでいるが、「切られて当たり前だ」と語る。派遣とはそういう契約なはずで、切られたくないのであれば直接正社員として就職すればよかったのだと話す。
　《中略》
　　派遣社員は再就職できないからなるケースも多いのだが、30歳過ぎて正社員に就職しづらいのはなぜか、と大崎先生は問いかける。すると生徒から「安く雇えない」「やる気がない」「上司が年下なので使いづらい」などの答えが出るが、もっと「ああそれか」って思うような答えがあると大崎先生は言う。そして大崎先生は、「30過ぎまで正規雇用されなかった奴って、信用できるか？」と語る。「転職ばっかりする奴には理由がある」として、屁理屈だったり、人の悪口ばかり言ってたり何らかの問題がある、と力を入れて語る。[フィールドノーツ]

　ただし、生徒へのインタビューからは、フリーターを卒業後の選択肢から除外する理由として、もう1つの点を指摘することができる。それは、教師たちから伝えられる否定的なフリーター像を問い直すきっかけとなるような学校外の出来事が、Y校では結果的に制御されている、という点である。
　生徒たちが進路展望の形成に影響したものとして語った学校外の出来事（表7-3参照）は、大きく分けると、①過去の不登校にまつわる経験、②家族

との関わりの中で生じた出来事、の2つのパターンに集約される。一方で、先行研究で指摘されているにもかかわらず、まったく語られない学校外の出来事もあった。苅谷ほか（2003: 48）では全日制高校の生徒たちへの質問紙調査の結果をもとに、進路指導による働きかけよりも、むしろ学校外の友だちと遊んだり夜遊びをするといった学校外文化への接触が、生徒の進路意識を幅広く規定していると論じている。しかし、Y校の生徒たちからは、学校外の友人関係や先輩・後輩関係、アルバイトの経験、消費文化の影響などが進路選択に影響した様子は1つも語られなかった。

　第4章や第6章でも述べたとおり、Y校では、教師や上級生の積極的な勧誘もあり、結果的に9割以上の生徒が部活動に加入している。その活動は活発であり、部活動に加入した生徒たちはその忙しさから、逸脱行動にコミットしたり学校外の逸脱文化・逸脱集団に関わる時間を減らすことになるだろう。また、アルバイトは許可制だが、部活動との両立が難しいため実際に行う生徒は少ない。さらに、生徒たち（とくに不登校経験のある生徒）の中には、学校外に友人をほとんどもたない生徒もいる。そのため、生徒たちは学校内で長い時間を過ごす一方で、学校やそこでの人間関係とはまったく関わりのない空間で過ごす時間や経験は少なくなる。

　生徒たちは、進路展望の形成へと結びつく学校内の多彩な出来事を経験する一方で、進路選択につながる学校外での出来事は、過去の体験か家族にまつわる出来事に限られてくる。とくに、継続的なアルバイトを行う生徒はごく少数であり、フリーターに出会う機会は限られている。久木元（2003: 80）は、「やりたいことがある／やりたいことを探している」フリーターが、「よい」フリーターとしてみなされていることを指摘している。しかしY校の生徒たちに関しては、こうした「よい」ものとしてみなされうるフリーターに出会う「偶然の出来事」をもたないまま、フリーターを将来の選択肢から除外していることが推察される。

　Y校では、「やりたいこと」が見出せない生徒たちも卒業後の進学・就職を自明視し、進路を決定して卒業していく。そうした背景には、結果的にアルバイトや学校外の仲間集団をはじめとした学校外の経験を制御するような、

Y校の教育実践があることが推察される。また、こうした教育実践は、「やりたいこと」を発見した生徒たちにとっても、フリーター・無業に結びつかない形で「やりたいこと」を発見するよう制御するものであっただろう。Y校内で多彩な経験が得られる一方で、学校外の経験は制御されているという環境のもとで、生徒たちは「やりたいこと」と進路決定の両立へと導かれていると考えることができる。

7 留意すべき点

6節では、生徒たちを進路決定へと水路づけるY校の教育実践・背景要因として、「学校内での多彩な出来事の創出」「学校外の出来事の制御による進学・就職の自明視」という2点を指摘した。ただし、生徒たちは進路展望を完全に自由に描くことができるわけではない。また、その教育実践の効果にはある限界も見出せる。本節では、Y校における進路決定のメカニズムに関して、留意すべき点を2点指摘しておきたい。

7.1 進路展望の制約

Y校の生徒たちの中には、彼ら／彼女らが置かれた立場によって、進路選択に制約を受ける者も決して少なくない。とくに、Y校を卒業後に就職した生徒たちの多くは、数多くの進路選択上の制約を受けながら、就職先を決定している。

耳塚 (2001) は、近年では高校から上級学校へ進学するか否かは、学力ではなく経済力があるかどうかが重要なポイントとなっていると論じている。高等専修学校においても、筆者が実施した5校への聞き取り調査に基づくと、生徒の卒業後の進学と就職の境目は家庭の経済的な事情にあるということが指摘できる (伊藤 2013a: 122)。

Y校においても、家庭の経済的な事情は卒業後の進学／就職を規定する重要な要因となっている。進路指導担当の目黒先生はインタビューの中で、就職希望者について、家庭の経済的状況によって進学が難しい生徒が多いこと

を指摘している。

　ただし、Y校の場合、生徒の学力も卒業後の進学／就職を規定する重要な要因の1つとなる。なぜなら、Y校の生徒の中には、九九がそらんじられない、アルファベットが書けないなど、学力面で大きな困難を抱えた状態で入学してくる生徒も少なくないためである。そのため、目黒先生と田端先生によると、基礎学力がなく授業についていくことが難しい生徒については、進学（とくに四年制大学への進学）は勧めていないという。

　さらに、就職希望者の場合、高卒求人の職種には偏りがあり、希望する職種に就職することが難しい場合もあるという。その場合、教師たちの進路指導によって、「やりたい仕事からできる仕事へ」というように、「職種は最初本人たちが考えていたものとはけっこう様変わりしているケースが多い」と目黒先生は語っている。

> 目黒先生：職種っていう部分については、本人たちが希望しているものにできるだけ添うようにはしたいとは思っていますが、なかなか高卒求人っていうものに関しては比較的その現場仕事っていうんですかね、多いのはやっぱり製造関係なんですよ。で偏る。すごくあの求人票にも偏りがあるので、たとえば今年いたんですけども、運転手をやりたい、トラックの。で、運転手をやりたいっていうんだけど運輸通信関係の求人っていうのは一番少ない方ですよ。えー製造がたとえば10に対して、運輸通信って1あるかないかぐらいしか求人ない。［インタビュー］

　事例⑤で挙げたジュンは、そうした要因が進路選択に影響した典型例ともいえる。ジュン（事例⑤）はインタビューの中で、障害がある生徒と接する中で、「1人で生活が難しい人のサポートができたらいい」と考え、Y校卒業後に老人介護の仕事に就くことを希望していると語っている。ただし、その選択には、彼が直面する進路選択上の制約が関わっている。Y校の他の生徒たちが、大学や短大、専門学校などに進学して障害者介護の仕事を目指す一

方で、高卒就職の場合は障害者介護の求人が少ない。そのため彼は老人介護の仕事を希望するようになったという。

また、彼は高卒就職を希望する理由として、「学力っていうか、テストの点数とか見ても、あんまりついていける気がしない」と、進学した場合の学力面での不安を挙げている。さらに、以下の語りにあるように、母子家庭であり進学には経済的な困難があることも、彼が就職を希望した理由の1つとなっている。

事例⑤-2：ジュン（3年生／男子／介護職員として正社員就職／老人介護の仕事を希望）

伊藤：それ、進学じゃなくて、就職にした理由っていうのは。
ジュン：やっぱり、あの、うち、兄弟で、弟もあのこれから専門学校入りたいって言ってるんですね。で、やっぱり、進学ってなるとさらにお金がかかるじゃないですか、僕の進学ってなると。そしたら、今までやっぱりすねかじってきたってのもあるんで、まあうちシングルマザーで、やっぱり家庭的に結構つらいかなってのもあって、まあ勉強もそんなに好きじゃないってのもあるんですけど、そういう全部考慮して、やっぱり就職がいいかなと。［インタビュー］

家庭の経済的な事情や自らの学力をふまえて就職を選択した様子は、他の生徒たちへのインタビューの中でも語られている。たとえばナオトは、就職を希望する理由の1つとして、1歳上の兄が大学に進学してお金がかかることを挙げている。ただし、ナオトの場合、「頭弱い」ということも就職を選択した理由の1つにあるという。学力面については、ユウタも、「大学に行けたら行きたい」が、「勉強についていけるか不安で、全然勉強についていけなくて留年になって、でお金かかっちゃうと困る」ため、「働いた方がいいのかなと思ってます」と語っている。彼らは進学後の学力面での困難を予期して、就職を選択している。

また、ジュン以外にも、当初の希望の職種以外の仕事を探すことになった生徒もいた。ナオトの場合、インターンシップでの経験から製造の仕事に就

きたいと考えていたが、教師たちから「もうちょっと幅を広げてみろっていうふうに言われた」ため、清掃などの仕事も視野に入れるようになったという。彼は最終的には、製造業ではなく、清掃の会社に就職した。

　生徒たちは、家庭の経済的な事情や学力面での困難によって就職へと水路づけられる場合があり、さらに希望する職種によっては進路展望を描き直す必要が出てくる。生徒の学力や家庭の経済的事情、そして高卒求人における職種の偏りによって、生徒たちの進路選択に制約がかかりうるということがわかる。

　ただし、進学者においても、進路選択に制約がかからないわけではない。たとえば、専門教科の授業が5割弱を占める中で、一般入試を受験して四年制大学に進学する生徒はごくわずかであり、大多数の生徒はAO入試を受験する。Y校としても、入学に高い学力が求められる四年制大学への進学は勧めていないという。

　また、これは就職希望者も同様であるが、教師たちが生徒に対して、本人の適性を考えて、別の分野に進むことを勧める場合もある。フミヒコの場合、元々は将来保育系の仕事に就くことを希望していたが、友人に誘われてホームヘルパー2級の講座に参加したことで、保育と福祉のどちらの分野に進むか迷うようになったという。そうした中で彼は、教師に保育の仕事は不向きではないかと諭され、短大の福祉系学科に進学することにしたという。

事例⑧：フミヒコ（3年生／男子／短大の福祉系学科に進学／障害者介護の仕事を希望）

　伊藤：で、そのホームヘルパー2級《の講座》を受けたことで保育から福祉に行きたいって変わった。

　フミヒコ：興味を持ち始めて、えーと最後まで保育か福祉か悩んでたんですけど、保育は自分には合わないなって思って福祉にしたんですけど。

　伊藤：自分には合わないなってのはどういう理由？

　フミヒコ：先生に諭されたっていうか。

　伊藤：先生に何て言われたの？

フミヒコ：うーん、君には難しいよ

伊藤：どういう理由で？　それは。

フミヒコ：性格、ですね。性格ですね。ちっちゃい子を相手にするんだったらもっと明るいっていうか、うーん、とにかく不向きみたいなことを言われました。

伊藤：逆に福祉だったら先生たちはいいって言ってるわけだよね

フミヒコ：はい。

伊藤：それはどういう理由かってのは

フミヒコ：いやー、優しいからだと思うんですけど、落ち着いてる、あの福祉のほうが落ち着いた、落ち着いてる。［インタビュー］

　生徒たちは学校内／学校外で経験した出来事をもとに、自由に進路展望を描けるわけではない。生徒たちは、家庭の経済的事情、学力、高卒求人の職種の偏り、本人の「適性」をふまえた教師の指導などによって、ある一定の制約のもとで進路を選択していくことになる。そしてその制約の強さは、個人が置かれる環境や描いた進路展望などによって異なってくると考えられる。

7.2　卒業後の進路展望の揺らぎ

　生徒たちは、ある一定の制約を受けながら、さまざまな出来事と志向性をもとにしてそれぞれの進路展望を描いていくことになる。しかし、Y校時代に形成された進路展望をずっと継続してもち続けていくとは限らない。卒業後に出会う学校外の出来事のもとで、その進路展望は大きく揺らぐ可能性がある。

　卒業生のコウスケは、Y校の系列の幼稚園でのボランティアに参加していくうちに、「子どもたちの純粋な感じとかがなんかすごい心があったまる」ことや、「自分自身もなんか何ていうか子どもたちのように接することができた」ことから、保育士を目指すようになったという。そして彼は卒業後、四年制大学の保育系学科に進学した。

　しかし、卒業して1年半後に私がインタビューを実施した際、コウスケは

大学を中退するかどうか悩んでいる最中であった。彼は、保育士が保護者や子どもとの関わりによるストレスが原因で辞める場合が多いという話を聞き、自分自身がストレスや悩みを溜めこむタイプであるため、自分に保育士が務まるかどうか不安になったという。彼にとって、保育士のストレスによる離職という話を聞いたことは、進路展望の揺らぎにつながる出来事であったと考えられる。さらに、以下の彼の語りからは、卒業後のファミレスでのアルバイト経験が、保育士の道をそのまま進むか大学を辞めて飲食店で働くかを大きく迷わせる、偶然の出来事となっている様子が読み取れる。

事例⑨：コウスケ（卒業2年目／男子／四年制大学の保育系学部に進学／保育士志望）
> コウスケ：今はその、保育だけ、保育の勉強とかしてきたんですけど、バイト《ファミレス》とかで食品っていうか、そういう仕事、バイトをさせていただいているうちに、その、うーんちょっといろいろ迷い始めてきて、どうしようかなーと。1つだけじゃないのかもしれないなってなんか、昔よりもなんか今の方がいろいろやってみたいって気持ちの方がすごいついてきちゃってて。［インタビュー］

6.2では、Y校の生徒たちがフリーター・無業ではない進路を選び取ることを自明視している背景として、アルバイトや学校外の仲間集団との交流といった学校外の出来事が制御されていることを指摘した。しかし、生徒たちは卒業後、アルバイトやY校の外の仲間集団との関わりを増やすことで、Y校での経験が相対化されるかもしれない。他の高校から来た友人たちと大学で交流する中で、Y校では生徒たちの自由な考えが抑止されていることに気づいたという、第6章で挙げた卒業生のマキの語りは、そのことを示す典型例だろう。そしてコウスケの語りからは、Y校の外で新たな人々と関わる経験が、Y校時代に形成した進路展望を揺るがす出来事となりうることがわかる。

「計画された偶発性」理論をふまえるならば、将来のキャリアは予測不可能であり、偶然の出来事によっていつでも変化しうるものである。実際にコ

ウスケの事例は、そのことを物語っているといえよう。Y校でみられた学校環境の効果は、生徒によっては時限性をもつものになるということを、留意する必要がある。

8　まとめと考察

8.1　出来事と志向性に基づく進路決定のメカニズムの析出

　本章では、生徒の語りから浮かび上がる「出来事」と「志向性」という2つの要素に着目しながら、Y校の生徒たちが進路を決定して卒業していくメカニズムについて検討してきた。

　Y校の生徒たちの語りからは、学校内／学校外における出来事とそれに対する意味づけの連鎖のもとで「やりたいこと」が設定された様子が見出せた。そうした中で、まず出来事に注目すると、生徒たちの「やりたいこと」の発見に結びついた出来事は、非常に多岐にわたっていた。学校内の出来事については、進路指導に基づく非偶然の出来事に限らず、生徒会活動や部活動とそこでのリーダー体験、さらには教師・自閉症の生徒・先輩との交流といった出来事が、偶発的に生徒の進路展望の形成に影響を与えうることがわかった。また、学校外の出来事については、過去の不登校にまつわる経験や、家族との関わりのなかで生じた出来事が、生徒の進路展望の形成過程に影響を与える様子も見出せた。

　そうした出来事は、さまざまな意味づけがなされることで、生徒の「やりたいこと」の発見に結びついていた。その意味づけの根底にある意識を探っていくと、何らかの目標を達成したいと個人が思い描く願望（つまり志向性）があると解釈できるものも多くみられた。具体的には、「『楽しいことを仕事に』志向」「サポート志向」「年長役割志向」「成長志向」という4つの志向性を、複数の生徒の語りから導き出すことができた。

　これらの出来事と志向性に関する分析からは、さらに、Y校の生徒たちを進路決定へと水路づけるような教育実践・背景要因を見出すことができた。それらを大きく分けると、①特別活動や部活動、専門コースの授業、進路行

事・職業体験の機会などを充実させることによる、学校内での多彩な出来事の創出、②「やりたいことがある／やりたいことを探している」フリーターに出会うような学校外の出来事（アルバイト、学校外の仲間集団との交流）の制御、という2点に整理できる。

　上記の教育実践・背景要因や、生徒のサポート志向を培いうる教育実践上のケアリングの連鎖などをふまえると、Y校の生徒たちは、フリーター・無業に結びつかない形で「やりたいこと」を発見し、「やりたいこと」と進路決定を両立できるような環境に置かれていると考えることができる。また、そうした環境の中で、生徒たちは「やりたいこと」を見出せなかったとしても、進路決定を自明視するようになっていると推察できる。

　ただし、こうした生徒たちの進路決定のメカニズムを考えるうえで留意すべき点についても、2点言及した。1点目は、生徒たちの中には、家庭の経済的事情、学力、高卒求人の職種の偏り、本人の「適性」をふまえた教師の指導などによって、大きな制約を受けながら進路展望を描いていく必要がある者がいるということである。2点目は、Y校で形成した進路展望は、卒業後に出会う学校外の出来事のもとで大きく揺らぐ可能性があるということである。

8.2　学問的・実践的示唆

　まず、実践的示唆について述べると、学校内での多彩な出来事の創出につながる教育実践は、多くの学校・教育施設で応用可能なものだろう。Y校は非主流の後期中等教育機関ではあるが、全日制高校と同様の形で週5日・昼間に授業を行う学校であり、夜間定時制高校や通信制高校、サポート校と比べて、生徒たちが学校で過ごす時間は長いといえる。しかし、生徒たちが学校で過ごす時間がより少ない各学校・教育施設においても、学校内での直接的な進路指導やそれにとどまらない日常的な経験を豊富に提供し、生徒が偶然／非偶然の出来事に出会う確率を上げるという教育実践は、各学校・教育施設の特性を生かした形で実現できるはずである。特別活動や部活動を生かした人間関係の豊饒化や、生徒間での経験の分散といった教育実践は、その

ヒントとなりうるものだろう[6]。

　一方で、学校外の出来事の制御に関する教育実践を多くの学校・教育施設に適用することは難しい。なぜなら、私学であるY校とは異なり、公立の定時制高校や通信制高校（さらには下位ランクの全日制高校）の生徒たちの中には、経済的な困難を抱える家庭に育ち、アルバイトによって家計を支えなければならない者がより多くいるためである。

　そもそも、アルバイトの経験は当人にとってポジティブな意味をもちうるものでもある。城所・酒井（2006: 224-226）では定時制高校の生徒たちについて、アルバイトを探すうえで得た情報や「大人」と一緒に働く経験が、自己の再定義やアイデンティティの拠りどころの発見につながっていることを示している。アルバイトの経験を制御するよりも、そうした経験を進路展望の形成へと生かしていくような教師の働きかけを行う方が、より現実的な教育実践だと考えられる。

　そもそも、卒業後の学校外の出来事によって進路展望が揺らぐことをふまえると、学校外の出来事の制御による効果は、生徒によっては時限性をもつものになるかもしれない。課題集中校の生徒たちの進路形成（さらには社会的自立）に対して、学校内で多彩な出来事を創出していくという支援は、有効な1つの方策として考えられる。しかし彼ら／彼女らへの支援は学校内だけではすべて完結しえず、卒業後に進路展望が揺らぐことをふまえた継続的な支援──狭義の就労支援だけではない、生活保障を基盤とする支援[7]──が不可欠であるということを、本章の実践的示唆として付け加えておきたい。

　なお、生徒の進路展望の形成過程の背景にあると考えられる4つの志向性からは、それらの志向性に結びつくような教育実践が、生徒の進路展望の形成過程を支えることも示唆される。たとえば、Y校の教育実践の中でみられるケアリングの連鎖は、生徒たちのサポート志向を育て、彼ら／彼女らを「やりたいこと」と進路決定の両立が可能な進路へと水路づけることが推察される。また、生徒たちが有する年長役割志向に働きかけるような、教師・先輩・学校外の年長者との関わりを豊饒化していくという教育実践も、彼ら／彼女らの進路展望の形成を支える1つの方策になりうると考えられる。

次に、本章の学問的示唆としては、環境（社会的文脈）に焦点を当てる教育社会学のアプローチと心理学によるキャリア理論の両者を接続することで、高校生の進路選択について発展的理解が得られる可能性があるということを挙げることができる。本書の知見は、教育社会学の先行研究が看過してきたキャリア理論（本章の場合は「計画された偶発性」理論）を援用し、「出来事」の重要性に注目したことで初めて見えてきたものである。

また、出来事と志向性という2つの要素が生徒の進路展望の形成過程に結びついており、それが分析の切り口になりうるということも、本章の学問的示唆の1つといえる。これらの本章の学問的・実践的示唆は、他の学校がY校とどのような共通点・相違点をもつのかについて検討する際の起点となりうるものだろう。

第8章では、生徒の進路形成のもう1つの側面である、「卒業後の就業・就学継続」のメカニズムと、その中で生じうる課題について検討する。

【注】

1　全日制高校卒業時の進路未決定者に関する先行研究としては、苅谷ほか（1997, 2002, 2003）、粒来（1997）、耳塚（2001）、耳塚編（2003）、小杉（2003）、千葉・大多和（2007）、酒井編（2007）、内田龍史（2007）、岩田（2010）、児美川（2013）などが挙げられる。

2　酒井編（2007）では、下位ランクの全日制商業高校の生徒たちの進路意識について、コクラン（L. Cochran）のナラティヴ・アプローチによるキャリアカウンセリング理論（Cochran 1997）をもとに検討を行っている。そこでは、進路について「あきらめ」「考えない」状態であった商業高校の生徒たちが、大学進学支援のボランティアとの関わりのもとで進路意識の「揺らぎ」を経験している姿などを描き出している。上記の指摘が重要であることを認めつつ、本章では「計画された偶発性」理論を援用することで、酒井編（2007）とは異なる側面を描き出していく。

3　障害がある生徒の進路選択のプロセスは、健常の生徒とは基本的に異なる（詳しくは第4章）。そのため、本章の分析は健常の生徒に限定している。

4　ケアとサポートの言葉は、両者ともに「誰かを支えようとすること」という意味で使われるが、ケアというときには相手に対する配慮が前面に出て、サポートというときには相手が自己決定できる自立した主体であるという認識が前面に出るという、ニュアンスの違いがある（三井・鈴木編 2007: iii-vi）。保育系・福祉

系の職業や教師・カウンセラーなどによって行われる職務は、ケアとサポートのどちらの言葉でも呼ぶことが可能な性質をもつものである。しかし本章では、これらの職業が支えようとする対象が自立した主体であることと、生徒たちがサポートという言葉を使う傾向を考慮して、基本的にはサポートの言葉を使用する。ただし、ノディングズのケアリングの議論を敷衍する範囲では、ケアとサポートがほぼ同様の言葉であることを前提として、ケアという言葉を用いる。

5 　なお、Y校の参与観察からは、「対話」「確証」に関連する教育実践を見出すこともできる。ノディングズは、教師と生徒のケアリングの関係を維持するためには、理解、共感、感謝をともに探究するような両者間の「対話」が重要であるとする。また、教師たちは生徒たちのケアの「実践」と同時に、生徒の中の最善のものを肯定し奨励する（確証をする）必要があることも指摘している（Noddings 1992=2007: 54-62）。

　そうした中で、「対話」については、Y校の教師たちは生徒とコミュニケーションを多くとることが重要だと考えているが、その中では相手の考えを理解するということが目指されている。たとえば品川先生はインタビューの中で、生徒と関わるうえで「まずはその子がどんなふうに考えてるのかなとか、自然に自分の気持ちを口にできるような状況とか口調に変えてく」と話している。

　また、「確証」について述べると、Y校の参与観察では、教師たちが毅然とした態度で生徒指導を行うだけではなく、生徒を褒める姿もたびたび見られた。それは、自閉症の生徒との関わりについても同様である。たとえば、以下の場面はスキー教室のフィールドノーツの抜粋だが、赤坂先生は見回りを担当した部屋の健常の生徒であるショウゴとユウスケに対して、バディとの関わり方について具体的な指導をすると同時に、彼らの関わり方について「よくやっている」と「確証」を与えている。

　　《スキー教室2日目の夜の、赤坂先生による2年生の部屋への見回りで》ショウゴはスキー教室が初めて《彼は1年生の最後に編入》のため、感想を聞かれると、バディと一緒に泊まるのは楽しいと話していた。赤坂先生は、ショウゴとユウスケはよくやっていると褒める。2人は優しいから《それぞれがバディを組んでいる自閉症の生徒の》トモヤとユウキはきっと好きだけど、優しすぎないように、夕食のバイキングでご飯をとるなど自分のできることは自分でやらせるように、彼らが失敗してもそれは経験だからという話をする。［フィールドノーツ］

6 　また、生徒集団の特性を生かすという方法も、教育実践の1つの可能性として挙げられる。Y校では自閉症の生徒が約6割在籍するという特性が、生徒の進路展望の形成に大きく影響していた。城所・酒井（2006）でも夜間定時制高校について、クラスが異年齢集団であり生徒内の価値観が多様であることが、生徒の自己の再定義過程を支えていることを指摘しており、生徒内の多様性が進路展望の

形成にも寄与する可能性が示唆される。
7 　生徒たちのキャリア形成と、その支援の方策が暗闇の中の「模索」にならざるをえないのであれば、大多和・山口（2007: 177）で述べているように、両者が模索を安心して行うためのセーフティネットを社会保障において用意することが不可欠であるだろう。

第8章　卒業後の就業・就学継続と自立支援のジレンマ

1　問題設定

　第7章では、Y校の生徒たちが進路を決定して卒業していくメカニズムを生徒たちの語りをもとに検討し、留意点とともに提示した。本章では、進路形成のもう1つの側面である「卒業生の就業・就学継続」に注目し、近年のY校の卒業生たちがなぜ就業・就学を継続できているのかについて、そのメカニズムを卒業生たちの語りから探索する。また同時に、Y校の教育実践が卒業生の就業・就学継続を支えるうえでの限界と、教師が直面しうるジレンマについても明らかにする。

　学校格差研究をはじめとした教育社会学の先行研究では、後期中等教育段階の学校・教育施設と生徒たちの進路形成との関連について検討する際、卒業時点での進路選択というトピックに焦点化して検討を進めてきた。しかし、生徒たちの進路形成、さらには将来の社会的自立[1]の問題について考えるのであれば、卒業時点での進路選択・進路決定の動向だけでなく、卒業後の就業・就学継続の動向に注目する必要がある。というのも、高校卒業後に就職した会社を早期離職したり、専門学校・短大・四年制大学を中退したりする移行の失敗が、非正規雇用や無業への契機となりうるためである（小杉 2005a, 2005b；本田 2005bなど）。

　とくに、非主流の後期中等教育機関においては、卒業後の就業・就学継続という問題が、各学校・教育施設にとって重要な課題となっている様子を見出すことができる[2]。

　たとえば、第5章でも述べたように、2000年代のY校では、健常の生徒の

約半数が卒業後の就職先・進学先を3年以内に離職・中退していた状態であった。Y校では、過去の苦しい学校経験を共有する生徒集団や、密着型教師＝生徒関係といった対人関係のもとで、不登校経験がある生徒の登校継続が支えられている。しかし、卒業後の就職先・進学先での対人関係がそうしたY校での対人関係を反転させたような場でありうることが、生徒たちを卒業後の早期離職・中退へと水路づける重要な一因となることが、当時の教員や卒業生の語りなどからは浮かび上がった。

こうした卒業生の早期離職・中退の問題は、当時のY校に限らず、他の非主流の後期中等教育機関でも直面しうる問題でもある。西村（2002）や柿内ほか（2010）では、定時制高校において、卒業してすぐに就職先・進学先を離職・中退する卒業生が少なからずいることを指摘している。筆者が高等専修学校5校の教員に対して実施した聞き取り調査（概要は第3章）でも、就職者に関しては、「90％近くが1年間のうちに辞めてしまう」「(3年間で) 7割に近い確率で辞めている確率が高い」などといった現状が語られている。また、聞き取り調査を実施した高等専修学校の中には、系列の専門学校以外に進学した卒業生の30〜40％が中退しているという学校もあった（伊藤2013a）。

そうした中で、非主流の後期中等教育機関は、卒業生の就業・就学継続を支えるために、いかなる教育実践を行っていけばよいのだろうか。本章では近年のY校を事例とし、そうした教育実践の可能性と限界について検討する。

現在のY校では、卒業生の3年間での離職・中退率は約2割にまで減少している。かつて約5割が卒業後3年以内に離職・中退を経験していた時代から、何が変化したのだろうか。また、卒業生たちは卒業後の進学先・就職先で、具体的にいかなる生活を送っているのだろうか。そして、彼ら／彼女らが離職・中退の危機を経験した場合、いかにしてその危機を乗り越えていくのだろうか。本章では、卒業生のインタビューでの語りをもとに、現在のY校の卒業生たちが就業・就学を継続するメカニズムと、それを支えるY校の教育実践や背景要因について探究していく。

ただし、現在のY校でも、以前より少なくなったとはいえ、早期離職・中退に至る卒業生たちはいる。彼ら／彼女らのケースを詳細にみていくと、Y

校の教育実践を改善していくだけでは支えきれない事情による離職・中退があるということがみえてくる。第7章で指摘した卒業後の進路展望の揺らぎは、そうした離職・中退の1つの事情であるといえるが、他にもさまざまな事情による離職・中退の姿を見出すことができる。

現在の若者たちが抱える経済的自立（さらには社会的自立）への困難は、企業の採用行動の変化や政府の雇用政策によってもたらされている部分が大きいことが、数々の研究者たちから指摘されてきた（玄田2001; 本田2005b; 児美川2007など）。それらの構造的要因の改善を抜きにした学校教育の役割の強調は、社会の矛盾を「教育で始末をつける」という過大な要請を学校教育に押しつけることになる（児美川2007）。そうした要請を抑えるためにも、Y校が卒業生の就業・就学継続に対して果たしうる役割だけではなく、その限界についても、データに基づいて検討していく必要がある。

なお、Y校の現在の教育実践からは、卒業生たちの就業・就学継続を支える一方で、ある一定の卒業生たちを社会的自立の困難へと水路づけてしまうという教育実践上の意図せざる帰結も浮かび上がる。Y校の教師たちが直面している社会的自立に向けた支援のジレンマと、それを受けていかなる教育実践を組織していく必要があるのかについても、考察を行いたい。

2　分析の視点：想起される学校経験

2.1　先行研究の不在

後期中等教育段階の学校・教育施設に在籍する生徒たちの進路形成の問題について、学校格差研究をはじめとした先行研究では、全日制高校を対象とし、そこでの生徒たちの進路選択のメカニズムに注目してきた。その一方で、同じ進路形成の問題であるにもかかわらず、在籍する後期中等教育段階の学校・教育施設の特徴やそこでの教育実践と、生徒たちの卒業後の就業・就学継続の問題を関連づけて論じている研究はほとんどない。こうした傾向は、下位ランクの全日制高校や非主流の後期中等教育機関に限らず、後期中等教育の学校・教育機関全般についていえることである。

高卒就職者の早期離職や中等後教育（四年制大学・短期大学・専門学校等）進学者の中退の理由を検討した先行研究は少なからずある。しかし、先行研究で早期離職や中退の理由として指摘されてきたもののほとんどが、在籍した高校やそこでの教育実践とは関係のないものである。これまで早期離職の理由として挙げられてきたは、本人の就業準備の不足、仕事内容のミスマッチ、勤務地の変更、職場での暴力やいじめ、長時間労働などの理由である（小杉 2005a；木戸口 2006；乾 2010 など）。また、中退の理由としては、学力不足、学習意欲の減退による単位不足、関心のない学科への進学、孤立・相談相手の不在、進路の再考、厳しい生活指導への反発、経済的理由などが挙げられてきた（小杉 2005b；内田千代子 2007；村澤 2008；白川 2012 など）。

そうした中で石田（2014）は、全日制高校を卒業して就職した者について、1990年代以降の卒業生では学校経由の就職による初職離職リスクの軽減効果が強まっていることを明らかにした。しかし石田（2014）では、いかなる学校で学校経由の就職のパイプラインが強く確保されているのか、またそうしたメカニズムの中で具体的に学校には何ができるのか、という点については検討を進めていない。在籍する全日制高校の特徴やそこでの教育実践が卒業後の早期離職・中退にどのように影響しているのかについては、これまで十分な形で論じられてこなかったといえる。

全日制高校の卒業者がなぜ卒業後の就職先・進学先で就業・就学継続できているのかという、逆の問いを立てた先行研究もある。木戸口（2006）や乾（2010）では、全日制高校卒業後に就業を継続しているインタビュー対象者たちの特徴として、同期入社の同僚が複数いることや、入社後に一定の研修期間があることを挙げている。ただしこれらの研究でも、彼ら／彼女らの就業・就学継続に全日制高校がどのような役割を果たしたのかについての記述はない。

非主流の後期中等教育機関においても、早期離職・中退者の問題は指摘されているものの（西村 2002；柿内ほか 2010）、そのメカニズムについては言及されていない。後期中等教育機関の特徴やそこでの教育実践が卒業生の就業・就学継続に与えうる影響や、教育実践の限界とジレンマについて検討す

るという本章の問いは、後期中等教育からの進路形成に関する研究の中でもオリジナルな問いであるといえるだろう。

2.2 分析の視点

　第1章で述べたように、本書の各章の分析では、①学業達成・地位達成のアスピレーションに集約されない生徒たちのさまざまな「志向性」と、②生徒集団、教師＝生徒関係をはじめとした学校の人間関係がもつポジティブな側面に着目しながら分析を進めている。本章の分析からは、②の生徒集団や教師＝生徒関係については、卒業生の就業・就学継続と関連をもつ様子を見出すことができる。しかし①の「志向性」に関しては、今回分析に用いたデータからは、卒業生の就業・就学継続との結びつきを見出すことができなかった。

　そうした中で本章では、上記の2つの視点以外に、新たに以下の視点を取り入れながら分析を進めていきたい。それは、Y校時代の学校経験の「想起」という視点である。インタビューの結果を先取りすると、卒業生の中には、離職・中退の危機の際にY校での学校生活上の経験を思い浮かべることで、就業・就学を継続する決意をしている者たちがいた。卒業後に想起されるY校での学校生活上の経験を、以下では「想起される学校経験」と呼びたい。

　「想起される学校経験」が卒業生に対して与える意義については、先行研究の中でも指摘されている。酒井（1999b）は、人と教育の出会いには、今ここにおいてあるタイプの教育を受けるという出会い方だけではなく、過去においてあるタイプの教育を受けたことを想起するという出会い方があることを指摘している。そして、ある高校での卒業生インタビューに基づき、縦割りホームルーム制の経験が同窓生とのネットワーク形成のきっかけになったり、他者とのつきあい方の指針となったりする形で、卒業生たちに「想起された教育の意義」を与えていることを明らかにしている（酒井1999b）。本章から見出せる、「想起される学校経験」が卒業生の就業・就学継続を支えるという姿は、想起された教育の意義の1つのバリエーションとして考える

ことができるだろう。

3　事例の特徴と分析の手順

1節でも述べたように、2000年代のY校の卒業生たちは、約半数が卒業後3年間で就職先・進学先を離職・中退していた状態であった。しかし、近年の卒業生は就業・就学を継続する傾向にあり、卒業後3年間で離職・中退したことを学校が把握している卒業生は、ここ数年は2割程度にまで減少している。近年の卒業生について離職率・中退率を算出すると、離職率の方がやや高いが、ケース数も少ないため誤差の範囲だともいえる。

分析ではまず、Y校の卒業生に対して実施したインタビューでの語りに基づき、彼ら／彼女らがなぜ就業・就学を継続できていたのかについて提示する（表8-1）。インタビュー対象者の7名（男性4名、女性3名）のうち、2名（ヒロミ・タケヒコ）はY校を2000年代前半に卒業している。一方で、残りの5名（マキ・コウスケ・ユウタ・ユカ・タイジ）は、Y校を2010年前後に卒業した者たちである。ここでは、Y校を2010年前後に卒業した5名の語りを軸としながら、分析を進める。

卒業生インタビューの人数は、在校生インタビューの人数に比べて、大幅に少ない。その理由としては、2010年前後の卒業生に関しては教師から

表8-1　卒業生インタビューの対象者

仮名	性別	インタビュー1回目	インタビュー2回目	卒業後の進路	職種／分野	離職・中退の危機	危機の乗り越え
ヒロミ	女性	卒業後[4年半]	卒業後[6年半]	進学（短大）	歴史学	○	○
タケヒコ	男性	卒業後[4年半]	卒業後[6年半]	進学（専門）	情報処理	○	○
マキ	女性	在校時（2年生）	卒業後[1年半]	進学（四大）	福祉		
コウスケ	男性	在校時（2年生）	卒業後[1年半]	進学（四大）	保育	○	
ユウタ	男性	在校時（2年生）	卒業後[2年]	就職	建築	○	○
ユカ	女性	在校時（3年生）	卒業後[2年]	進学（四大）	児童心理	○	○
タイジ	男性	在校時（3年生）	卒業後[2年]	就職	警備	○	○

メールなどで協力依頼の情報を転送してもらう形を取ったが、筆者が週4回の仕事に就いていて日程が限られていたこともあり、協力の返信がほとんど送られてこなかったということが挙げられる。卒業生の中には、仕事で週1回しか休みが取れない者や、早期離職・中退などの理由で学校とつながりをもたなくなっている者も少なくない。結局、インタビューに協力してくれた卒業生の大多数は、「成人を祝う会」（後述）などで直接協力を打診できた卒業生たちだった。

もし仮に、より多くの卒業生から話を聞くことが可能であったとしたら、より幅広い就業・就学継続のメカニズムを描き出すことができたかもしれない。他の章も同様ではあるが、本書の知見は、本書の中で得られたデータのなかから描き出せる「部分的真実」(Clifford and Marcus eds. 1986=1996) であり、卒業生の就業・就学継続のメカニズムの一部であることに、留意が必要である。

なお、上記の分析の際にとくに注目したいのが、彼ら／彼女らが語る離職・中退の危機と、それを乗り越えた経験である。インタビューを行った卒業生は、1人を除き、順風満帆な仕事生活・学校生活を送っているわけではなく、7名中6名が卒業後の就職先や進学先を離職・中退しようと考えた経験を語っている。ただし、うち5名は、そうした危機を乗り越え就業・就学を継続した経験についても語っている。本章では、その中でもY校を2010年前後に卒業したユウタ・ユカ・タイジの3名のインタビューでの語りから、Y校の教育実践がいかなる形で彼ら／彼女らの離職・中退の危機の解消につながったのかについて指摘する。

しかし、Y校を早期離職・中退した卒業生のケースに注目すると、就業・就学継続を支えるうえでの限界や、教育実践のうえでのジレンマも浮かび上がってくる。そのため、卒業生たちの語りや、教師による離職・中退した卒業生についての語りなどに基づき、学校による教育実践のみで就業・就学継続を支えるうえでの限界や、教育実践の中で教師が直面しうるジレンマについても言及する。

4　離職・中退の危機の解消と「想起される学校経験」

　卒業生インタビューを実施した7名のうち5名は、早期離職・中退の危機に直面しながらも、その危機を乗り越えて就業・就学継続に至った様子を語っている。彼ら／彼女らの語りからは、さまざまな事柄が絡み合う中で、離職・中退の危機を乗り越えた様子を見出すことができる。そうした中で、2010年前後にY校を卒業したユウタ・ユカ・タイジの3名からは、Y校での経験を想起することで、離職・中退の危機を乗り越えた様子が語られた。

　Y校を卒業して警備会社に就職したタイジは、1日中立ちっぱなし・動きっぱなしの仕事で、1年目は体調を崩したりもしたという。しかし、彼は仕事を辞めることを考えたときに、Y校時代のつらい経験と比べれば仕事もつらくないという教師の話を思い出して、離職の危機を乗り切っていたと語っている。彼は後述のユウタとともに、Y校では週6日の練習に加え夏休み中は3週間近くの合宿を行う、かなり活発な運動部に所属し、そこでレギュラーとして活躍していた。この部では、長時間走ったり接触を伴うプレーが要求されるスポーツであることもあり、かなりハードな練習メニューが組まれている。それらの練習を乗り越えてきた経験や、その経験の意味を形づくる教師の言葉の想起が、タイジが約2年間就業を継続できてきた理由の1つとなっていると考えられる。

　　タイジ：仕事辞めよっかなって考えたときに、あのう、高校生の時に先生たちに話された、話してくれた話とかは思い出します。あのう、今がんばっとけば、社会に出たときにつらくても、こん時つらかったんだから、それに比べれば全然つらくねえだろっていう。そういう話を思い出したりして、乗り切ってはいましたね。［インタビュー］

　Y校の教師の話を思い起こすことで仕事上の困難を乗り越えようとする様子は、ユウタの語りからもうかがえる。Y校卒業後に建築会社に就職したユウタは、自分なりに努力して終えた仕事が上司に認められず怒られたときな

どに、会社を辞めたくなるときがあるという。しかし以下の彼の語りからは、そうした人間関係のつらさを「Y校で学んだことを生かして」乗り切ろうとしていることがわかる。そして、彼の「Y校で学んだこと」は、「どっかで楽しようとしてる自分がいる」ことが同僚から認めてもらえない理由であり、認めてもらうためには努力する必要がある、という認識につながっていると考えられる。ユウタは「想起される学校経験」をもとに、人間関係のつらさの責任が自分にあると意味づけ、それを自らの努力によって解決できると考えることで、離職を思いとどまっていると解釈できる。

伊藤：人間関係つらい？
ユウタ：つらいときもありますけど、ま、その、Y校で学んだことを生かしてみたいな。
伊藤：別に無理して言わなくていいよ、そういうこと。
ユウタ：いや、無理じゃないです。
伊藤：無理してない。
ユウタ：はい。確かに周りから認めてもらえない自分がいるんで、認めてもらうよう努力してるだけなんで、自分は。それは自分がいけないっていうのはわかってるんですけど、やっぱり、なん、どっかで、どっかで楽しようとしてる自分がいるんですよ。「あした休めないかな」とか、本当に下っ端のやつが考えちゃいけないんですよ、そんなことなんか。1日でも早く覚えて独り立ちしないといけないっていう、そんなことを社長から何度も言われてるんですけど、どっかで楽しようとしてるんですよ。そこがいけないんですよ。［インタビュー］

　ユカの語りからも、Y校在学中の教師の話が就業・就学を継続するきっかけとなった様子が見出せる。四年制大学に通っているユカは、彼女が希望していた子どもに関わる仕事に大学の先輩たちがあまり就職していないことや、友人関係のいざこざなどで、大学を辞めようと考えたことが何回かあったと話している。しかし、彼女が大学を辞めなかった理由の1つとして、3年間

担任だった田端先生との「3年間はがんばれ」という約束を破ってしまうということがあったという。

> 伊藤：《大学を辞めようと考えたとき》誰から止められた？それとも自分で思い直したって感じ？
> ユカ：自分で思い直しました。なんかやっぱり自分は子どものことが好きなんで、やっぱり通っているから、通っている意味をちょっと失ってた感じで、それでやっぱり自分がこの大学にしたんだったら最後まで卒業しないといけないかなって。あと、田端先生との約束を破っちゃうかなっていうのがあって。
> 伊藤：その約束はどういう約束？
> ユカ：え？なんか、3年まではがんばれって言われてたんですよ。私、今まで3年続いたこと基本ないんですよ《彼女は中学校のときは不登校で、2度の転校を経験している》。高校だけ3年続いてて、3年続くもの1つもなかったので、大学はがんばろうって思いました。《中略》
> 伊藤：《大学を辞めたら》田端先生に何言われるかわかんないとか考えた？
> ユカ：もう、たぶん一番問題を起こした私がすぐ辞めて、まあダラダラしたりして、あとまた迷惑かけたりしちゃうかなっていうのも思ったし、あと、なんか、進学している私が、就職がんばってる人がこんなにがんばってるのに自分だけ辞めちゃうのもちょっとって思って、やっぱり皆のことも考えてがんばんないといけないなっていうのを思っています。［インタビュー］

田端先生との「3年間はがんばれ」という約束を守ろうとする理由について、ユカは、「一番問題を起こした私」が辞めることで、田端先生に迷惑をかけてしまうかもしれないということを挙げている。ユカは、2年生のときに1か月近く学校での宿泊を経験している。担任の田端先生に学校での宿泊などを通してさまざまな働きかけを受けた経験が、彼女が「3年間はがんば

れ」という田端先生の言葉を想起して大学に通い続けることを決意した背景にあると考えられる。

タイジ・ユウタ・ユカの語りからは、Y校の教師たちの話の内容が彼ら／彼女らを就業・就学継続へと翻意させるような「想起される学校経験」となっていると考えることができる。ただしユカの語りからは、Y校の教師・友人との心理的なつながりも、彼女を就職先・進学先へとつなぎとめるような「想起される学校経験」となっている様子がうかがえる。

ユカの語りからは、担任の田端先生との「3年間はがんばる」という約束に加え、就職してがんばって仕事を続けている同級生への配慮が、彼女が大学を辞めないことを決意する要因の1つになっていると解釈できる。同級生へのそうした配慮が生まれる背景として、ユカは、2年生のときの学校での宿泊にまつわるエピソードを語っている。彼女は学校での宿泊が続く中で、クラスメイトたちが自分のことを心配してくれたことで、自らも周囲の友人たちのことを考えられるようになったと語っている。Y校での宿泊の時期に経験した友人たちからの配慮が、彼女の大学中退を翻意させるような「想起される学校経験」を生み出していることを、ユカの語りからは読み取ることができる。

　伊藤：今になってはいい経験だったって感じ？
　ユカ：今になっては、たぶん、だから《Y校での》お泊まりがなかったら、たぶん、もう大学もすぐ辞めて皆のこと考えられなかったと思います、たぶん。
　伊藤：なんでお泊まりをして大学続いたり皆のこと考えられるようになった？
　ユカ：え、なんか、まあ普通だったらコイツ悪いことしたから、ていう、私の中では悪いことしたから自分たちが、自分たち……ん？クラスの人たちを迷惑かけたしって言うので、なんかもう皆に嫌われたりして、なんかそこにいられなくなるっていうイメージが高くて、やっぱり泊まってて皆が心配とかしてくれたからこそ、なんか周りが見れたみた

いな感じになって、すごいそれが良かったかななんて。［インタビュー］

　タイジ・ユウタ・ユカにとって、「想起される学校経験」は、彼ら／彼女らの就業・就学継続を支える複合的な事柄の中の1つであると考えられる。彼ら／彼女らの就業・就学継続を支えたと考えられる事柄の中には、Y校の教育実践とは直接の関連がみられないものも当然ある。たとえばタイジはインタビューの中で、Y校の教師の話の想起だけでなく、仲の良い職場の同期の存在も、就業継続に至る重要な理由の1つになったことを語っている。タイジは就職して1年目のとき、上司が問題を起こし、離職を考えたことがあったという。しかし彼は、同期から「辞めないでくれ」と引き留められたことや、自分が辞めたら残った同期が寂しくなるだろうと考えたことによって、仕事を続けることにしたと話している。ユカのインタビューでも、「子どもが好きだから」という大学に通う意味の再確認が、中退を翻意して大学に通い続けることを決意した理由の1つになった様子が語られている。

　しかし同時に、卒業生の語りからは、Y校の教師の話の内容や教師・友人とのつながりといった「想起される学校経験」も、卒業生たちを就業・就学継続へと導く要因の1つとなりうることが見出せる。上記の知見からは、学校は生徒たちに「想起される学校経験」となりうるような言説や経験を提供していく教育実践によって、彼ら／彼女らの卒業後の就業・就学継続を支えることができる、ということが示唆される。

5　「想起される学校経験」を生み出す教育実践

　卒業生たちの語りからは、Y校の教師の話の内容や教師・友人とのつながりといった「想起される学校経験」を生み出すような教育実践が、卒業生の就業・就学継続を支える可能性が示唆された。本節では、いかなる教育実践が「想起される学校経験」による卒業生の就業・就学継続のメカニズムを支えうるのかについて、卒業生や教師の語りなどをもとに2点提示する。

5.1　在学中の「辞めないための指導」

　教師たちによると、Y校では卒業生の離職率・中退率の高さをふまえ、3年間を通して生徒が卒業後に離職・中退しないようにするための指導を心がけるようになったという。そのために行われた指導について、タイジ・ユウタ・ユカの語りと結びつけながら、3点取り上げておきたい。

　第1に、「心を強くする指導」である。教師たちの語りに基づくと、近年のY校では、離職率・中退率の改善に向けて、生徒たちの気持ちを強くする、あるいは生徒たちに「我慢する力」や「乗り越える力」をつけることを目指してきたという。

> 田端先生：だからあの、耐える力、我慢する力を3年間でつけさせている。で卒業した時にはついたんだよというところ。だから自信をもってあのー卒業させていくことによって、がんばれる我慢できる、もうちょっとがんばろうというような気持ちにはなっていることは事実です。ですからあのー、途中であきらめない、そのために3年間でがんばったことがたくさんある。それを自覚させながら卒業させていくようにしているので、そのへん《離職率・中退率》の改善がまあみられるんじゃないかなとは思いますね。［インタビュー］

　では、実際に生徒たちの心を強くすることを目指して、いかなる教育実践が行われているのか。その代表的なものが、部活動の活動の充実である。大崎先生はインタビューの中で、「体育的活動を多くしようとか、クラブ活動を盛んにさせようとか、もしくはその労作を多くしようっていくと、確かに気持ちは強くなる」と話している。そうした教師たちの認識の中で、Y校の部活動では、より多くの生徒が加入するように、より活動で経験できることの質が高まるように、教師たちが日々さまざまな工夫を行っている。

　以下は、放課後の野球部の練習について記述したフィールドノーツの抜粋である。練習の中では、顧問の根津先生から、厳しい口調で指導が行われたり、檄が飛ばされたりしている。こうした指導は、部活動によって程度の差

第 8 章　卒業後の就業・就学継続と自立支援のジレンマ　259

はあるが、Y校の他の運動部においても同様に見られるものである。

　練習は、キャッチボールのあと、Aチームは自主練で、投手・捕手のバッテリーは投球練習、残りの部員たちはペアを組んで、バント練習とトスバッティングを交互に行っていた。Bチームは階段ダッシュを15分×2本。途中で根津先生が園庭に降りていき、ジュン《3年生》にスイングの構えの指導をする。また、カイト《3年生》がバント練習を何回やっても根津先生の指導通りにできないので、根津先生の指示はどんどん口調が厳しくなっていく。自主練のあと、カイトは根津先生に1人呼び出され、「気持ちが見えない」「嫌々やってるだろ」などと、かなり長い間厳しい口調の注意を受けていた。
　そして全員が参加したノックでは、根津先生は、Aチームの生徒たちとBチームのルイ《1年生》にはかなり鋭い打球を飛ばす。一人3球で、とれるまで何度もやるが、声が出ていなかったり打球に逃げ腰になっていたりすると根津先生から激しい檄が飛ぶ。ノックの待ち時間で、ヒロト《3年生・自閉症の生徒》が余計なことばっかり言っているので、階段ダッシュをさせられるが、彼はチンタラ走っているので、それが根津先生に見つかるたびに注意される。根津先生の檄と激しいノックに、部員たちは「もう一本お願いします！」などと大声を張り上げる。
　ノックを終え、最後に園庭の真ん中に集合する。ルイに、Aチームに入る自信はあるかと根津先生が聞くと、Aチーム用のノックの球がほとんどとれなかったルイは「ないです」と答える。根津先生は、セイヤ《3年生・自閉症の生徒》はがんばってBチームからAチームに上がったから、がんばれと話す。［フィールドノーツ］

タイジが「Y校時代のつらい経験に比べれば仕事もつらくない」という教師の話をリアリティをもって想起できた背景には、部活動などで苦労して何かを成し遂げる体験を埋め込むY校の教育実践があったであろう。そうした経験が教師の言葉によって意味を与えられることで、Y校の「心を強くす

る」ための教育実践は卒業生の就業・就学継続を支える「想起される学校経験」になりうることが推察される。

第2に、卒業後の就業・就学継続を絶対視させるための指導である。たとえば、田端先生はインタビューの中で、安易な理由で離職・中退することがないように、卒業前の生徒たちには、卒業して3年間は我慢して仕事や学校を続けるよう念を押すようにしていると語っている。

> 田端先生：とにかくまずその石の上にも3年じゃないけども、先が読めない段階で途中であきらめることは、これはよくないと。判断できる材料がないうちに判断するのは、これはいけないよと。でまず、嫌でも何でもとにかく3年間あのー続けることによって見えてくるものがあるので、不適応やなかなか合わないと思っても、感じても、3年間はとにかく我慢してやりなさいと。で3年たってそれでもこれは続けることが難しいとなった場合には、相談のうえね、まあ進路変更するのは大丈夫だよというように、卒業前に話をするようにしていくことに力を入れるようにしていることと、［インタビュー］

ユカにとっては、田端先生が生徒たちに伝える「3年間は続ける」という約束が、「一番迷惑をかけた」という田端先生との教師＝生徒関係の認識と重なることで、大学の中退を翻意させるような「想起される学校経験」となっていた。田端先生の「3年間は続ける」という語りかけは、密着型教師＝生徒関係（第5章・第6章）との相互作用のもとで、就業・就学継続を支えるような「想起される学校経験」となりうることが示唆される。

第3に、離職・中退の危機を自らの努力で克服していくことを求める指導である。Y校では生徒たちに、卒業後の就職先・進学先で困難が生じた場合、その責任は（職場や学校にではなく）自分にあり、自らのふるまいを改善させていく必要があるというメッセージを伝えていく傾向にある。以下の文面は、3年生に対して2月末に行われた「卒業に向けて」という授業で配布された、「就職に向けて」というプリントからの抜粋である。このプリントでは、職

場で起こりうる困難に対して、職場に問題がある可能性については言及されず、自らの言動の問題を改善していく必要性のみが提示されている。

- 心の中で、「別に、私だけじゃないじゃん！！」「なんで俺だけ！？」「俺だけが悪い訳じゃない！！」「これぐらい、いいじゃん！！」……と思っているとそれが表情に出る。自分では気づかなくても、相手は確実に読み取るもの。自分の悪いところを認めて、「完全謝罪」しよう。
- 《仕事が》一日で終わらなければ、就業時間後もその完成を目指して働くことが必要なのだ。もし、時間ばかりを気にするのであれば、会社には不適合な人間。少なくとも、どんな会社でも入社して2〜3年は、定時には帰れないと思った方がよい。仕事は大変。大変だから、給料がいただけるのだ。

職場や学校での困難の原因を環境にではなく卒業生本人に求め、その困難を自らの努力で克服すべきだとする指導は、当人を精神的に追い詰めるもののように思えるかもしれない。しかしユウタの語りを振り返ると、彼にとってはこうした指導が仕事の継続を支える「想起される学校経験」になっていたと解釈することができる。

先行研究からも、ユウタにみられる「自らのふるまいを変えることで問題を解決できる」とする認識が、困難を抱えた人々の自立や回復にとって重要な役割を果たしうることが示されている。マルナは、犯罪からの離脱者による語り（「回復の脚本」）の特徴の1つとして、「自己の運命に対する自己の支配という楽観的な認識」という点を挙げている（Maruna 2001=2013）。また中村（2011）では、摂食障害を「食事」の問題と解釈する一部の回復者の試みについて、当事者が自ら問題を解決する権利（「解決権」）を取り戻そうとする試みであると考察している。

中村（2011）も指摘するように、「解決権」の取り戻しの試みは、それが社会から普遍的に要請されるモデルとなった場合には、問題解決の自己責任化につながってしまう危険性もある。しかし、ユウタの語りにみられるよう

に、個々人にとっては、問題の「解決権」が自らにあると考えることは、早期離職・中退の危機を踏みとどまる際の1つの方法になりうると考えられる。

　Y校の教師たちは、部活動の場などを生かして生徒たちの「心を強くする」ことを目指した指導を行っている。また、生徒たちに卒業後の就業・就学継続を絶対視させるために、卒業して3年間は我慢して仕事や学校を続けるよう念を押している。さらに、卒業後の就職先・進学先で困難が生じた場合、その責任は自分にあり、自らのふるまいを改善させていく必要があるというメッセージを生徒たちに伝えていく。これらの指導は、卒業後に早期離職・中退しないような個人を育成するための指導であり、「辞めないための指導」と呼ぶことができるだろう。そしてこれらの「辞めないための指導」は、卒業生にとっては「想起される学校経験」となり、就業・就学継続を支えうるものであると考えられる。

5.2. つながり続ける教師＝卒業生関係

　Y校の教師たちが卒業生の就業・就学継続に向けて行う教育実践は、Y校在学中のみに限らない。教師たちは、卒業後も生徒たちとのつながりを保持することを意識して、さまざまな試みを行っている。

　たとえば、田端先生は、担任を受け持つ生徒たちに対して、卒業前に、3年間は仕事や学校を辞めないことを求めるだけではなく、離職・中退する前にかならずY校の教師のもとに相談に来ることを約束するようにしているという。これは、卒業後もつながり続けることを生徒に示す働きかけであるといえよう。

　　田端先生：もちろん、学校の先生たちは相談があればいくらでも相談に乗ることはできるよ、ただ、辞めましたとか退学しましたという報告はあのー直接ね、相談なしにするのはやめようね。これはあのー固い約束であるということは強く言い続けていくようにしたので、あのーまあ、嫌だから辞めるとか、ついていけないから辞めるという簡単な判断はさせないようにしています。《中略》まあ前はじゃあ卒業させれ

ばいいからって思っていたわけじゃないけども、3年間は何が何でもがんばれよってのも言ってました。言ってましたが、そこまで伝わってないというか、うん、あのーまあ簡単に辞めてしまう、嫌だから辞めてしまう、えーついていけないから辞めてしまうというような安易な報告が、事後報告が多かった。そこをまあわれわれも学んで、改善していくことによって、あの報告はわれわれは欲しくないと。相談はいくらでも乗るからというスタンスでいるということは、あのーしっかり伝えていった、いってるつもりです。ですからそれが《早期離職・中退者が減った》一番の理由になるのかなー。［インタビュー］

　ただし、教師たちはただ卒業後に相談に乗ることを生徒に伝えるだけではない。Y校では、実際に教師と卒業生がつながりを保ち続けられるようにするためのイベントが行われている。Y校では、卒業1年目の6月にホームカミングデイ、卒業2年目の1月に「成人を祝う会」という形で、1学年の卒業生が教師とともにY校のホールに集う機会を設けている。どちらも毎年土曜日に開催され、障害がある卒業生はほぼ9割近く、健常の卒業生も半数近くが参加している。目黒先生によると、とくにホームカミングデイについては、卒業生の就業・就学後の様子をうかがうために行っているという教師側の裏の意図があるという。さらに、教師によっては、卒業生たちとインフォーマルに食事に行ったり飲み会を開いたりして、関わりを維持し続けている。

　こうしたイベントで顔を合わせるだけではなく、教師たちは個別に卒業生と連絡を取ることがある。とくに、卒業生の職場や学校から離職・中退の危機にあるという連絡があった際には、担任などの教師が卒業生と職場・学校の間に入り、両者に対して継続のための働きかけを行うことがある。以下の2つのケースは、実際に教師が卒業生と職場・学校との間に入り、卒業生を当面の就業・就学継続へと水路づけたケースである。なお、これらのサポートは、Y校の生徒の特性に理解のある職場・学校に卒業生を送り出すことで可能になっているという部分もある。

【ケース①】
　Pくんは、Y校を卒業後就職したが、「いい加減な仕事っぷりだ」「意欲がない」と判断され、職場の同僚からの評判が悪くなっていった。社長（Y校の卒業生）から連絡が来て、担任の田端先生は何度かPくんと電話で話をした。その後は一生懸命仕事をするようになり、部活動にもOBとして顔を出すようになった。

【ケース②】
　Qくんは、専門学校でいじめに遭い、学校に行けなくなってしまった。このままだと単位が足りず留年になるので、Y校で実習という形で授業と部活動の補助を行い、それを単位認定したいという依頼が専門学校側からあった。そこで、1か月間の期限を決めてY校で状況を立て直すことになった。Y校での実習には毎日登校し、実習を無事に終えた。

　第5章・第6章では、Y校の教師たちが生徒と結ぼうとする関係について、密着型教師＝生徒関係と名づけて論じた。Y校の教師たちは卒業生に対して、在学中と比べると当然関わりの密度は薄くなるが、かつて形成した密着型教師＝生徒関係を敷衍して、就業・就学継続に向けたサポートを行っている。教師たちは、生徒が卒業した後も、離職・中退の危機にある場合はいつでも相談に乗ることを伝えたり、卒業生と交流する機会を積極的に設けたり、卒業生と職場・学校の間に入って就業・就学継続のための働きかけをしている。このような教師と卒業生の関係は、「つながり続ける教師＝卒業生関係」と呼ぶことができるだろう[3]。

　タイジ・ユウタ・ユカについては、卒業しても文化祭を訪問したり、成人を祝う会に参加したりするなどして、Y校の教師とのつながりを維持してきた卒業生たちであった。ユウタに関しては、成人を迎えてから、何人かの同級生とともに担任の田端先生と飲みに出かけている。彼ら／彼女らにとって在学中の教師の話が思い起こされた、つまり「想起される学校経験」となった背景には、教師が卒業生と顔を合わせる場を用意するなど、つながり続け

る教師＝卒業生関係を築いていたという点があるのではないかと考えられる。

以上より、本書で得たデータからは、Y校の卒業生の就業・就学継続を支えうる教育実践として、①在学中の「辞めないための指導」、②つながり続ける教師＝卒業生関係という2点を挙げることができる。これらの教育実践は、2000年代における卒業生の早期離職・中退という課題をふまえて導入されたものである。第5章では2000年代の早期離職・中退について、生徒の登校継続に向けて密着型教師＝生徒関係による支援を行うY校とは異なり、卒業後の就業・就学の場では困難を支えてくれる他者がいないことが離職・中退の重要な一因となっていたと考察した。一方で、上記の2つの教育実践は、そうした早期離職・中退のプロセスに対して、①「心を強くする指導」などで個々人が困難を乗り越えるための「想起される学校経験」の根拠を与える、②教師がつながり続けることで困難を支える他者の不在という問題を解消する、という形で解決の道筋を提供するものだと考えることができる。近年におけるY校の離職率・中退率の減少の一部は、そうしたメカニズムによって促されていると、考察することができるだろう。

6 「想起される学校経験」の限界

以上では、Y校の卒業生が就業・就学継続に至るそのメカニズムについて、「想起される学校経験」の概念を援用しながら提示した。そして、そのメカニズムを支えると考えられるY校の教育実践について言及した。

しかし現在においても、そうしたメカニズムの裏側で、早期離職・中退に至るY校の卒業生たちは一定数存在している。彼ら／彼女らのケースを検討すると、「想起される学校経験」によって卒業生の就業・就学継続を支えるという教育実践には限界がある様子も浮かび上がってくる。

表8-2は、報告者が参与観察やインタビューを行った世代（2010年前後に卒業）の、卒業後3年以内での離職・中退者の状況である。教師たちが把握している離職・中退の原因は多岐にわたっており、「家庭の経済的問題」（①・②）、「人間関係上の孤立／不和」（③・⑥・⑦）、「精神的な問題」（③）、「仕事内

表8-2　卒業後3年以内での離職・中退者の状況（教師の把握）

	卒業後の進路	離職・中退の経緯	学校・教師との現在の交流	現在の状況
①	短大（予定）	入学金・学費を払うことが難しくなり、入学手続きをしなかった	なし	結婚・出産して働いている
②	専門学校	授業料を払うことが難しくなった	なし（連絡が取れない）	不明
③	専門学校	友だちができず、精神的に不安定になった	なし	不明
④	専門学校	学校の経営に不信感をもち、退学した	たまにY校に遊びに来る	アルバイト
⑤	就職	仕事がこなしきれず、限界を感じて退職を申し出た	なし	不明
⑥	就職	仕事が覚えられず、遅くまで残業させられ、同僚からは無視・罵倒されていた	再就職が決まるまで、担任にメールを送り続けていた	正社員として再就職
⑦	就職	仕事ができるために先輩社員から妬まれ、失敗をなすりつけられた→会社に不信感	なし	アルバイト

容上の困難」（⑤・⑥）、「会社・学校への不信感」（④・⑦）、「長時間労働」（⑥）といった多岐にわたる理由を見出すことができる。ただし教師たちによると、他にも「学力不足」や「やりたいこととのミスマッチ」によって離職・中退するケースも多いという。

　これらの離職・中退の原因をふまえると、想起可能な学校経験を提供して就業・就学継続を支えるという教育実践には、以下の2つの理由から限界があるといえる。

　第1に、「家庭の経済的問題」や「長時間労働」のように、学校経験の想起による本人の意識のもちようだけでは解決できない離職・中退の原因がある。本人がどんなに学校に通い続けたいと思っていても、家庭の経済状況が厳しくなれば学校を辞めて働かざるをえなくなる場合もあるだろう。また、本人が困難な状況を自らの手で打開しようと考えていても、職場から強制される長時間労働によって、心身の調子を崩してしまう場合もあるだろう。

　第2に、これらの原因を完全に予測して生徒たちに学校経験を提供していくことは困難である。たとえば、「人間関係上の孤立／不和」について考え

ると、誰が上司や同僚、同級生となるかをY校の教師たちが完全に予測することはできない。そうした中で上司との不和は、仕事が覚えられない（⑥）だけでなく、仕事ができすぎても（⑦）起こりうるが、当人に何が問題として起こりうるかを事前に完全に予期することは不可能である。また、いかなる学校経験を生徒に与えればよいのかについては、一定程度卒業後の進路に影響を受けるはずだが、3年生になってから進路希望が固まる生徒や、結果的に希望の進学先・就職先に進めない生徒も少なくない。さらには、「やりたいこと」や進路展望のように、卒業後に変化しうる要因もあり（第7章）、その変化も在学中に完全に予測することは不可能である。

7　教師が直面するジレンマ

　前節でみたように、離職・中退の原因の中には、意識のもちようのみでは解決できないものや、在学中には予期しえないものもある。そのため、「想起される学校経験」によって就業・就学継続を支える教育実践には限界もある。さらに、Y校の事例からは、「想起される学校経験」によって就業・就学を支える教育実践が、その内容次第では早期離職・中退した卒業生たちをむしろ社会的自立の困難へと水路づけるものとなるという危険性も示唆される。

　教師たちによると、早期離職・中退した卒業生たちは、正社員として再就職を目指すよりも、フリーターや無業の状態になる場合が多いという。また、卒業生たちからは、離職・中退した同級生たちが引きこもりや昼夜逆転の状態になっていたり、その後職を転々としていたりすることも指摘されている。Y校では、卒業生の早期離職・中退はその後の経済的自立や生活的自立などの困難、つまり社会的自立の困難へとつながる傾向にある。

　離職・中退した卒業生の中には、教師と継続的に連絡を取り合いながら再就職を目指すケースもある（表8-2・⑥）。離職・中退した卒業生に対しても、本人の連絡さえあれば、つながり続ける教師＝卒業生関係による再就職支援は行われる。Y校の教師たちは彼ら／彼女らの再就職にとって、重要な支援

者の1人となりうる存在だと考えることができる。

　しかし、上記のようなケースは決して多くない。むしろ離職・中退した卒業生たちの多くは、Y校の学校・教師との関わりをもたなくなる。そのため、離職・中退の報告がかならずY校に届くわけではない。卒業生へのインタビューからは、教師が把握していない離職・中退者の存在や、教師と同級生が把握している再就職先が食い違っているケースなども浮かび上がってきた。これらの状況は、在学中に教師と良好な関係を築いていたり、部活動や学校行事、生徒会活動などでリーダーとして活躍していたりした卒業生についても例外ではない。彼ら／彼女らに関しては、離職・中退とともに、彼ら／彼女らの再就職への重要な支援者となりうる教師とのつながりも失うことになる[4]。

　では、離職・中退した卒業生はなぜY校の教師たちと連絡をとらなくなるのか。その理由として、田端先生は「お世話になった先生に申し訳ないという気持ちがあるんでしょう」と話している。実際に卒業生へのインタビューでも、離職・中退することへの「申し訳なさ」が語られている。たとえば4節で取り上げたユカの語りの中には、「たぶん一番問題を起こした私がすぐ辞めて、まあダラダラしたりして、あとまた迷惑かけたりしちゃうかなっていうのも思った」という一文があった。この一文からは、ユカが大学を中退することを、田端先生に迷惑をかけること、つまり申し訳ないことだと捉えていることが推察される。

　また、四年制大学の保育系の学科に進学したコウスケは、大学の中退について「申し訳なさ」や「後ろめたさ」があることを明示的に語っている。第7章でも取り上げたが、彼はインタビュー当時、大学を中退して飲食店で働くことを考え始めていた。しかし彼は、「《大学に》指定校推薦で行かせてもらったんで、なんか卒業しないと申し訳ないっていう気持ち」もあると語っている。また、後ろめたい気持ちがあり、Y校の教師たちには大学を辞めることについて相談しにくいという。

　コウスケ：《大学を辞めて働くことを》たぶん、言えば品川先生とかそう

いう、田端先生とかもなんだかんだでじゃあそうしてみなとは言ってくれるとは思うんですけど、なんか自分自身その後ろめたい気持ちもあるんで、言いにくいなっていう気持ちもあるんですよ、すごい。［インタビュー］

　教師への「後ろめたさ」や「申し訳なさ」によって教師と連絡をとらなくなるのは、在学中に学校や教師にお世話になったからだけではないだろう。なぜなら、教師たちが基本的に離職や中退を容認する方針をとっているならば、後ろめたさや申し訳なさはそれほど強くならないと考えられるためである。コウスケの「なんだかんだで」という言葉からは、教師たちが基本的には大学の中退を容認していないという認識を読み取ることができる。
　彼ら／彼女らの後ろめたさや申し訳なさの背景を考察するにあたっては、在学中に生徒たちになされてきた指導の内容を振り返っておく必要がある。
　Y校では卒業生の離職率・中退率の高さをふまえ、3年間を通して「辞めないための指導」を心がけるようになっていた。そうした指導は、「想起される学校経験」となり卒業生たちの就業・就学継続を支えるものであった。タイジが「Y校時代のつらい経験に比べれば仕事もつらくない」という教師の話をリアリティをもって想起できた背景には、苦労して何かを成し遂げる体験を部活動などに埋め込むY校の教育実践があっただろう。ユカの場合、田端先生が生徒たちに伝える「3年間は続ける」という約束が、大学の中退を翻意し通い続けることを決意させる「想起される学校経験」となっていた。職場で起こる困難とその克服を自己責任化するような教師の指導も、ユウタにとっては仕事の継続を支える「想起される学校経験」となっていた。
　ただし、これらの指導に基づいた学校経験の想起は、離職・中退した者にとっては自責の念やそれによる精神的な苦しみと、教師への後ろめたさを高めるものにもなりかねない。彼ら／彼女らはこれらの指導を想起した場合、自らを「我慢する力」や「乗り越える力」が不足している者、教師との約束を破った者、自らの言動の問題で離職・中退に至った者として捉えざるをえなくなると推察される。

早期離職者が離職直後に強い自責の念を抱え、うつ状態に陥る様子は、乾（2010, 2012）でも指摘されている。乾によると、入職初期は職場で過重／不当な要求を突きつけられたとしても、それを過重／不当と判断できるような「常識」の枠組みがないため、要求されたことの異常さを判断できず、できない自分を責めることになるという（乾 2010: 187）。また、離職後は、「辞めてしまった我慢のできない自分」を自分で強く責め続けることになるという（乾 2012: 104）。中等後教育への進学者に関しても、入学初期には自らに強いられる困難が不当だと判断できるような「常識」の枠組みをもちえないという意味では、就職者と同じだと考えられるだろう。Y校の教師たちが卒業生の就業・就学継続を支えるために提供している「辞めないための指導」は、離職・中退した卒業生たちにとっては、そうした自責の念を加速させ、再就職への再起を難しくさせたり教師と連絡を取りにくくさせたりするような、「想起される学校経験」にもなりえてしまうのではないだろうか。

そうした指導上の困難は、教師たちにもジレンマとして認識されている。ある教師はインタビューの中で、安易な離職・中退が将来の社会的自立の困難に結びつくことを考えると、「アルバイトでもいいよとは公言しづらい」と語っている。しかし同時に、「辞めちゃったんだからしょうがない、でその次をじゃあ探そうねというスタンスでいるのが、まだうまく伝わらない」と、悩みも吐露している。卒業生の就業・就学継続を支える教育実践と、離職・中退者の社会的自立を支えることとのジレンマに、Y校の教師たちは直面しているのである。

8　まとめと考察

本章では、近年のY校の卒業生たちがなぜ就業・就学を継続できているのかについて、そのメカニズムを卒業生たちの語りから探索するとともに、Y校の教育実践が卒業生の就業・就学継続を支えるうえでの限界と、教師が直面しうるジレンマを描き出してきた。

卒業生へのインタビューでは、1名を除いて、卒業後の就職先・進学先を

離職・中退することを考えたという経験が語られた。離職・中退の危機を乗り越えた経験をもつ卒業生たちの語りからは、彼ら／彼女らの就業・就学継続を支えたと考えられる事柄が複数あり、Y校の教育実践とは直接の関連がみられないものも多いということがわかった。しかし同時に、Y校の教育実践に関連する事柄として、Y校での教師の話の内容や教師・友人とのつながりが、卒業生の就業・就学の継続を促すような「想起される学校経験」となりうることが見出せた。

そして、それらの「想起される学校経験」によって就業・就学継続が促される背景として、①在学中の「辞めないための指導」と、②つながり続ける教師＝卒業生関係という2つの教育実践があることを指摘した。これらの教育実践は、Y校と卒業後の就業・就学の場との対人関係上のギャップが原因となっていた、かつてのY校の早期離職・中退のメカニズムを克服すると考えられるものであった。

しかし離職・中退の原因の中には、本人の意識のもちようのみでは解決できないものや、在学中には予期しえないものもあり、「想起される学校経験」を提供する教育実践では乗り越えがたい就業・就学継続の困難が少なからずあることがわかった。また、卒業生や教師の語りからは、就職先・進学先への定着を促す「辞めないための指導」が同時に離職・中退した者の社会的自立への困難にもつながりうるという、指導上のジレンマも見出された。

これらの知見からは、以下の2点の学問的示唆を導き出すことができる。第1に、課題集中校での教育実践と卒業生の就業・就学継続とのつながりが、卒業生たちが学校経験を想起するというプロセスを通して生まれうるということである。第2に、卒業生による「想起される学校経験」は、すべての卒業生の就業・就学継続を支えることができるわけではなく、また、その内容によっては離職・中退者の社会的自立の困難へと結びつくという両義的な意味をもちうるということである。

そして、実践的示唆としては、以下の2点を挙げておきたい。第1に、課題集中校の卒業生における経済的自立（さらには社会的自立）の問題を「教育で始末をつける」ことには、やはり限界や困難が伴うということである。Y

校の教師たちが卒業生の就業・就学継続と離職・中退者の社会的自立を同時に支えることのジレンマにさらされている裏側には、若年層にとって安定雇用の枠が限られており、また早期離職や中退がその後の安定雇用の可能性を狭めるという構造的背景があることを忘れてはならない。若年層の早期離職・中退の問題と、それを起因とする社会的自立の困難については、学校の外側の構造的背景を組み替えていくことでしか、根本的な解決は見込めないだろう。

第2に、そうした背景下にありながらもささやかながら学校教育が生徒たちの社会的自立を支えていくための1つの可能性として、「想起される学校経験」となりうるような言説・経験の内容を洗練させていくという方策があるということである。ただし、「想起される学校経験」の内容によっては、一定の個人を社会的自立の困難へと水路づけてしまう可能性もある。やむなき事情で早期離職・中退せざるをえなくなった者や、心身の状態によって就業・就学が難しい状態にある者もいるだろう。彼ら／彼女らにとっても今後の人生の支えになるような「想起される学校経験」を提供する、より多元的な教育実践が必要とされているのではないだろうか。

卒業生へのインタビューからは、就労が困難な状態にある卒業生にとっても生活の支えになるような「想起される学校経験」を見出すこともできた。インタビュー当時は専業主婦であったヒロミは、精神的な浮き沈みの激しさの問題で、現状では仕事に就いても続けられないと思うと話している。しかし彼女は、Y校で自己開示をできた経験が、「いろいろなことがしてみたいだとか、人に会ってみたいだとか、アクティブになったり好奇心が旺盛になったり」したことにつながっていると語っている。彼女の語りからは、自分をさらけ出すことができたというY校時代の経験が、アクティブに好奇心をもちながら生活を送るうえで支えとなる「想起される学校経験」となったことを、推察することができる。

さまざまなライフコースを歩む卒業生たちがいずれも承認されるような多元的な「想起される学校経験」とはいかなるものだろうか。そうした教育実践の可能性を探究していくことは、今後の研究課題としたい。

第9章では、第5章〜第8章までで描き出してきた生徒の学校適応・進路形成のメカニズムと、それを支える教師の教育実践・背景要因、それらの教育実践・背景要因のもとで直面しうる困難について整理する。そして、本書の学問的・実践的意義と今後の研究課題について述べる。

【注】
1　第1章で述べたとおり、本書では「社会的自立」という言葉を、経済的自立、生活的自立、居住の自立、精神的自立、政治的自立といったさまざまな自立概念を含みこむ言葉として用いていく。なお、それぞれの自立については、経済的自立が困難であることにより居住の自立がままならない、というように、それぞれの自立への移行がさまざまな形でより糸のように相互に結びつき連動している（Jones 2009）という点を前提としている。
2　同じ課題集中校でも、下位ランクの全日制高校について早期離職・中退者の問題を抱えることを指摘している研究は、管見の限り見当たらなかった。これは、学校格差研究をはじめとした先行研究が生徒の進路形成について、卒業時点での進路選択の側面ばかりに注目を集めてきた結果であるといえるだろう。当然、下位ランクの全日制高校を卒業した生徒たちの就業・就学継続の動向や、それと学校の教育実践との関連について進めることは、今後の研究課題であるだろう。
3　こうした教師の働きかけは、近年生活困窮者の支援や困難を抱えた若者の就労支援で導入されている、「伴走型支援」とほぼ同様のものだと考えることができる。伴走型支援は、「個別的」・「継続的」・「横断的」を特徴とし、孤立しがちな被支援者に継続的に寄り添うように関わる支援のことを指す（湯浅 2011）。
4　早期離職・中退した近年の卒業生は、そのほとんどが学校・教師とのつながりをもたなくなっており、また就業・就学を継続している同級生とはSNSでつながってはいるものの、直接会ったり連絡を取ったりすることは非常に少ないという。そのため、早期離職・中退した近年の卒業生に関しては、筆者も直接インタビュー調査を依頼することができなかった。

第9章　後期中等教育のセーフティネットをめぐる可能性と課題

　第5章〜第8章では、Y校における生徒の学校適応・進路形成のメカニズムと、同時に浮かび上がる課題について検討してきた。本章では、本書のこれまでの知見を改めて振り返り（1節）、それらの知見に基づく本書の学問的意義（2節）・実践的意義（3節）について述べる。そして最後に、今後の研究課題と展望について記す（4節）。

1　知見の要約

　本書の目的は、非主流の後期中等教育機関を対象とし、生徒の学校適応・進路形成を支える教育実践・背景要因と、そうした教育実践のもとで新たに見えてくる困難を描き出すことであった。
　定時制高校・通信制高校・高等専修学校・サポート校などの非主流の後期中等教育機関は、学業不振・不登校・高校中退などの事情を抱え、全日制高校への進学（・転編入）が難しい者を、後期中等教育上で受け入れる場となっている。そうした中で、それらの学校・教育施設は、生徒たちに後期中等教育として「高卒（扱い）の学歴」「学力」「学校生活で得られる経験」を提供して次の進路へと送り出す、10代の若者の社会的自立に向けたセーフティネットの役割を担っていると考えられる。しかし同時に、これらの非主流の後期中等教育機関では、生徒の学校適応・進路形成にまつわる課題が集積する傾向にあり、生徒を卒業まで導き社会的自立へと水路づける過程ではさまざまな困難が想定される。非主流の後期中等教育機関では、生徒たちの学校適応・進路形成をいかなる教育実践や背景要因によって支えることがで

きるのだろうか。また、生徒たちの学校適応・進路形成を支えようとする教育実践のもとで、同時に生じる困難とはどのようなものだろうか。

　本書ではそうした問題関心から、まず非主流の後期中等教育機関におけるそれぞれの学校種・形態の特徴と、入学してくる生徒層、中退率・進路未決定率の現状などについて述べた後（第2章・第3章）、事例研究に着手した（第4章〜第8章）。具体的には、高等専修学校であるY校を事例とし、事例と調査の概要について記述した後（第4章）、生徒の学校適応の側面として「不登校経験者の登校継続（第5章）」「教師の指導の受容（第6章）」、進路形成の側面として「進路決定（第7章）」「卒業後の就業・就学継続（第8章）」を取り上げ、そのメカニズムと同時に生じうる課題について検討した。

　第2章では、全日制高校以外の後期中等教育機関を概観したうえで、非主流の後期中等教育機関における「受け入れる生徒層」「カリキュラム編成」「中退率・進路未決定率」について、学校種間・学校種内でみられる共通点と相違点を整理した。

　まず、受け入れる生徒層については、各学校種で不登校経験者、高校中退・転編入経験者、学業不振の生徒、非行傾向がある生徒、発達障害がある生徒、外国にルーツをもつ生徒、社会経済的困難を抱えた家庭に育つ生徒などをほぼ共通して受け入れる傾向にあることを示した。しかし、別の学校からの転編入学や非行傾向をもつ生徒の受け入れなどの方針の違いなどにより、それぞれの学校・教育施設で受け入れる生徒層には「微妙なコントラスト」が生じていることも見出した。また、カリキュラム編成については、非主流の後期中等教育機関の学校種間・学校種内で、登校日数・授業時間・授業内容が非常に多様であることを指摘した。中退率・進路未決定率については、全体としては全日制高校よりも高いかもしれないが、非主流の後期中等教育機関の中でも学校種間・学校種内で差異がみられることを示した。

　第3章では、第2章で指摘した生徒層の微妙なコントラストに着目し、非主流の後期中等教育機関への入学者選抜がどのようなものであり、結果としてどのような生徒層が入学機会における不利を受けているのかについて、東京都を事例として検証を行った。

東京都における非主流の後期中等教育機関の入学者選抜に注目すると、学業達成の水準が実質的には選抜基準となっていない学校・教育施設も多かった。一方で、学業達成の他に重要な入学者選抜の基準となりうるものとして、「家庭の経済的状況」「家庭の教育への姿勢」「素行の改善可能性」という3つの要因が見出せた。これらの知見からは、非主流の後期中等教育機関のカリキュラム編成が多様化しているにもかかわらず、家庭背景や素行というノンメリトクラティックな入学者選抜の基準によって進学先の選択肢が狭まり、不本意な進学へと水路づけられる者たちがいることが示唆された。さらに、その不本意な進学は学びのスタイルの変更を伴うものであり、また中退率の高い学校への進学であるという様子も浮かび上がった。

学業達成や家庭背景、素行といった選抜基準は、すべての非主流の後期中等教育機関で問われるわけではないため、どの学校・教育施設でもよいのであれば入学可能である。そうした理由から、非主流の後期中等教育機関は、全体としては後期中等教育におけるセーフティネットの役割を果たしていると論じた。しかし同時に、授業の開講時間やカリキュラム編成などについて自らの希望に沿う学校・教育施設を選択しようとしたときに、学業達成とは異なる選抜基準によって、入学機会の不平等が立ち現われることについても指摘した。

このような非主流の後期中等教育機関に関する背景知識を前提として、第4章以降では高等専修学校であるY校の事例研究に移行した。

第4章ではY校という事例の紹介と、調査の概要についての説明を行った。具体的には、まずY校の概要について学校資料などをもとに提示し、Y校の入学者選抜と生徒層、学校生活の1日の流れ、授業のあり方と生徒の学力という3点をトピックとして取り上げ、フィールドノーツやインタビューのデータなどを交えながらその概要を記述した。その後、Y校で実施したフィールド調査の概要を示した。

第5章では不登校経験をもつ生徒たちがなぜY校に登校継続できているのかについて、そのメカニズムを検討し、生じうる課題とともに提示した。

まず、不登校経験をもつ生徒たちのインタビューでの語りに注目し、不登

校のきっかけとY校に通えている理由について、彼ら／彼女らの大多数が生徒間関係あるいは教師との関係といった学校内での対人関係を挙げていることを指摘した。次に、不登校経験をもつ生徒にとって友人や教師が登校継続を支える存在となるその背景として、①過去の学校経験による「痛み」を共有する生徒集団、②自閉症の生徒との共在、③密着型教師＝生徒関係による支援、④教師による生徒間関係のコーディネートという、4つの教育実践・背景要因を示した。そして、これらの4つの教育実践・背景要因をもとに、高ストレス状態を生み出す元凶として批判される学級集団が、Y校では生徒の登校継続にポジティブに機能しうることについて言及した。

ただし、不登校経験をもつ生徒の登校継続が主に対人関係によって支えられる一方で、卒業後の場における対人関係のあり方のギャップから、卒業生が早期離職・中退の危機にさらされる場合があるという課題も指摘した。なお、この課題は、不登校経験をもつ生徒だけでなく、Y校の対人関係に身を置き続ける他の生徒たちも直面しうる課題であった。

第6章では、Y校の生徒たちがなぜ教師の指導を受容するようになるのかについて、そのメカニズムを志向性の概念をもとにしながら検討し、生じうる課題とともに提示した。

まず、入学当初に教師の指導に反発心があったと明示的に語った生徒たちの語りに基づき、彼ら／彼女らが指導を受容するようになる契機が、彼ら／彼女らが有する①地位達成・学業達成に集約されない幅広い「成長志向」、②教師への「被承認志向」、③先輩をロールモデル化する「年長役割志向」のもとで生まれていることを見出した。そして、こうした指導の受容のメカニズムが、密着型教師＝生徒関係を意図的に形成していく教師たちの教育実践や、生徒を部活動へと巻き込もうとする教師の働きかけ、学校と家庭の協力体制などによって支えられていることを指摘した。

ただし、Y校における指導の受容のメカニズムと同時に生じていた、以下の2つの課題についても指摘した。1点目は、すべての生徒たちがY校の指導を受容するようになるわけではなく、学校の方針や指導に従うことを生徒ないし保護者が拒否し、学校を去っていくケースがあるということである。

2点目は、Y校の生徒たちが、教師の指導を徐々に「全面的」に受容するようになり、教師の指導を相対化しその正当性について考える機会を失っていく様子が見出せるということである。

第7章では、Y校の生徒たちが進路を決定して卒業していくメカニズムを、生徒たちの進路選択にまつわる語りにみられる出来事と志向性に着目しながら描き出し、留意すべき点とともに提示した。

Y校の生徒たちの語りからは、学校内／学校外における出来事とそれに対する意味づけの連鎖のもとで「やりたいこと」が設定されていることがわかった。また、そうした出来事が、「『楽しいことを仕事に』志向」「サポート志向」「年長役割志向」「成長志向」という4つの志向性との関連のもとで、生徒の「やりたいこと」の発見に結びついている様子も見出せた。

また、これらの出来事と志向性に関する分析からは、さらに、Y校の生徒たちを進路決定へと水路づけるような教育実践・背景要因を見出すことができた。それらは大きく分けると、①特別活動や部活動、専門コースの授業、進路行事・職業体験の機会などを充実させることによる、学校内での多彩な出来事の創出、②「やりたいことがある／やりたいことを探している」フリーターに出会うような学校外の出来事（アルバイト、学校外の仲間集団との交流）の制御、という2点であった。

ただし、こうした生徒たちの進路決定のメカニズムのもとで浮かび上がる留意点についても、2点言及した。1点目は、生徒たちの中には、家庭の経済的事情、学力、高卒求人の職種の偏り、本人の「適性」をふまえた教師の指導などによって、進路展望を描くうえで大きな制約を受ける者がいるということである。2点目は、Y校で形成した進路展望は、卒業後に出会う学校外の出来事によって大きく揺らぐ可能性があるということである。

第8章では、近年のY校の卒業生たちがなぜ就業・就学を継続できているのかについて、そのメカニズムを卒業生たちの語りから検討するとともに、Y校の教育実践が卒業生の就業・就学継続を支えるうえでの限界と、教師が直面しうるジレンマについて指摘した。

離職・中退の危機を乗り越えた経験をもつ卒業生たちの語りからは、彼ら

／彼女らの就業・就学継続を支えたと考えられている事柄が複数あり、Y校の教育実践とは直接の関連がみられないものも多いことがわかった。しかし同時に、Y校での教師の話の内容や教師・友人との心理的なつながりが、卒業生の就業・就学継続を促すような「想起される学校経験」となりうることが見出せた。

次に、それらの「想起される学校経験」を卒業生に作り出し彼ら／彼女らを就業・就学継続へと水路づける可能性をもつ教育実践として、①在学中の「辞めないための指導」と、②つながり続ける教師＝卒業生関係という2点を挙げた。これらの教育実践は、Y校と卒業後の就業・就学の場との対人関係上のギャップが原因となっていた、かつてのY校における早期離職・中退のメカニズムの克服につながることが予想されるものであった。

ただし、離職・中退の原因の中には、本人の意識のもちようのみでは解決できないものや、本人や教師が在学中には予期しえないものもあり、「想起される学校経験」を提供する教育実践では乗り越えがたい就業・就学継続の困難が少なからずあることもわかった。また、就職先・進学先への定着を促す「辞めないための指導」が、同時に離職・中退した者の社会的自立への困難にもつながりうるという、指導上のジレンマが生じていることも指摘した。

2　学問的意義

本書の学問的意義については、これまでも各章の中で、学問的示唆という形で言及してきた。ここでは、第1章で述べた本書の学問的オリジナリティを振り返りながら、本書全体から得られる学問的意義について、大きく3点を指摘しておきたい。

2.1　課題集中校で学校適応・進路形成を支える道筋の提示

1点目の学問的意義は、学校格差構造で下位に位置づけられる課題集中校においても、生徒の学校適応と進路形成を支える教育実践・背景要因や、それを探索する研究の道筋があることを示したことである。

第1章で述べたとおり、後期中等教育における生徒たちの学校適応と進路形成は、主に教育社会学によって、学校格差構造との関連をふまえて論じられてきた。しかし、こうした学校格差研究には、本書の関心に照らせば、以下の2点の課題があった。1点目は、研究対象を全日制高校のみに焦点化し、非主流の後期中等教育機関の存在はほぼ等閑視されてきたということである。2点目は、非主流の後期中等教育機関と同様に「課題集中校」と呼ぶことができる、下位ランクの全日制高校の研究では、その教育実践の困難さや教育実践がもたらす負の帰結ばかりに焦点を当ててきたということである。

　そうした中で第1章では、本書の学問的オリジナリティとして、①学校格差構造上で全日制高校よりも下位に位置づくと考えられる非主流の後期中等教育機関の学校適応・進路形成の姿を描き出す、②学校適応・進路形成上の困難を抱える学校で、それらが克服されていくメカニズムに焦点を当てる、という2点を挙げた。

　①は、事例研究の各章を通して達成してきたといえるだろう。ここでは②に関連して述べると、本書では、非主流の後期中等教育機関において、生徒たちを学校適応と進路形成へと水路づけるメカニズムの一部が、学校が有する背景要因や教師たちの教育実践によって支えられていることを示してきた。

　まず、第1章・第2章で示したのは、下位ランクの全日制高校や定時制高校などで、学校種や地域をある程度限定した場合にも、学校ごとに中退率・進路未決定率に大きな差異がみられるということである。この知見からは、各学校・教育施設にはそのカリキュラム編成や教師の教育実践によって、中退率や進路未決定率を改善する余地があるということが想定できる。

　また、非主流の後期中等教育機関に関して、中退率や進路未決定率の差異は、生徒層の違いによるものだとはいい切れないことも指摘した。第3章では、非主流の後期中等教育機関について、生徒層に微妙なコントラストがあることを指摘した。しかし、あくまでそれは「微妙な」コントラストであり、私学の高等専修学校であるY校においても社会経済的な困難を抱える家庭の子どもや非行傾向がある生徒が一定数入学してきていた。

　そして、第5章～第8章で示した生徒の語りから浮かび上がったのは、生

徒たちの学校適応や進路形成のプロセスが、教師の教育実践や学校が有する背景要因と深く結びつく姿であった。たとえば、教師の教育実践について述べるならば、生徒と密着型の関係を結ぼうとする教師の存在は、生徒の学校適応や進路形成を促すものとして、たびたび生徒たちの語りに出現した。また、自閉症の生徒とともに学校生活を送ることや、「痛み」を共有する同級生たちがいること、部活動が活発であることなどが、生徒たちを学校適応や進路形成へと水路づける背景要因になっている様子も見出すことができた。

　これらの知見に基づくと、生徒の学校適応・進路形成にまつわる困難が集積する学校でも、生徒を学校適応・進路形成へと導くような教育実践や背景要因がありうると考えることができる。もちろん、本書で見出された教育実践や背景要因の効果が、他の課題集中校でも同様にみられるとは限らない。非主流の後期中等教育機関に限定しても、各学校・教育施設のカリキュラム編成は非常に多様であり、それと連動するであろう教師の教育実践もY校とは大きく異なるかもしれない。また、下位ランクの全日制高校については、非主流の後期中等教育機関とは、生徒層やカリキュラム編成、さらには課される制度的統制にさまざまな違いがみられるはずである。しかし、本書で見出してきた教育実践や背景要因は、今後他の課題集中校において生徒の学校適応や進路形成のメカニズムを描き出していく際に、共通点・相違点を検討する際の基点や仮説となり、考察を広げる役割を果たすことができるだろう。

　ただし1点補足すると、生徒の学校適応や進路形成を支えるうえでは、本書でたびたび描き出してきたように、さまざまな困難も予想される。生徒を学校適応・進路形成に導くための道筋だけではなく、それらの教育実践がもつ限界や、起こりうる意図せざる帰結、教師が直面するジレンマについても同時に捉えていく必要があることが、本書からは示唆される。

2.2　「志向性」と「人間関係」という分析視点の有効性の提示

　2点目の学問的意義は、生徒たちの学校適応と進路形成のメカニズムを描き出すために、志向性という概念や、人間関係のポジティブな側面への注目という分析の視点をもつことが、有効であることを提示したことにある。

上記で述べたように、これまでの学校格差研究では、下位ランクの全日制高校を主に対象とし、学校が抱える困難の非克服メカニズムを解明することに焦点を置いてきた。そうした中で、下位ランクの全日制高校の生徒たちについては、地位達成・学業達成へのアスピレーション（上昇移動への達成要求）の欠如／喪失のもとで、学校不適応が生じているという想定が置かれてきた（岩木・耳塚1983；片桐1992など）。また、生徒集団や教師＝生徒関係に関しても、生徒内の反／脱学校的下位文化や教師のサバイバル・ストラテジーといった概念をもとに、それらが生徒の学校適応や進路形成に与える負の帰結をクローズアップしてきた（岩木・耳塚1983；武内1983；酒井編2007；吉田2007など）。

　そうした中で、困難の克服メカニズムに着目する本書においては、従来の学校格差研究と同様の視点や枠組み（アスピレーションの欠如／喪失、サバイバル・ストラテジー、反／脱学校的下位文化など）からでは、そのメカニズムをうまく捉えることができないことが想定された。そこで、本書では分析の各章を横断する視点として、教育社会学の外に目を転じて、困難を抱える若者などへの自立支援に関する研究を参照し、新たに2つの視点を用意した。1つ目は、学業達成・地位達成のアスピレーションに限定されない、生徒たちのさまざまな目標の達成への願望（志向性）への注目、2つ目は、生徒集団、教師＝生徒関係をはじめとした学校の人間関係がもつポジティブな側面への注目である。

　第1に、志向性について述べると、生徒たちの語りからは、主に「教師の指導の受容（第6章）」と「進路決定（第7章）」に至るプロセスについて、さまざまな志向性が関連をもつ様子を読み取ることができた。第6章では、生徒たちが教師の指導を受容するようになる契機が、「成長志向」「被承認志向」「年長役割志向」という3つの志向性のもとで生まれている様子が見出せた。また、第7章では、学校内／学校外の出来事が、生徒たちの「『楽しいことを仕事に』志向」「サポート志向」「年長役割志向」「成長志向」という4つの志向性との関連のもとで、生徒を「やりたいこと」の発見へと導く出来事になっている様子が見出せた。

たしかに下位ランクの全日制高校や非主流の後期中等教育機関の生徒たちは、地位達成や学業達成のアスピレーションを高めにくい環境にいるかもしれない。しかし一方で、Y校の生徒たちの語りからは、彼ら／彼女らが他校の生徒たちも同様にもちうる「成長志向」「被承認志向」「年長役割志向」「サポート志向」などの志向性を有していることがわかった。そして、Y校の生徒たちが有するそれらの志向性が、学校適応や進路形成につながるような根底の意識として存在している様子が浮かび上がった。

　これらの知見からは、以下の実践上の示唆を導き出すことができる。それは、学校格差構造で下位に位置づけられる学校においても、生徒たちが有するさまざまな志向性を念頭に置き、それに働きかけるような支援を行うことで、生徒の学校適応や進路形成を支えることができるということである。また、研究上の示唆を述べるならば、以下の点を挙げることができる。それは、「学業達成・地位達成のアスピレーションに限定されない生徒たちのさまざまな志向性を捉えていく」という分析の視点をもつことで、学校適応と進路形成のより幅広い様相を捉えていくことができる、という点である。

　ただし、志向性の概念をふまえた分析については、今後の課題も多い。

　生徒たちが有する志向性も、学校適応や進路形成につながりうる志向性も、本書で提示したものに限定されるわけではないだろう。また、先行研究で指摘されてきた「やりたいこと志向」のように、生徒の学校適応や進路形成にネガティブに働くような志向性もあるだろう。第6章でも言及したが、Y校でも、学校が生徒に求める目標とコンフリクトを起こすような志向性を有するがゆえに、中退に至った生徒たちもいた。生徒の志向性のパターンと、学校適応や進路形成との結びつきについては、今後もさらなる事例研究やそれをもとにした計量的研究によって、経験的に検討されていく必要があるだろう。

　また、本書の分析では、見出された生徒たちの志向性が、Y校入学前から生徒たちにもたれていたものなのか、それともY校入学後の学校生活の中で培われたものなのかということを、生徒たちの語りからは区別することができなかった。志向性の中には、第7章で挙げた「サポート志向」をはじめと

して、入学後の教育実践の中で芽生えていくものもあると考えられる。それらの志向性を生み出すような教育実践について探究していくことには、実践的な意義が少なからずあるだろう。

第2に、学校内の人間関係について述べるならば、教師＝生徒関係や生徒集団が生徒の学校適応や進路形成を支えるという、従来の研究では見逃しがちであった順機能を見出すことができた。

まず、教師＝生徒関係について述べると、Y校では、教師が絶えず生徒の反応や表情に目を配り、家庭訪問や学校での宿泊などを介しながら深く個別の生徒に関わろうとする密着型教師＝生徒関係を形成している様子が見出せた。そして生徒たちの語りからは、こうした密着型教師＝生徒関係が、不登校経験者の登校継続を支えたり、教師の指導を受容する契機をもたらしたりすることがわかった（第5章・第6章）。また、そうした教師との深い関わりが進路決定につながるような出来事になったり、卒業後も「つながり続ける教師＝生徒関係」へと派生して卒業生の就業・就学継続を支えたりする様子が見出せた（第7章・第8章）。これらの知見からは、教師が生徒と密着型教師＝生徒関係を形成するという教育実践が、生徒の学校適応と進路形成を支えるものとなりうることが示唆される。

また、生徒間の関係についても、生徒たちを学校適応や進路形成へと水路づける役割を果たしている様子が見出せた。たとえば、Y校の不登校経験者の場合、過去の学校体験の中で抱くようになった心の「痛み」を共有する同級生たちや、ともに学校生活を送る自閉症の生徒たちが、彼ら／彼女らの登校継続を支える存在となっていた（第5章）。また、（自閉症の生徒を含めた）同級生とのつながりだけでなく、先輩との関係も、生徒たちの学校適応や進路形成にとっては重要な意味をもつものとなっていた。たとえば、入学当時は教師に反発心を抱いていた生徒たちの中には、向学校的にふるまう先輩をロールモデル化するようになることで、校則や教師の指導に従うようになったと語る生徒たちもいた（第6章）。また、進路選択の過程では、先輩の進路選択をモデルケースとしながら、自らの進路展望を形づくっていく様子もみられた（第7章）。

第9章　後期中等教育のセーフティネットをめぐる可能性と課題　285

　従来の先行研究で描き出されてきたのは、学校内での人間関係が生徒の学校適応や進路形成に対してもたらす負の帰結であった。しかし、生徒の学校適応と進路形成のメカニズムをデータから経験的に読み解いていった本書の知見に基づくと、その捉え方は一面的であったといえるだろう。今後の課題集中校研究では、学校内の教師＝生徒関係や生徒集団がもたらしうる順機能についても、同様に目を配る必要があると考えられる。

　ただし、学校内の人間関係は、必ずしも生徒の学校適応と進路形成にポジティブな形で機能するわけではない。たとえば、生徒の志向性に働きかけながら毅然とした指導を行うという教師の実践は、誰にでも必ず受け入れられるというわけではない。生徒やその保護者が有する志向性と学校が目指す指導の目標との間でコンフリクトが起き、Y校を中退していく生徒たちもいた（第6章）。また、教師や同級生からの配慮によって不登校経験者の登校継続が支えられるY校の環境が、卒業後の就職先・進学先での対人関係上のギャップをもたらし、早期離職・中退へと結びつく様子も浮かび上がった（第5章）。さらにいえば、密着型教師＝生徒関係は、教師による「辞めないための指導」と重なることで、早期離職・中退に至った卒業生に教師への「申し訳なさ」「後ろめたさ」や自責の念を与え、再就職に向けた再起への困難をもたらしうることが推察された（第8章）。

　本書で示した、密着型教師＝生徒関係や、生徒の同質性（「痛み」の共有）と異質性（障害がある生徒との関わり）、先輩のロールモデル化などの視点は、今後の研究が生徒たちの学校適応と進路形成のメカニズムを検討する際に、ヒントとなるはずである。それらの教育実践や背景要因は生徒の学校適応や進路形成にとって、さらにどのような順機能・逆機能をもたらしうるものなのだろうか。また、それらの条件が成り立たない学校・教育施設では、いかなるオルタナティブな教育実践がありうるのだろうか。本書で示した学校内での人間関係と、それがもたらすさまざまな帰結は、上記の問いを探究する研究の基点や仮説となりうる知見であるだろう。

2.3　学校適応・進路形成のメカニズムの複雑な連関の提示

　3点目の学問的意義は、生徒の学校適応と進路形成のメカニズムについて、それを支える要因間の複雑な絡み合いをふまえながら描き出すことの重要性を顕在化させたことである。

　第1章では、これまでの非主流の後期中等教育機関研究に対する学問的オリジナリティとして、以下の5点を挙げた。具体的には、①不登校経験をもつ生徒の登校継続につながる要因として、教師・友人との関係のあり方以外の要因にも視点を広げて検討する、②生徒たちが生徒指導上の指導を受容するようになる過程と、それを促す教育実践・背景要因を探究の課題に据える、③非主流の後期中等教育機関からの進路形成のメカニズムについて分析を試みる、④学校適応や進路形成のメカニズムについて、生徒の語りに基づいて分析する、⑤生徒の学校適応・進路形成にどのような要素が影響しているかを、さまざまな要因間の複雑な関連性をふまえて探索的に検討する、という5点である。

　①〜④については、各章の分析の中で達成してきたといえるだろう。ここでは、⑤について改めて振り返り、それがどのような学問的意義につながるのかについて説明しておきたい。

　これまでの非主流の後期中等教育機関の研究では、生徒の意味づけ、教師の教育実践、学校・教育施設内の背景要因、学校・教育施設を取り巻く構造的背景（社会的文脈）といった4者の複雑な絡み合いの検討が、十分に進められてはこなかった。また、従来の研究では、登校継続なら登校継続、逸脱行動なら逸脱行動、と各研究において検討するトピックは1つに絞られており、各トピックで描き出される要因間の関連は示されてこなかった。しかし、第5章〜第8章の知見からは、上記の各要因がいかに複雑に関連し合っていて、それを丸ごと捉えていくことがいかに重要であるかということが浮かび上がる。

　まず、生徒の意味づけ、教師の教育実践、学校・教育施設内の背景要因、学校・教育施設を取り巻く構造的背景の4者の複雑な絡み合いについて例を挙げたい。

第9章　後期中等教育のセーフティネットをめぐる可能性と課題　287

　第5章では、不登校経験がある生徒たちの多くが、「Y校に通える理由」として、Y校での生徒間関係を挙げていたことを指摘した。そして、Y校で生徒間関係が「通えない理由」ではなく「通える理由」となる背景要因の1つとして、「過去の学校経験による『痛み』を共有する生徒集団」という特徴を指摘した。こうした生徒集団が形成されるのは、Y校が高等専修学校であることにより、学校格差構造で下位に位置づけられること（構造的背景）の、意図せざるポジティブな帰結であるといえるだろう。ただし、生徒間関係が「通える理由」になるためには、生徒間の関係をコーディネートする教師の教育実践が必要であることも、Y校の事例からは見出された。
　また、第6章では、教師が密着型教師＝生徒関係の形成を試みる教育実践が、生徒の「被承認志向」という意識と結びつくことで、生徒の指導に対する意味づけを変容させている様子を見出した。しかし、こうした密着型教師＝生徒関係が円滑に形成できているのは、高等専修学校に対する制度的統制が全日制高校よりも緩やかであり、またY校が私学であるために、ある程度独自性をもった学校運営が可能であるという構造的背景があるからこそだと推測できた。というのも、第5章で指摘したように、授業時間内の即座の家庭訪問（とそれに伴う時間割の柔軟な変更）や、生徒との学校での宿泊といった教師の教育実践は、全日制高校で行うことは難しいと考えられるためである。
　上記の4者の複雑な絡み合いを理解することは、教師の教育実践のあり方だけに注目したのでは見えてこない、「生徒の意味世界にどのように働きかければいいのか」「いかなる背景要因のもとでその教育実践が成立しているのか」「どのような構造的背景が教育実践を規定するのか」などの点にまで理解が進むという意味で、重要であるといえるだろう。
　また、各トピック間の複雑な連関について述べると、ある教育実践や背景要因が、複数のトピックで影響を及ぼしている様子もみられた。たとえば、自閉症の生徒がともに学校生活を送るという背景要因は、不登校経験者の登校継続を支えると同時に、ケアリングの連鎖によって生徒たちに福祉系の進路を主体的に選択するきっかけを提供するものでもあった。また、密着型教

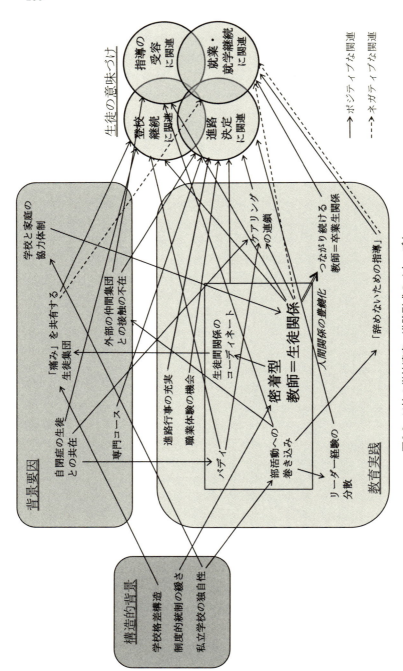

図9-1　Y校の学校適応・進路形成のメカニズム

師=生徒関係の形成を目指す教師の教育実践は、不登校経験者の登校継続を支えると同時に、教師の指導の受容にもつながるものであった。しかし一方で、密着型教師=生徒関係は、卒業後の就職先・進学先での対人関係上のギャップをもたらしたり、早期離職・中退についての後ろめたさ（とそれによる教師との関係の切断）につながったりするなど、進路形成の側面に関しては逆機能も有するものでもあった。

　本書で描き出してきた生徒の学校適応・進路形成のメカニズムを簡略的に示したものが、**図9-1**である。一見してわかるとおり、要因間の関連は複雑に絡み合っている。ある教育実践と生徒の学校適応・進路形成に関する意味づけの1対1関係（1本の→）を捉えるだけでなく、その教育実践と相互に関連をもつ他の教育実践や学校・教育施設内の背景要因、学校・教育施設を取り巻く構造的背景との影響を同時に捉えていく必要性が、図9-1からは示唆される。また図9-1からは、ある教育実践が生徒の学校適応・進路形成の諸側面に対して与えるポジティブ／ネガティブな影響を、同時に把握していくことの重要性も読み取ることができるだろう。

3　実践的意義

　本書の実践的意義についても、学問的意義と同様、やはり各章の中で実践的示唆という形で示してきた。ここでは、それらの実践的示唆を第1章で述べた2点のリサーチクエスチョンに沿って振り返り、本書全体の実践的意義として再構成して提示する。

3.1　生徒の学校適応・進路形成を支えるメカニズムの提示

　1点目の実践的意義は、非主流の後期中等教育機関において生徒の学校適応と進路形成を支える教育実践や背景要因と、その連関のあり方を1校の事例に基づいて提示したことにある。もちろん、Y校の教育実践を他の非主流の後期中等教育機関や下位ランクの全日制高校にそのまま適用しようとしても、学校・教育施設を取り巻く構造的背景やそれに伴う学校・教育施設内の

背景要因の違いなどから、うまくいかない部分が当然出てくるだろう。しかし、本書の知見は、他校の教師たちに対して「利用者あるいは読者の側の一般化可能性」(Merriam 1998=2004) を提供するものであり、各校にとって応用可能な教育実践のヒントとなるものだと考える。

Y校における生徒の学校適応と進路形成のメカニズムは、各章や図9-1で示したとおりだが、ここでは他校で応用可能だと考えられる主な教育実践を3点取り上げ、その応用可能性について考察したい。

3.1.1　密着型教師＝生徒関係

前述したとおり、Y校の事例からは、密着型教師＝生徒関係が生徒の学校適応と進路形成の諸側面を支える教育実践である様子が見出せた。生徒の志向性との関連をふまえて述べるなら、Y校における密着型教師＝生徒関係は、生徒から教師に向けられる「被承認志向」に応えることで、生徒を指導の受容へと導くものであった（第6章）。また、こうした密着型教師＝生徒関係の形成は、個々の生徒を深く理解することを目指して行われる教育実践でもある。そのため教師にとっては、生徒一人ひとりがどのような志向性をもち、その志向性に応じていかなる働きかけを行えばよいかについて、理解を助ける教育実践でもあると考えられる。

Y校における密着型教師＝生徒関係は、具体的には、家庭訪問や学校での宿泊などを行いながら生徒とより深く関わることを意識し、絶えず生徒の反応や表情に目を配っていく、教師の働きかけによって形成されていた（第5章）。教師たちはそうした働きかけの中で、生徒と積極的にコミュニケーションをとり、心理的に近い存在となるために「同質な者」としてふるまい、個別の心理状態に配慮してフォローを織り交ぜながら指導を行う、という配慮を行っていた（第6章）。

もちろん、こうした教育実践をそのまま他校でも適用できるかというと、そうではない。まず、授業時間内の即座の家庭訪問やそれに伴う柔軟な時間割の変更、さらには学校での長期宿泊などが、他校の保護者からかならず理解が得られるかといえば、そうではないだろう。Y校でこれらの教育実践が

可能になっているのは、Y校が私学であり、保護者による学校の教育方針への理解と協力を入学の条件の1つとしているためである。

　また、教師と生徒の人数比についても考慮する必要がある。公立全日制高校と定時制高校では、「公立高等学校の適正配置及び教職員定数の標準等に関する法律」によって、1クラスの生徒数の標準が40人と定められている。一方でY校では、健常の生徒と障害がある生徒の混合クラスであるA組とB組の場合、生徒約30人に対して担任・副担任の2人がつくというクラス編成を行っている[1]。教師たちが生徒一人ひとりに密着した働きかけを行うことができている背景の1つには、生徒に対する教師配置の手厚さがあることに留意する必要があるだろう。

　さらに重要なのは、Y校の密着型教師＝生徒関係は、学校での宿泊や部活動をはじめとした教師の時間外労働と、それを厭わない教師文化によって成り立っているということである（第5章）。教師たちの学校への宿泊、授業時間外の緊急対応、休日や夏季休暇中の部活動は、教師の時間外労働として行われているものである。密着型教師＝生徒関係を形成するためのさまざまな仕掛けが、教師の時間外労働によって担保されているということは、留意しておかなければならない。

　密着型教師＝生徒関係を形成するためのY校の仕組み（ハード面）を、他の学校でまったく同じ形で取り入れることは難しい。Y校と同程度の保護者の理解、教師と生徒の人数比、時間外労働を厭わない教師文化といった条件を揃えることは困難であるだろう。しかし、他の学校でも、生徒の反応や表情に目を配り積極的にコミュニケーションをとる心がけや、生徒と「同質な者」としてのふるまい、個別の心理状態への配慮などについては、理念（ソフト面）として導入することが可能ではないだろうか。

　本書の貢献は、そうした理念の提供という点にある。ただしそれと同時に、公立学校については教師の加配、私立学校や民間の教育施設に対しては助成格差の是正などよって、一人ひとりの生徒への手厚い働きかけが可能になるようにハード面への政策的支援を行う必要があることも、主張しておきたい。

3.1.2 生徒集団の特性の活用

　Y校では、教師だけでなく、同級生（健常の生徒・自閉症の生徒）や先輩が、生徒たちを学校適応へと水路づけ、彼ら／彼女らの進路選択を支える役割を果たしていた。そうした生徒集団の機能は、生徒間関係をコーディネートしたり、生徒を部活動へと巻き込もうとしたりするなどの教師の教育実践によって支えられていた。Y校でみられる生徒集団の特性を生かした学校適応・進路形成の支援は、他校の教育実践にいかなる示唆を与えるものだろうか。

　まず、Y校の事例からは、過去につらい学校体験を重ねてきた生徒が集まることで、不登校経験をもつ生徒たちがクラスへ溶け込みやすくなったり、他の生徒への配慮が生まれやすくなっていたりする様子が浮かび上がった。ここから示唆されるのは、過去の学校体験における心の「痛み」や「傷」を共有するという生徒集団の特性を生かして、不登校経験をもつ生徒の登校継続を支えることが可能であるということである。

　ただし、心の「痛み」を共有する同級生たちが不登校経験をもつ生徒にとって「学校に通える理由」となるためには、教師による生徒間の関係のコーディネートが必要になってくる。Y校の事例からは、①他者との距離を置きすぎて孤立してしまう生徒に友人づくりを促すような環境設定を行うこと、②教師が生徒間のトラブルに細かく目を配り、その情報を共有し、場合によっては生徒間の関係への介入を行うこと、の2点の重要性が示唆される。

　また、ともに学校生活を送る自閉症の生徒たちについて述べると、彼ら／彼女らは不登校経験をもつ生徒たちの登校継続を支える重要なサポート源となっていた。また、教師→健常の生徒⇔自閉症の生徒というケアリングの連鎖を生み出し、健常の生徒たちの進路決定を促す役割を果たすことも示唆された。こうした健常の生徒への影響の一部は、重度の障害がある生徒に対して健常の生徒が1対1で身の回りのお手伝いをする、「バディ」の教育実践のもとで生じている様子がうかがえた。

　自閉症の生徒が約6割を占め、障害のない生徒とともに同じ教室で学校生活を送るという環境は、後期中等教育では他に例をみないだろう。しかし、

Y校の教育実践からは、以下の2点の示唆を導き出すことができる。1点目は、学校内の障害がある生徒との深い関わりが、不登校経験をもつ生徒の登校継続を支えるということである。2点目は、ケアの受け手となりうる人々との関わりが、ケアリングの連鎖の回路の1つとなり、生徒を「やりたいこと」の発見へと促しうるということである。2点目に関しては、学校内だけでなく、学校外でのボランティアを勧めるという形で、機会を提供することも可能であるだろう。

加えて、先輩が与える影響について述べたい。Y校の生徒たちの語りからは、彼ら／彼女らが有する「年長役割志向」のもとで、先輩の存在が教師の指導や校則を受け入れるようになる契機となったり、進路選択のうえでのモデルケースになったりする様子が浮かび上がった。ただし当然のことだが、彼ら／彼女らが先輩をロールモデルとしてみなすようになったのは、彼ら／彼女らにとって先輩が「見える」存在であったからであろう。Y校では、生徒を部活動へと巻き込んだり、掃除の班を全学年縦割りで編成したりするなどして、学年間の生徒の関わりを生み出すための教育実践が意識的に行われている。ロールモデルとなるような先輩との結びつきを生み出すための教育実践が、生徒の学校適応や進路形成を支える1つの方策となりうることが、Y校の事例からは示唆される。

3.1.3　特別活動・部活動

Y校の生徒たちの語りからは、生徒会活動・学校行事などの特別活動や部活動が有する、生徒の学校適応・進路形成への直接的・間接的な影響を見出すことができる。

まず、生徒会活動・学校行事などの特別活動や部活動は、生徒たちにリーダー経験を提供する機会になりうるものであるが、そうしたリーダー経験は、生徒たちの進路展望を形成する出来事にもなりうるものであった。

さらに、部活動については、生徒たちにとって、「成長志向」を具体化させるような目標を生み出したり、先輩との結びつきを強めて「年長役割志向」を引き出したりする機会となっていた。また、部活動への加入は、逸脱

文化や逸脱集団にコミットする時間を減らすという意味をもつことが推察された。その結果、部活動は生徒たちにとって、教師の指導の受容を促したり、進路決定へと水路づけたりする役割を果たしていると考察した。さらに、卒業生が早期離職・中退を考えた際に、部活動での経験がそれを翻意させるような「想起される学校経験」となりうることも指摘した。

下位ランクの全日制高校を対象とした事例研究では、クラスの討議や学校行事などを牽引するリーダー層がおらず、部活動や学校行事の活動がきわめて低調であることが指摘されてきた（穂坂1992; 酒井編2007）。しかし、Y校の事例をみる限り、学校格差構造で下位に位置づけられる課題集中校でも、特別活動・部活動の低調さやリーダー層の不在が運命づけられているわけではない。参与観察からは、生徒たちが3年間の中で、徐々に特別活動や部活動に主体的に取り組むようになっていき、リーダーとしてふるまう生徒たちも複数生まれる様子が見出せた（第7章）。

Y校の事例からは、生徒たちが学校行事、生徒会活動などの特別活動や部活動に主体的に関わるようになり、その結果、特別活動や部活動が生徒の学校適応や進路形成を支えるものになる過程が見出せる。もちろん、学校適応については、部活動に加入したから教師の指導を受け入れるようになり、その結果部活動に主体的に取り組むようになり、さらに教師の指導を積極的に受容するようになる……というような螺旋型の関係をもつものであろう。他校の教育実践においても、特別活動や部活動は生徒の学校適応や進路形成を支えるツールの1つとして、利用可能なのではないだろうか。

ただし、留意しなければならない点が1点ある。それは、とくに公立の定時制高校や通信制高校には、家庭の経済的困難から、アルバイトのために部活動への加入が難しかったり、学校での諸活動に多くの時間を割けなかったりする生徒がいるということである（第7章）。特別活動や部活動に時間を割けない生徒たちに対して、彼ら／彼女らのアルバイト経験を自己の再定義や進路展望の形成へと生かしていくことを手助けするような教師の働きかけも、同時に必要不可欠であるだろう。

3.2　教育・労働・福祉システムを再編成する手がかりの提示

　2点目の実践的意義は、非主流の後期中等教育機関において生徒の学校適応と進路形成を支える教育実践のもとで、新たに生じる困難を1校の事例に基づいて提示したことにある。Y校の事例から見えてきたのは、生徒の学校適応と進路形成を支える教育実践上の限界やジレンマであった。こうした限界やジレンマからは、その背景をたどることで、教育・労働・福祉のシステムをいかに再編成すべきかについての手がかりを得ることができる。ここでは、Y校の事例から見出された困難について整理し、それをふまえて教育・労働・福祉システムの再編成に向けた示唆を提示したい。

3.2.1　Y校の教育実践をめぐる3つの困難

　本書では、各章の中で、生徒の学校適応や進路形成を支えようとする教育実践の裏側で生じている、さまざまな困難を指摘してきた。それらの困難について整理すると、以下の3点にまとめることができる。

　第1に、非主流の後期中等教育機関に入学することになる生徒たちにとって、家庭背景は進路形成の可能性を大きく規定するものになる、ということである。

　耳塚（2001）をはじめとした先行研究の指摘と同様、Y校の生徒たちにとって、家庭の経済的事情は、卒業後の進学／就職を規定する重要な要因となっていた。経済的困難を抱える家庭の子どもたちの場合、Y校卒業後の進路は就職に限定され、さらに希望する職種によっては進路展望を描き直す必要が生じうる様子がうかがえた（第7章）。

　実は、非主流の後期中等教育機関への入学段階においても、共通の問題の構図が見出せる。第3章で指摘したように、家庭が経済的困難を抱える子どもの場合、選択できる学校・教育施設の幅が狭まり、さらには不本意な学びのスタイルへの変更（と中退率・進路未決定率の高い学校種への進学）を余儀なくされる可能性がある。

　これらの知見からは、非主流の後期中等教育機関への入口と出口の両方で、家庭の経済的背景によって選択可能な進路の幅が狭まる生徒たちがいる、と

いうことが示唆される。経済的困難を抱える家庭の子どもにも公正な進路形成の機会が提供されるような施策について、考えていく必要がある。

第2に、入学してきた生徒たちすべてのニーズに的確に応えていくことは、非常に困難であるということである。

Y校では、生徒たちの長所・資源とみなすことができる「志向性」に働きかける教育実践・背景要因のもとで、生徒たちが教師の指導を受容するようになっていた。しかし、生徒たちは「オシャレをしたい」「一人で過ごしたい」など、Y校の指導の方針とはコンフリクトを起こしかねない志向性を同時に有する存在でもある。そうした中で、第6章では、生徒が教師の指導に従うことを拒否したり、保護者が学校の教育方針に賛同しなかったりした結果、Y校を中退・転編出していく生徒たちが一定数いることも指摘した。学校・教師が教育目標を強く意識した指導をすればするほど、生徒・保護者が有する志向性と衝突してしまうケースは増えてきてしまうだろう。

また、卒業生の就業・就学継続に関して述べると、個々の卒業生のニーズを在学時点で完全に予測して教育実践を行うことは不可能である。卒業生の早期離職・中退の原因についての分析からは、当人の意識のもちようのみでは解決できない原因（「家庭の経済的問題」「長時間労働」）や、在学中には予期しえない原因（「人間関係上の孤立／不和」や「やりたいこと」の変化）も浮かび上がった（第8章）。

これらの困難からは、1つの学校・教育施設がすべての生徒の社会的自立について全面的に責任を負う（「教育で始末をつける」）のではなく、各学校・教育施設における「支援の限界」を念頭に置いた支援システムを構築していく必要性が示唆される。

第3に、社会的自立という目標に向けた教育実践の中には、一方の課題を克服しようとするともう一方の課題が顕在化してしまうというように、ジレンマの関係をはらんでいるものがあるということである。

第5章では、不登校経験をもつ生徒の登校継続を支えるための教育実践（密着型教師＝生徒関係の形成や生徒間関係のコーディネート）が、高等専修学校と卒業後の就業・就学の場との間の対人関係のギャップを生み、卒業生を早

期離職・中退へと水路づける一因になっていることを指摘した。不登校経験者の登校継続を支えることと、卒業生の就業・就学継続を支えることとの間で、ジレンマの関係が生じていると考えることができる。

　教師の指導の受容に関しても、同様にジレンマの関係を見出すことができる。第6章では、生徒たちの「被承認志向」や「年長役割志向」を生かして指導の受容を達成する教育実践によって、同時に指導の全面的受容が起こり、生徒たちが自らの処遇の正当性について考えたり、状況改善に向けて主体的に行動する機会が失われていたりすることに言及した。教師の指導の受容へと導く教育実践と、生徒が主体的に判断・行動する機会を提供することとの間で、ジレンマ関係が生じていると解釈することができる。

　さらには、卒業生の就業・就学継続を支えることと、離職・中退した生徒の社会的自立を支えることとのジレンマに、教師が直面している様子も見出せた。第8章では、Y校の教師たちが卒業生の就業・就学継続を支えるために行う「辞めないための指導」が、離職・中退した卒業生たちにとっては、離職・中退への自責の念を加速させ、再就職への再起を難しくさせたり教師と連絡を取りにくくさせたりするような「想起される学校経験」になりうることを指摘した。

　Y校の事例からは、生徒の学校適応・進路形成（最終的には社会的自立）を目指して行われる教育実践が、社会的自立に関する別の課題を引き起こしてしまうというジレンマの関係を、複数見出すことができる。この問題の背景には、生徒を社会的自立へと導くために学校が対処を求められる課題が、多岐にわたるということを押さえておく必要がある。

　Y校の場合、生徒たちに卒業に必要な単位を取得させ、高卒扱いでの正社員就職や中等後教育への進学へと導くためには、まずは生徒の登校継続を支える必要がある。また、Y校の教師たちからは、生徒の社会的自立へと導くためには、教師の指導を受け入れるようになることも重要であると考えられている。というのも、Y校の生徒たちは社会的自立に向けてさまざまな課題（常識や倫理観の欠如、学力不足、劣等感、自信のなさ、傷つきやすさなど）を抱えており、生徒指導によってそれらの課題を克服する手助けをしなければなら

ないという、教師たちの実感があるからである（第6章）。また、Y校の「辞めないための指導」は、卒業生の早期離職・退学が多かったことを受けて、行われるようになった指導である。

　Y校の教師たちは、生徒の社会的自立に向けた課題克服の要請に対して、真摯に応えようとしている。しかし、真摯に応えようとするがあまり、新たな課題が浮かび上がり、その結果教育実践上のジレンマに悩まされているのではないだろうか。Y校がこうした教育実践のジレンマに直面せざるをえなくなっている原因を、Y校に全面的に帰責するのは誤りだろう。その原因は、生徒たちのさまざまな特性を社会的自立に向けた「課題」としてみなさざるをえなくさせるような、社会のあり方にあるのではないだろうか。より具体的に言い換えるならば、社会的自立を達成できる若者の枠を制限し、「課題」を抱える若者をその枠からはじき出していく社会のあり方こそ、問い直されるべきではないだろうか。

3.2.2　システムの再編成に向けての示唆

　上記の3つの困難をもとに、教育・労働・福祉システムの再編成についての示唆を、3点述べておきたい。

　第1に、非主流の後期中等教育機関に入学する生徒の内部で、学校・教育施設の選択の機会や進路形成の機会が平等に提供されていないことを問題として捉え、経済的な支援策を考えていく必要があるということである。具体的な施策としては、入学段階での選択肢の制約に関しては、高等専修学校・サポート校の周知や私立高校との助成格差の是正、就学支援金加算分のさらなる拡充、給付型奨学金の積極的導入などが挙げられる。給付型奨学金の導入は、卒業後の進学機会の制約に関しても、重要な支援策であると考えられる[2]。

　第2に、生徒・卒業生の社会的自立を支援する機関のネットワーク化が必要であるということである。

　まず、Y校の中退・転編出の事例からは、非主流の後期中等教育機関の間で、他校への円滑な転編入を可能にするような横のネットワークが必要とさ

藤根（2014）によると、関西圏のフリースクールの間では、「学習者である子ども・若者に選択の権利があり、多様な組織がその権利を保障する」という規範のもとで、自らの組織の活動・理念に合わない子ども・若者に別の組織を紹介するネットワークが形成されているという。このような理念に基づくネットワークは、非主流の後期中等教育機関の間、さらには後期中等教育段階の学校・教育施設全体の間でも必要とされるものだろう。

　後期中等教育で学ぶことを希望しながらも、学校の方針に合わなかったり、または（私学の場合）経済的事情で学費を払うことが難しくなったりする生徒たちは、Y校の外にも少なからずいると考えられる。そうした生徒たちが自らの希望や志向性に合致する学校・教育施設へと円滑に転編入できるような、各学校・教育施設間の紹介ネットワークを形成するための道筋について、考えていくべきである。

　また、Y校の卒業生の動向をふまえると、非主流の後期中等教育機関から就職先・進学先への移行を支えていくための、縦のネットワークが必要であることが示唆される。

　非主流の後期中等教育機関を卒業した者たちの社会的自立を支えるためには、第5章で述べたように、彼ら／彼女らが「なだらかな移行」と呼べるような進路形成を可能にするための支援が必要だと考えられる。具体的な施策としては、不安を抱えやすく対人関係上のサポートを必要とする人々が認め支えられながら自己実現を達成できるような就労・就学の場を、後期中等教育後にもより多く創出していくことが挙げられる。

　もちろんこうした就業・就学の場は、すでに少なからず存在するし、地域若者サポートステーションや若者への就労支援事業を行っているNPOなどでは、そうした場との密接な関係を有しているだろう。各学校・教育施設からの働きかけによって、こうした機関との密なネットワークが形成されれば、卒業直後の就業・就学に不安がある者たちや早期離職・中退を経験した卒業生たちを、より「なだらか」に社会的自立へと導くことができるのではないだろうか。

Y校の場合、卒業生の就業・就学継続を支えるために、教師たちが卒業生と交流する機会を積極的に設けたり、卒業生と職場・学校との間に入って就業・就学継続のための働きかけを行ったりしていた（第8章）。ただし、こうした「つながり続ける教師＝卒業生関係」による支援は、在学中の生徒たちにも「密着型」の働きかけを行っている教師たちの時間的・精神的負担を、さらに高めることになる。その点をふまえると、学校・教育施設が近隣の地域若者サポートステーションやNPOなどとの縦のネットワークを形成し、卒業生たちの「応援団」を増やしながら彼ら／彼女らの卒業後の生活を支えていく方向へと、進んでいくことが望ましいと考えられる。

　第3に、非主流の後期中等教育機関に入学してくる者たちをはじめ、社会的自立に向けた困難を抱える子ども／若者への支援に対しては、生存権の保障が基盤にあることが不可欠であるということである。

　本書では、非主流の後期中等教育機関に入学してきた生徒たちが、学校の教育実践のもとで徐々に学校に適応するようになり、進路を決定して卒業していく姿を見出してきた。しかし一方で、すべての生徒の学校適応や進路形成を支えることがいかに困難かということも明らかになった。本書の結果から浮かび上がるのは、非主流の後期中等教育機関が10代の子ども／若者の一定数にとって社会的自立につながるようなセーフティネットとなる一方で、そのセーフティネットとしての役割を貫徹することは不可能であるということである。

　また、本書では十分に触れることができなかったが、非主流の後期中等教育機関への進学・転編入学を選ばない子ども／若者たちがいることも忘れてはならない[3]。不登校や高校中退に至るような過去のつらい学校体験によって、学校・教育施設にこれ以上在籍することを望まない者もいるだろう。厳しい家庭背景のもとで、学校・教育施設に通う意義を感じられない、または、学校・教育施設に通うどころではない者たちもいるだろう。病気やけが、精神的不安などで、学校・教育施設に通うことが難しい者たちもいるだろう。そうした子ども／若者の社会的自立を支えていくためには、学校教育にセーフティネットの役割が課されるだけでは不十分である。

上記の点から考えるべきは、学校教育による「支援の限界」に直面する子ども／若者たちを、教育の外部である社会保障によって支えていくことが不可欠であるということである。大多和・山口（2007: 177）では、教育をよりよくする努力が暗闇の中の「模索」とならざるをえない中で、そうした模索を安心して行うためにも、人々のセーフティネットは教育の外部（具体的には社会保障）において用意する必要があると述べる。また、学校教育につながり続けることが困難な子ども／若者がいることも忘れてはならないだろう。学校教育がすべての子ども／若者の社会的自立を支えることができない中では、学校教育ができることを追求するだけでなく、福祉システムによる人々の生存権の保障も、同時に担保していかなければならない。

　近年大きな影響力をもつネオリベラリズムや「第三の道」の福祉政策は、福祉の給付を削減し、就業のための教育・再訓練へと置き換えていくものである（湯浅・仁平 2007: 361）。大多和・山口（2007）や湯浅・仁平（2007）では、教育の役割を大きく見積もり、社会的自立の困難の解決策を教育に求める言説は、現在の文脈の中ではセーフティネットを福祉から教育に置き換える流れに加担しかねないことを指摘している。

　本書では、非主流の後期中等教育機関が10代の若者の社会的自立に向けたセーフティネットを担う現在の状況を前提として、それらの教育実践が生徒たちの社会的自立を支える可能性について探索してきた。本書も、社会的自立の困難の解決策を教育に求める言説の1つとみなすこともできるだろう。しかし、本書が主張したいことは、現在の子ども／若者への福祉的支援を教育支援に置き換えることができるということではない。むしろ、本書から導き出されるのは、教育支援に置き換える形で福祉的支援を削減してはならないという逆の主張である。福祉による生存保障が不可欠であることを前提としたうえで、学校教育の領域ではそこにつながる生徒たちの社会的自立を積極的に支えていくという、両者の保障がそれぞれ必要であることを、繰り返し主張しておきたい。

　社会保障によるセーフティネットを十全な形で用意することは、2つの理由から重要であるといえる。1つは、いうまでもないが、日本国憲法第25条

で述べられている、「健康で文化的な最低限度の生活を営む権利」(生存権)を保障するためである。もう1つは、最低限の生存権が保障されたうえで、より「健康で文化的」な生活——仕事をしたり、おいしいものを食べたり、趣味やスポーツを楽しんだりするなど——を送るための「意欲」を保障するためである。

後者については、湯浅・仁平 (2007) の議論を参照して補足しておきたい。湯浅・仁平 (2007) では、仕事を続ける過程などで必要になる意欲が、自分の限界までふり絞ったとしても、多くの人たちが思い描く「当然ここまでは出せるはず」という領域にまで到達できない事態を、「意欲の貧困」と呼んでいる。そして、意欲の貧困は、経済的貧困と同様に、人々に排除的に働く社会経済的背景によって生じていると論じている。具体的には、以下の5重の排除——①教育課程からの排除、②企業福祉からの排除、③家族福祉からの排除、④公的福祉からの排除、⑤自分自身からの排除——が、意欲の貧困の背景になっていると述べている (湯浅・仁平 2007)。

この議論から考えられるのは、子ども／若者がより「健康で文化的」な生活を送ろうとする意欲を支える際に、企業福祉・家族福祉だけでなく教育課程もがすべての子ども／若者を十全に包摂できていない現状をふまえるならば、公的福祉による包摂は必要不可欠である、ということである。「健康で文化的」な「最低限度」の生活を支えることは当然として、さらに人々がより「健康で文化的」な生活を送ろうとする意欲を支えるためにも、学校教育で補いきれない人々を支える社会保障のセーフティネットが必要であると考える。

4 課題と展望

最後に、本書の限界について4点を挙げ、今後の研究上の課題について考えていく。

第1に、本書では生徒全体の語りの共通点を示してきた一方で、生徒の属性ごとにどのように語りが異なるかということを十分に分析結果に反映する

ことができなかった。

　とくに、生徒のジェンダーについては、分析の解釈にまったく反映することができていない。筆者が生徒へのインタビューを実施してきた限りでは、ジェンダーが生徒の意識に強く働いている様子はみられなかったという印象をもっている。しかしそれは、そもそも筆者がジェンダー差を捉えるような意識をもってインタビューの質問項目を作成してこなかったという点が関係しているのかもしれない。ジェンダー、家庭背景、さらには過去の学校経験などによって生徒の語りにいかなる差が出るのかを詳細に捉えていくことは、今後の課題であるだろう。

　第2に、本書では生徒の学校適応・進路形成のメカニズムを生徒の語りに基づいて描き出していったこともあり、教師のあり方については、生徒の語りに関連する部分について記述するにとどまった。とくに、教師のあり方を規定する教師集団の特徴については、十分に触れることができなかった。

　生徒と密着型の関係を築くためには時間外労働も厭わず互いに協力し合うというY校の教師文化は、担任のベテラン教師の教育実践を副担任の若手教師が見て学ぶというシステムによって、若手教員たちに伝達されていく。また、近年では、Y校の卒業生や、Y校にインターンシップに来ていた教員志望の学生など、Y校の教育方針に理解がある新任教員を採用するケースも増えている。このようにして維持されていくY校の教師集団・教師文化の特徴や、それによってもたらされる帰結については、教師へのインタビューに基づいた分析によって改めて検討する必要があると考えている。

　第3に、本書では描き出すメカニズムを学校適応と進路形成の諸側面に絞ったため、Y校の教育実践の中で導き出される他の帰結や、その帰結をもたらすメカニズムについては、さらなる検討の余地があるということである。

　たとえば、Y校の教師たちからは自己肯定感の向上が目標とされているが、生徒たちのインタビューでは、彼ら／彼女らの自己イメージがポジティブに変化した様子も語られている[4]。彼ら／彼女らの自己イメージの変容がいかなる形で生じているのか、それは城所・酒井（2006）が示した夜間定時制高校の生徒たちにおける自己の再定義の様相とどう異なるのかなどの点は、探

また、Y校が高等専修学校であり、専門教科の授業が時間割の半数近くを占めることをふまえるならば、生徒たちがどのような職業的技能や仕事への態度を習得して卒業していくのかという点についても、検討することができるだろう。本書では、専門教科の授業が生徒たちにもたらす影響については、あまり取り上げていない。なぜなら、生徒たちはインタビューの中で、専門教科の授業についてあまり積極的には語らなかったためである。しかしそれは、ジェンダーについてと同様であり、専門教科の意義と課題を捉えることを目的としたインタビューの質問項目を多数用意すれば、うまく専門教科に関する語りを引き出すことができたかもしれない。非主流の後期中等教育機関で専門性の高い教育を行うことの帰結については、今後探究すべき課題の1つだと考えられる。

他にも、学力や学習意欲の変化、障害がある人への見方の変容などの異なる帰結を捉えようとすれば、本書で描き出したメカニズムからは見出されなかった要因や、要因間のつながりが新たに見えてくるだろう。今後非主流の後期中等教育機関を対象とした事例研究を進める際には、本書で捉えた帰結だけでなく、他の帰結についても捉えていくことも重要であることを、ここで指摘しておきたい。

第4に、本書ではある1校の事例の中で生じるメカニズムを詳細に検討するという研究デザインをとったため、異なる教育方針のもとで学校運営を行う非主流の後期中等教育機関との比較は、研究の焦点から外れていたということである。

非主流の後期中等教育機関の中でも、Y校は、①私学であるため家庭が社会経済的困難を抱える生徒は相対的に少ない、②週5日・昼間に授業を行い、毎日の登校が単位取得の要件となる、③自閉症などの障害がある生徒が一定数在籍する、という特徴をもつ学校である（第1章）。一方で、非主流の後期中等教育機関の中には、家庭が社会経済的に困難を抱える生徒がより多く入学したり、毎日の登校が単位取得の要件にならなかったりする学校もある。そうした学校・教育施設では、生徒を卒業まで導いたり、卒業までに進路決

定を促したり、卒業後の就業・就学継続を支えたりするメカニズムはY校とは異なっているだろう。学校運営の条件が異なる他校についての事例研究や、それをもとにした質問紙調査などは、今後の研究課題であるといえる。

　このように、本書で明らかにできなかったことは多い。むしろ、課題が増えてしまったのかもしれない。しかし、「非主流の後期中等教育機関では何が起きているのか」「そこでの教育実践を通して何が見えてくるのか」という、今まで等閑視されがちであった問いに対して、後続の研究が進展していくうえでの道標は作ることができたのではないだろうか。もちろん、この道標の先に新たな道標を作り直す人もいるかもしれない。しかし、そうした後続の研究による本書の知見の問い直しが起きることは、本書の望むところである。

　筆者の最大の願いは、本書を通して、非主流の後期中等教育機関が生徒たちの社会的自立を支えていく姿に、今以上に注目が集まることにある。本書が社会的自立への困難に水路づけられる子ども／若者たちへの支援のあり方や、彼ら／彼女らを困難へと水路づけるシステム自体への考察に、新たな議論を巻き起こす契機となることを望みたい。

【注】
1　筆者がかつて調査を行った東京都のチャレンジスクール（X校）でも、Y校と同様に、1クラス生徒30人に対して2人の担任が置かれていた。少人数の学級編成や教師2人体制は、一人ひとりの生徒に個別に手厚い配慮を行うための重要な背景要因となっている様子がうかがえる。
2　現在奨学金の主流である貸与型奨学金は、その後の人生にローンの有無の「不平等」がもたらされる性格は免れず、またローン返済の見通しが立たないことから借用を抑制する層が生まれている（青木 2007）。
3　伊藤（2013b）では、東京都の区市町村データをもとに、中卒非進学者が、社会経済的困難を抱えた家庭が多い地域、中学校の長期欠席者の多い地域、中学生の学力が低い地域で多く出現する傾向にあることを明らかにした。
4　たとえば、以下のジョウジ（3年生・男子・高校中退経験あり）の語りからは、彼がY校に入学してから、物事をポジティブに考えるようになった様子を読み取ることができる。

　　伊藤：この学校に入学してから自分が変わったことってありますか。
　　ジョウジ：ちょっとずつですけど、考え方がマイナスだったのがちょっとず

つプラスに考えられるようになって、ちょっとずつなんですけど相手のことも考えられるようになりました。
伊藤：マイナスだったって、今までマイナスってどういうふうに考えてて、今はプラスってどういうふうに考えてるってのは。
ジョウジ：たとえば、どうせ俺はテストなんかやったって10点20点しかとれないんで勉強しなくていいやって思うんですけど、今これやって社会に出れば身になんのかなって考えるようになりましたね。［インタビュー］

引用文献

青木紀、2007、「学校教育における排除と不平等」福原宏幸編著『社会的排除/包摂と社会政策』法律文化社、200-219頁。

青砥恭、2009、『ドキュメント高校中退 ―― いま、貧困がうまれる場所』ちくま新書。

荒川(田中)葉、2000、「学習指導組織・進路指導組織」樋田大二郎・耳塚寛明・岩木秀夫・苅谷剛彦編著『高校生文化と進路形成の変容』学事出版、83-106頁。

荒川葉、2009、『「夢追い」型進路形成の功罪 ―― 高校改革の社会学』東信堂。

麻生誠・近藤博之、1984、「専修学校制度の社会的定着度」『大学論集』13、161-182頁。

Bloor, Michael and Fiona Wood, 2006, *Keywords in Qualitative Methods: A Vocabulary of Research Concepts*, Sage.（＝2009、上淵寿監訳『質的研究法キーワード』金子書房。）

Bollnow, Otto Friedrich, 1964, *Die pädagogische Atmosphäre: Untersuchungen über die gefühlsmässigen zwischenmenschlichen Voraussetzungen der Erziehung*, Heidelberg.（＝2006、森昭・岡田渥美訳『教育を支えるもの ―― 教育関係の人間学的考察』黎明書房。）

Bourdieu, Pierre and Jean-Claude Passeron, 1970, *La Reproduction: elements pour une theorie du systeme d'enseignement*, Les Editions de Minuit.（＝1991、宮島喬訳『再生産 ―― 教育・社会・文化』藤原書店。）

千葉勝吾・大多和直樹、2007、「選択支援機関としての進路多様校における配分メカニズム ―― 首都圏大都市A商業高校の進路カルテ分析」『教育社会学研究』81、67-87頁。

知念渉、2012、「〈ヤンチャな子ら〉の学校経験 ―― 学校文化への異化と同化のジレンマのなかで」『教育社会学研究』91、73-94頁。

Clifford, James, and George E. Marcus eds., 1986, *Writing Culture: The Poetics and Politics of Ethnography*, University of California Press.（＝1996、春日直樹・足羽与志子・橋本和也・多和田裕司・西川麦子・和邇悦子訳『文化を書く』紀伊国屋書店。）

Cochran, Larry, 1997, *Career Counseling: A Narrative Approach*, Sage.

Denzin, Norman K. and Yvonna S. Lincoln, 2000, "Introduction: The Discipline and Practice of Qualitative Research," Norman K. Denzin and Yvonna S. Lincoln eds., *Handbook of Qualitative Research*, second edition, Sage, 1-29.（＝2006、平山満義訳「質的研究の学問と実践」平山満義監訳『質的研究ハンドブック1巻 ―― 質的研究のパラダイムと眺望』北大路書房、1-28頁。）

江原武一、1973、「高等学校卒業者の進路選択に関する要因分析 ―― 進学者を中心

として」『教育学研究』40(1)、11-22頁。

遠藤宏美、2002、「『サポート校』における学校文化 ── 『学校文化』なるものの特性解明の前提として」『教育学研究集録』26、25-35頁。

藤根雅之、2014、「オルタナティブな教育の組織間ネットワークと市民的公共性 ── 関西のフリースクール等の活動を事例に」日本教育社会学会第66回大会報告資料。

藤田英典、1980、「進路選択のメカニズム」山村健・天野郁夫編『青年期の進路選択 ── 高学歴時代の自立の条件』有斐閣、105-129頁。

─────、2000、『市民社会と教育 ── 新時代の教育改革・私案』世織書房。

─────、2006、『教育改革のゆくえ ── 格差社会か共生社会か』岩波ブックレットNo.688。

藤島薫、2013、「若者と家族のストレングスに焦点をあてたリカバリー志向の早期支援・過渡的支援 ── ニュージーランドにおける早期支援プログラムの実際から」『東京福祉大学・大学院紀要』4(1)、73-82頁。

学校設置会社連盟、2008、『通信制高校の生徒・保護者アンケート調査《報告書》』。

現代教育研究会、2001、『不登校に関する実態調査 ── 平成5年度不登校生徒追跡調査報告書』。

玄田有史、2001、『仕事のなかの曖昧な不安 ── 揺れる若年の現在』中央公論新社.

後藤佳代、2009、「コンピテンシー分析によるサポート校教員の育成について」『奈良教育大学教職大学院研究紀要 学校教育実践研究』4、19-28頁。

南風原朝和、2002、『心理統計学の基礎 ── 統合的理解のために』有斐閣。

橋迫和幸・池水佐千子、2003、「教育におけるケアリングの意義と課題 ── ネル・ノディングズのケアリング理論を中心に」『宮崎大学教育文化学部紀要 教育科学』10、73-89頁。

秦政春、1977、「高等学校格差と教育機会の構造」『教育社会学研究』32、67-79頁。

樋田大二郎・耳塚寛明・岩木秀夫・苅谷剛彦編著、2000、『高校生文化と進路形成の変容』学事出版。

東村知子、2004、「サポート校における不登校生・高校中退者の支援 ── その意義と矛盾」『実験社会心理学研究』43(2)、140-154頁。

樋口くみ子、2011、「教育支援センター（適応指導教室）の排除過程 ── クレームが顕在化しないメカニズム」『ソシオロゴス』35、78-95頁。

平井秀幸、2014、「『回復の脚本』を書くのは誰か?」『支援』生活書院、4、153-158頁。

平塚延幸、2010、「定時制高校生の学習要求と学習意欲」『教育』60(1)、64-69頁。

Hirschi, Travis, 1969, *Causes of Delinquency*, University of Calofornia Press.（＝1995、森田洋司・清水新二監訳『非行の原因 ── 家庭・学校・社会へのつながりを求めて』文化書房博文社。）

本田由紀、2005a、『多元化する「能力」と日本社会 ── ハイパー・メリトクラシー化のなかで』NTT出版。

―――、2005b、『若者と仕事 ―― 「学校経由の就職」を超えて』東京大学出版会。
―――、2006、「『現実』―― 『ニート』論という奇妙な幻影」本田由紀・内藤朝雄・後藤和智『「ニート」って言うな！』光文社、15-112頁。
穂坂明徳、1992、「高校階層構造形成の社会的基盤」門脇厚司・陣内靖彦編『高校教育の社会学 ―― 教育を蝕む〈見えざるメカニズム〉の解明』東信堂、33-67頁。
保坂亨、2000、『学校を欠席する子どもたち ―― 長期欠席・不登校から学校教育を考える』東京大学出版会。
今井博、2006、「定時制高校通史 ―― 政策・量・質・社会の視点から」『常磐会学園大学研究紀要』6、13-21頁。
稲垣卓司・和気玲、2007、「不登校生徒の通信制高校適応状況の検討」『児童青年精神医学とその近接領域』48(2)、155-160頁。
乾彰夫、2010、『〈学校から仕事へ〉の変容と若者たち ―― 個人化・アイデンティティ・コミュニティ』青木書店。
―――、2012、「キャリア教育は何をもたらしたのか ―― 教育にひきうけられないことと、ひきうけられること」『現代思想』40(5)、101-109頁。
石田浩、2005、「後期青年期と階層・労働市場」『教育社会学研究』76、41-57頁。
石田賢示、2014、「学校から職業への移行における『制度的連結』効果の再検討 ―― 初職離職リスクに関する趨勢分析」『教育社会学研究』94、325-344頁。
石黒万里子、2009、「学校における児童生徒の自立支援 ―― 『未来』に向けた生徒指導」柴野昌山編『青少年・若者の自立支援 ―― ユースワークによる学校・地域の再生』世界思想社、57-78頁。
伊藤秀樹、2008、「義務教育後の学校における不登校経験者への支援とその課題 ―― チャレンジスクール、高等専修学校を事例として」東京大学大学院教育学研究科修士論文。
―――、2009、「不登校経験者への登校支援とその課題」『教育社会学研究』84、207-226頁。
―――、2011、「高等専修学校における密着型教師－生徒関係 ―― 生徒の登校継続と社会的自立に向けたストラテジー」『東京大学大学院教育学研究科紀要』50、13-21頁。
―――、2013a、「後期中等教育のセーフティネットにおける不平等 ―― 高等専修学校に着目して」『東京大学大学院教育学研究科紀要』52、117-126頁。
―――、2013b、「中卒非進学と社会経済的背景・学業達成・長期欠席 ―― 東京都区市町村別データの分析」『Sociology Today』20、1-12頁。
伊藤美奈子、2009、『不登校 その心もようと支援の実際』金子書房。
岩木秀夫・耳塚寛明、1983、「概説・高校生 ―― 学校格差の中で」岩木秀夫・耳塚寛明編『現代のエスプリ 高校生』至文堂、5-24頁。
岩田考、2010、「進路未定とフリーター」中村高康編著『進路選択の過程と構造 ―― 高校入学から卒業までの量的・質的アプローチ』ミネルヴァ書房、184-

208頁。
Jones, Gill, 2009, *Youth*, Polity Press.
門脇厚司、1992、「非進学高校生徒の勉学意欲と教育効果」門脇厚司・陣内靖彦編『高校教育の社会学 ── 教育を蝕む〈見えざるメカニズム〉の解明』東信堂、169-198頁。
門脇厚司・陣内靖彦編、1992、『高校教育の社会学 ── 教育を蝕む〈見えざるメカニズム〉の解明』東信堂。
柿内真紀・大谷直史・太田美幸、2010、「現代における定時制高校の役割」『鳥取大学生涯教育総合センター研究紀要』6、1-25頁。
苅谷剛彦、1981、「学校組織の存立メカニズムに関する研究 ── 高等学校の階層構造と学校組織」『教育社会学研究』36、63-73頁。
─────、1983、「学校格差と生徒の進路形成」岩木秀夫・耳塚寛明編『現代のエスプリ 高校生』至文堂、69-78頁。
─────、2010、「『学歴社会』の変貌と『格差』」苅谷剛彦・濱名陽子・木村涼子・酒井朗『教育の社会学〔新版〕── 〈常識〉の問い方、見直し方』有斐閣アルマ、221-289頁。
苅谷剛彦・粒来香・長須正明・稲田雅也、1997、「進路未決定の構造 ── 高卒進路未決定者の析出メカニズムに関する実証的研究」『東京大学大学院教育学研究科紀要』37、45-76頁。
苅谷剛彦・濱中義隆・千葉勝吾・山口一雄・筒井美紀・大島真夫・新谷周平、2002、「ポスト選抜社会の進路分化と進路指導」『東京大学大学院教育学研究科紀要』41、127-154頁。
苅谷剛彦・濱中義隆・大島真夫・林未央・千葉勝吾、2003、「大都市圏高校生の進路意識と行動 ── 普通科・進路多様校での生徒調査をもとに」『東京大学大学院教育学研究科紀要』42、33-63頁。
片桐隆嗣、1992、「教師 ── 生徒関係固定化のメカニズム」門脇厚司・陣内靖彦編『高校教育の社会学 ── 教育を蝕む〈見えざるメカニズム〉の解明』東信堂、105-134頁。
片岡栄美、1983、「教育機会の拡大と定時制高校の変容」『教育社会学研究』38、158-171頁。
─────、1994、「学校世界とスティグマ ── 定時制高校における社会的サポートと学校生活への意味付与」『関東学院大学文化科学研究所報』17、51-93頁。
加藤雅世子・中山巌、2006、「高等専修学校における心理教育的支援の試み ── 高校中途退学女子生徒の事例」『佐賀大学文化教育学部研究論文集』10(2)、1-12頁。
川口俊明・前馬優策、2007、「学力格差を縮小する学校 ── 『効果のある学校』の経年分析に向けて」『教育社会学研究』80、187-205頁。
木戸口正宏、2006、「『働くこと』を生きぬく」乾彰夫編『18歳の今を生きぬく ── 高卒1年目の選択』青木書店、53-84頁。
城所章子・酒井朗、2006、「夜間定時制高校生の自己の再定義過程に関する質的研

究――『編成資源』を手がかりに」『教育社会学研究』78、213-233頁。
貴戸理恵、2004、『不登校は終わらない――「選択」の物語から〈当事者〉の語りへ』新曜社。
―――、2005、「『学校』の問い直しから『社会』とのかかわりの再考へ――不登校の『その後』をどう語るか」『こころの科学』123、71-77頁。
菊地栄治、2012、『希望をつむぐ高校――生徒の現実と向き合う学校改革』岩波書店頁。
古賀正義、1992、「非進学校教師の教育行為」門脇厚司・陣内靖彦編『高校教育の社会学――教育を蝕む〈見えざるメカニズム〉の解明』東信堂、149-168頁。
―――、2001、『〈教えること〉のエスノグラフィー――「教育困難校」の構築過程』金子書房。
児美川孝一郎、2007、『権利としてのキャリア教育』明石書店。
―――、2013、「『教育困難校』におけるキャリア支援の現状と課題――高校教育システムの『周縁』」『教育社会学研究』92、47-63頁。
小杉礼子、2003、『フリーターという生き方』勁草書房。
―――、2005a、「『スムーズな移行』の失敗」小杉礼子編『フリーターとニート』勁草書房、21-94頁。
―――、2005b、「高等教育進学層での移行の課題」労働政策研究・研修機構編『若者就業支援の現状と課題――イギリスにおける支援の展開と日本の若者の実態分析から』労働政策研究・研修機構、160-178頁。
―――、2011、「自立に向けての職業キャリアと教育の課題」宮本みち子・小杉礼子編著『二極化する若者と自立支援――「若者問題」への接近』明石書店、12-27頁。
Krumboltz, John D., 1979, "A Social Leaning Theory of Career Decision Making", A. M. Mitchell, G. B. Jones and J. D. Krumboltz eds., *Social Learning and Career Decision Making*, Carroll Press.
―――, 1998, "Selendipity Is Not Serendipitous", *Journal of Counseling Psychology*, 45 (4), 390-392.
久木元真吾、2003、「『やりたいこと』という論理――フリーターの語りとその意図せざる帰結」『ソシオロジ』48 (2)、73-89頁。
―――、2005、「青少年の自立志向の分析」内閣府政策統括官（共生社会政策担当）編『青少年の社会的自立と意識』国立印刷局、255-278頁。
倉石一郎、2012、「包摂／排除論からよみとく日本のマイノリティ教育――在日朝鮮人教育・障害児教育・同和教育をめぐって」稲垣恭子編著『教育における包摂と排除――もうひとつの若者論』明石書店、101-136頁。
Lewin, Kult, 1948, *Resolving Social Conflict: Selected Papers on Group Dynamics*, Harper. (＝1954、末永俊郎訳『社会的葛藤の解決――グループダイナミックス論文集』創元新社。)
Lewis, Catherine C., 1995, *Educating Heart and Minds: Reflections on Japanese Preschool and*

Elementary Education, Cambridge University Press.

学びリンク編集部、2010、『全国フリースクールガイド2010〜2011年版　小中高・不登校生の居場所探し』学びリンク。

Maruna, Shadd, 2001, *Making Good: How Ex-Convicts Reform and Rebuild Their Lives*, American Psychological Association.（＝2013、津富宏・河野荘子監訳『犯罪からの離脱と「人生のやり直し」── 元犯罪者のナラティヴから学ぶ』明石書店。）

Maruna, Shadd and Thomas P. LeBel（平井秀幸訳）、2011、「再参入に向けた長所基盤のアプローチ ── 再統合と脱スティグマ化への更なるマイル」日本犯罪社会学会編『犯罪者の立ち直りと犯罪者処遇のパラダイムシフト』現代人文社、102-130頁。

Maslow, Abraham H., 1970, *Motivation and Personality*, second edition, Harper & Row.（＝1987、小口忠彦訳、『改訂新版　人間性の心理学』産業能率大学出版部。）

Merriam, Sharan B., 1998, *Qualitative Research and Case Study Applications in Education*, Jossey-Bass Publishers.（＝2004、堀薫夫・久保真人・成島美弥訳『質的調査法入門 ── 教育における調査法とケース・スタディ』ミネルヴァ書房。）

耳塚寛明、1980、「生徒文化の分化に関する研究」『教育社会学研究』35、111-122頁。

────、2000、「進路選択の構造と変容」樋田大二郎・耳塚寛明・岩木秀夫・苅谷剛彦編著『高校生文化と進路形成の変容』学事出版、65-82頁。

────、2001、「高卒無業者層の漸増」矢島正見・耳塚寛明編著『変わる若者と職業世界 ── トランジションの社会学』学文社、89-104頁。

耳塚寛明編、2003、『高卒無業者の教育社会学的研究(2)』平成13〜14年度科学研究費補助金研究成果報告書。

宮下与兵衛、2011、「定時制高校の学習権保障 ── 貧困に負けずに生きていく力をつける」『経済』192、92-100頁。

文部科学省、2010、『生徒指導提要』。

Mitchell, Kathleen. E., Al S. Levin and John D. Krumboltz, 1999, "Planned Happenstance: Constructing Unexpected Career Opportunities," *Journal of Counseling & Development*, 77, 115-124.

三井さよ・鈴木智之編、2007、『ケアとサポートの社会学』法政大学出版局。

宮台真司、1999、「自己決定能力を育てる社会システムとは」三沢直子・宮台真司・保坂展人『居場所なき時代を生きる子どもたち』子ども劇場全国センター出版局、43-84頁。

森田洋司、1991、『「不登校」現象の社会学』学文社。

森田洋司編著、2003、『不登校 ── その後 ── 不登校経験者が語る心理と行動の軌跡』教育開発研究所。

Mortimore, Peter, 1997, "Can Effective Schools Compensate for Society?," A. H. Halsey, Hugh Lauder, Phillip Brown and Amy Stuart Wells eds., *Education: Culture, Economy, and Society*, Oxford University Press, 476-487.（＝2005、藤井美保訳「効果的な学校は社会の償いをすることができるのか？」住田正樹・秋永雄一・吉本圭一編

訳『教育社会学 ── 第三のソリューション』九州大学出版会、403-425頁。)
村澤昌嵩、2008、「大学中途退学の計量的分析 ── 高等教育研究への計量分析の応用（その3）：フリーソフトRを用いて」『比治山大学高等教育研究所紀要』1、146-158頁。
鍋島祥郎、2003、『効果のある学校 ── 学力不平等を乗り越える教育』解放出版社。
内藤朝雄、2001、『いじめの社会理論 ── その生態学的秩序の生成と解体』柏書房。
中村英代、2011、『摂食障害の語り ──〈回復〉の臨床社会学』新曜社。
中村高康、2012、「アスピレーション」大沢真幸・吉見俊哉・鷲田清一編『現代社会学事典』弘文堂、13頁。
中西啓喜、2011a、「日本の教育選抜システムの再検討 ── 層別競争移動に注目して」『子ども社会研究』17、69-81頁。
────、2011b、「少子化と90年代高校教育改革が高校に与えた影響 ──『自ら学び自ら考える力』に着目して」『教育社会学研究』88、141-162頁。
中西祐子・中村高康・大内裕和、1997、「戦後日本の高校間格差成立過程と社会階層 ── 1985年SSM調査データの分析を通じて」『教育社会学研究』60、61-82頁。
西田芳正、2009、「不平等・貧困の拡大と『力のある学校』」志水宏吉編『「力のある学校」の探究』大阪大学出版会、267-286頁。
西村貴之、2002、「いま、定時制高校は青年にとってどんな場か」『教育』52(1)、55-62頁。
────、2008、「多様化政策に対抗する教育実践を構想していくために」『教育』58(6)、70-77頁。
西山健児、2000、「もうひとつの学校 ── 通信制高校」『教育と医学』48(4)、315-321頁。
野村晴夫、2003、「自閉症」下山晴彦編『よくわかる臨床心理学』ミネルヴァ書房、94-95頁。
Noddings, Nel, 1992, *The Challenge to Care in Schools: An Alternative Approach to Education*, Teachers College Press.（＝2007、佐藤学監訳『学校におけるケアの挑戦 ── もう一つの教育を求めて』ゆみる出版。）
尾場友和、2011、「オルタナティブな進路としての通信制高校 ── 入学者の属性と意識」『広島大学大学院教育学研究科紀要　第三部』60、55-62頁。
奥地圭子、2005、『不登校という生き方 ── 教育の多様化と子どもの権利』NHKブックス。
大多和直樹、2000、「生徒文化 ── 学校適応」樋田大二郎・耳塚寛明・岩木秀夫・苅谷剛彦編著『高校生文化と進路形成の変容』学事出版、185-213頁。
────、2014、『高校生文化の社会学 ── 生徒と学校の関係はどう変容したか』有信堂高文社。
大多和直樹・山口毅、2007、「進路選択と支援 ── 学校存立構造の現在と教育のアカウンタビリティ」本田由紀編『若者の労働と生活世界 ── 彼らはどんな現実を生きているか』大月書店、149-184頁。

Rapp, Charles A. and Richard J. Goscha, 2011, *The Strengths Model: A Recovery-Oriented Approach to Mental Health Services*, third edition, Oxford University Press.（＝2014、田中英樹監訳『ストレングスモデル［第3版］――リカバリー志向の精神保健福祉サービス』金剛出版。）

酒井朗、1999a、「『指導の文化』と教育改革のゆくえ――日本の教師の役割観に関する比較文化論的考察」油布佐和子編『教師の現在・教職の未来――あすの教師像を模索する』教育出版、115-136頁。

―――、1999b、「思い出のなかのホーム制――人生における学校教育の意義について」苅谷剛彦・酒井朗編著『教育理念と学校組織の社会学――「異質なものへの理解と寛容」――縦割りホームルーム制の教育実践』学事出版、106-133頁。

酒井朗編著、2007、『進学支援の教育臨床社会学――商業高校におけるアクションリサーチ』勁草書房。

Saleebey, Dennis, 1996, "The Strengths Perspective in Social Work Practice: Extensions and Cautions," *Social Work*, 41 (3), 296-305.

佐藤郁哉、2006、『ワードマップ　フィールドワーク増訂版――書を持って街へ出よう』新曜社。

佐藤学、1996、『カリキュラムの批評――公共性の再構築へ』世織書房。

盛山和夫、2004、『社会調査法入門』有斐閣ブックス。

柴野昌山、2009a、「規律モデルから成長モデルへ――そのパラドックス」柴野昌山編『青少年・若者の自立支援――ユースワークによる学校・地域の再生』世界思想社、1-7頁。

―――、2009b、「グループの力を生かす自立支援の技法――なぜユースワークなのか」柴野昌山編『青少年・若者の自立支援――ユースワークによる学校・地域の再生』世界思想社、9-35頁。

志水宏吉、1991、「子どもから大人へ――生徒指導」志水宏吉・徳田耕造編『よみがえれ公立中学――尼崎市立「南」中学校のエスノグラフィー』有信堂高文社、140-158頁。

―――、2005、『学力を育てる』岩波新書。

志水宏吉編著、2009『「力のある学校」の探究』大阪大学出版会。

清水睦美、1998、「教室における教師の『振る舞い方』の諸相――一教師の教育実践のエスノグラフィ」『教育社会学研究』63、137-156頁。

清水信一、2002、『ダメ人間はいない　学校で生徒はかわる』文芸社。

下村英雄、2002、「フリーターの職業意識とその形成過程――『やりたいこと』志向の虚実」小杉礼子編著『自由の代償／フリーター――現代若者の就業意識と行動』労働政策研究・研修機構、75-99頁。

下村英雄・菰田孝行、2007、「キャリア心理学における偶発理論――運が人生に与える影響をどのように考えるか」『心理学評論』50 (4)、384-401頁。

新保真紀子、2009、「生活と学びを共有する子ども集団づくり」志水宏吉編『「力の

ある学校」の探究』大阪大学出版会、179-194頁。
─────、2010、「『めだかの学校』？『雀の学校』？ ── 教師＝生徒関係から学級を考える」岩槻健・西田芳正編『教育社会学への招待』大阪大学出版会、29-45頁。
白川はるひ、2012、「中退予防策に向けた本学学生の簡易調査」『戸板女子短期大学研究年報』55、69-73頁。
シム・チュン・キャット、2005、「高校教育における日本とシンガポールのメリトクラシー ── 選抜度の低い学校に着目して」『教育社会学研究』76、169-186頁。
Stake, Robert E., 2000, "Case Studies," Norman K. Denzin and Yvonne S. Lincoln eds., *Handbook of Qualitative Research*, second edition, Sage, 435-454.（＝2006、油布佐和子訳「事例研究」平山満義監訳『質的研究ハンドブック第2巻 ── 質的研究の設計と戦略』北大路書房、101-120頁。）
杉田郁代、2009、「不登校経験を持つ高校生と教師の関係性の研究(1) ── 教師と生徒の心理的距離」『児童教育研究』18、61-69頁。
杉山登志郎、2007、『発達障害の子どもたち』講談社。
住田正樹、2006、「学校文化と生徒集団」荒井郁男・住田正樹・岡崎友典編著『新訂 生徒指導』放送大学教育振興会、25-38頁。
田口正敏、1999、「サポート校・フリースクール・フリースペースについて」『こころの科学』87、54-60頁。
高口明久・柿内真紀・大谷直史・太田美幸、2008、「高校教育改革下の定時制高校の状況 ── 全国定時制高校調査の結果から」『地域学論集』4(3)、327-367頁。
高森俊弥、2004、「通信制サポート校における学校生活にかんする考察 ── A校の生徒たちの語りを通して」『教育学研究年報』23、11-28頁。
武内清、1983、「現代高校生の下位文化 ── 四校の調査から」岩木秀夫・耳塚寛明編『現代のエスプリ　高校生』至文堂、79-88頁。
竹内洋、1995、『日本のメリトクラシー ── 構造と心性』東京大学出版会。
太郎丸博、2009、『若年非正規雇用の社会学 ── 階層・ジェンダー・グローバル化』大阪大学出版会。
手島純、2007、『格差社会にゆれる定時制高校 ── 教育の機会均等のゆくえ』彩流社。
天井勝海、2003、『夢・挑戦・感動ある「楽校」── 桐ヶ丘チャレンジスクールの実践』学事出版。
土岐玲奈、2014、「通信制高校の類型と機能」『日本通信教育学会研究論集』平成25年度、49-61頁。
徳原久子、1999、「不登校生徒の居場所を学校の中でどうつくるか ── 技能連携校でのとりくみのなかで」『教育』49(5)、44-52頁。
東京都教育委員会、2003、『昼夜間定時制高校（新たなタイプ）基本構想検討委員会報告書』。
粒来香、1997、「高卒無業者層の研究」『教育社会学研究』61、185-209頁。
妻木進吾、2005、「本当に不利な立場に置かれた若者たち」(社)部落解放・人権研

究所編『排除される若者たち ── フリーターと不平等の再生産』解放出版社、24-65頁。

津富宏、2009、「犯罪者処遇のパラダイムシフト ── 長所基盤モデルに向けて」『犯罪社会学研究』34、47-58頁。

恒吉僚子、2008、『子どもたちの三つの「危機」 ── 国際比較から見る日本の模索』勁草書房。

内田千代子、2007、『大学における休・退学、留年学生に関する調査 第28報』茨城大学保健管理センター。

内田龍史、2007、「フリーター選択と社会的ネットワーク ── 高校3年生に対する進路意識調査から」『理論と方法』22 (2)、139-153頁。

内田康弘、2014、「私立通信制高校サポート校の誕生とその展開 ── 教育政策との関連に着目して」『日本通信教育学会研究論集』平成25年度、1-15頁。

上野昌之、2009、「通信制高校における生徒指導に関する考察」『早稲田大学大学院教育学研究科紀要』別冊 (16-2)、25-36頁。

上好功、2011、「思春期・青年期の生徒たちを支える学校支援体制 ── 高等専修学校のとりくみ」『クレスコ』11 (5)、23-25頁。

Veysey, Bonita M., 2008, "Rethinking Reentry," *The Criminologist*, 33 (3), 1-5.

Veysey, Bonita M. and Johnna Christian（上田光明訳）、2011、「変容の瞬間 ── リカバリーとアイデンティティ変容のナラティヴ」日本犯罪社会学会編『犯罪者の立ち直りと犯罪者処遇のパラダイムシフト』現代人文社、11-40頁。

Ward, Tony, 2012, "The Rehabilitation of Offenders: Risk Management and Seeking Good Lives," *Japanese Journal of Offenders Rehabilitation*, 1, 57-76.（= 2012、小長井賀與監訳「犯罪者の更生 ── 再犯危険性の管理と善い人生の追求」『更生保護学研究』1、77-95頁。）

渡辺潔、1992、「定時制高校の変容と現状 ── 都立F高等学校を事例として」門脇厚司・飯田浩之編『高等学校の社会史 ── 新制高校の〈予期せぬ帰結〉』東信堂、117-140頁。

Woods, Peter. 1979, *The Divided School*, Routledge & Kegan Paul.

山田千春、2012、「高等専修学校の役割と課題 ── 検討のための研究ノート」『教育福祉研究』18、65-74頁。

────、2013、「教育の目的による高等専修学校の分類」『教育福祉研究』19、9-18。

山田哲也、2010、「学校に行くことの意味を問い直す」若槻健・西田芳正編『教育社会学への招待』大阪大学出版会、77-95頁。

吉田美穂、2007、「『お世話モード』と『ぶつからない』統制システム ── アカウンタビリティを背景とした『教育困難校』の生徒指導」『教育社会学研究』81、89-109頁。

吉本圭一、1984、「高校教育の階層構造と進路分化」『教育社会学研究』39、172-186頁。

湯浅誠、2011、「雇用保険でも生活保護でもない第2のセーフティネットと伴走型

支援 —— 支援の現場で見えてきたこと」宮本みち子・小杉礼子編著『二極化する若者と自立支援 ——「若者問題」への接近』明石書店、171-184頁。
湯浅誠・仁平典宏、2007、「若年ホームレス ——『意欲の貧困』が提起する問い」本田由紀編『若者の労働と生活世界 —— 彼らはどんな現実を生きているか』大月書店、329-362頁。
全国高等専修学校協会、2016、『平成27年度高等専修学校の実態に関するアンケート調査報告書』。

おわりに

　本書は、2015年3月に東京大学大学院教育学研究科より学位が授与された博士論文「非主流の後期中等教育機関における学校適応・進路形成のメカニズム ── 高等専修学校の事例研究を軸とした検討」に加筆修正を行ったものです。各章のもととなった、論文の初出一覧は以下のとおりです。

- 第1章　書き下ろし
- 第2章　伊藤秀樹、2015、「"非主流"の後期中等教育機関を概観する ── 生徒層・カリキュラム・進路」『東京大学大学院教育学研究科紀要』54、551-563頁。

  Hideki Ito, 2015, "Alternative Schools: An Educational Safety Net for Long-term Absent Students," Kaori H. Okano ed., *Non-formal Education and Civil Society in Japan*, Routledge, 92-108.
- 第3章　伊藤秀樹、2013、「『不登校トラック』化の意図せざる帰結 ── 後期中等教育のセーフティネットへの入学機会に着目して」酒井朗研究代表『「学校に行かない」子どもの教育権保障をめぐる教育臨床社会学的研究　平成22年度〜平成24年度科学研究費補助金報告書』、59-74頁。

  伊藤秀樹、2013、「後期中等教育のセーフティネットにおける不平等 ── 高等専修学校に着目して」『東京大学大学院教育学研究科紀要』52、117-126頁。
- 第4章　書き下ろし
- 第5章　伊藤秀樹、2009、「不登校経験者への登校支援とその課題 ──

チャレンジスクール、高等専修学校の事例から」『教育社会学研究』84、207-226頁。
Hideki Ito, 2015, "Alternative Schools: An Educational Safety Net for Long-term Absent Students," Kaori H. Okano ed., *Non-formal Education and Civil Society in Japan*, Routledge, 92-108.

- 第6章　伊藤秀樹、2013、「指導の受容と生徒の『志向性』── 『課題集中校』の生徒像・学校像を描き直す」『教育社会学研究』93、69-90頁。
- 第7章　伊藤秀樹、2014、「高等専修学校における進路決定 ── 進路展望を形成する『出来事』の分析より」『子ども社会研究』20、61-74頁。
- 第8章　書き下ろし
- 第9章　書き下ろし

＊＊＊

　本書を書き上げるまでには、本当にたくさんの方々にお世話になりました。まず感謝をお伝えしたいのは、卒業論文の執筆のためにフィールドワークを始めた大学4年生のときからずっと、調査に協力し続けてくださったY校の皆様です。本書を書き上げることができたのは、迷惑を顧みずたびたび来校する私を温かく受け入れ、ヘタクソなインタビューにも嫌な顔をせず応じてくださり、1年生研修やスキー合宿にまで連れて行ってくださった先生方や生徒たち、そして卒業生たちがいたからです。

　私があえて1校の事例研究で博士論文を書き上げたのは、Y校の教育実践に魅せられ続け、Y校で起きていることを丁寧に書きとめたいと強く願っていたからです。今でも覚えているエピソードの1つに、大学4年生のときに見た、文化祭での被服科のステージショーがあります。ステージショーでは、3年生が自分で作ったウェディングドレスを身にまとい、ステージをバージンロードに見立ててお世話になった先生と歩きます。障害がある生徒に対し

ても、健常の生徒に対しても、一人ひとりが登場するたびに観客の生徒たちから大歓声が上がるその姿を見て、「自分もこんな学校で高校生活を送りたかった」と強く思いました。それ以降、生徒たちの苦しみを支え続けようとする先生方の関わりや、バディをはじめとした生徒同士の支え合い、卒業生が直面する困難に思い悩む先生方の姿など、Y校に訪問するたびに心を動かされてきました。「この学校のことを書きとめて、他の人々に伝えることは自分の責務だ。」その一心で、経済的に苦しいときも、成果が出ないときも、足を踏ん張って研究の世界にとどまり続けてきました。

　Y校のある先生が、生徒たちに伝える言葉に、「恩は継ぐもの」という言葉があります。私がこれまでにY校の中で手渡されてきたたくさんのご恩を、それと同じ分だけ先生方や卒業生たちに直接お返しすることは、きっとできません。しかし、本書で書きとめたことが、読んでくださった誰かの役に立つという形で、恩を継ぐことができたらと考えています。

　本書の知見の一部は、Y校だけでなく、高等専修学校のB校・C校・D校・E校での聞き取り調査でうかがったお話をもとにしています。また、データとして本書の中で直接取り上げてはいませんが、チャレンジスクールであるX校での参与観察・インタビューでの経験や、サポート校・通信制高校に訪問して先生方にうかがったお話も、本書をまとめるうえで参考にさせていただいています。お忙しい中時間を割いていただき、厄介者でしかない私に貴重なお話を伝えてくださった先生方や生徒たちに、心から感謝しています。

　また、当然のことですが、本書は大学院内外の先生方や先輩方のご指導とご支援がなければ書き上がりませんでした。

　学部4年生の卒業論文から長年にわたり指導教員を引き受けてくださった恒吉僚子先生には、論文の書き方や内容についてたびたびご指導いただくとともに、さまざまな機会を提供していただきました。国際会議の発表に誘っていただいたり、英語の本の1章の執筆者として推薦してくださったり、各地に一緒に調査に行ったりと、自分一人では足を踏み出すことはなかったであろう世界のさまざまな経験をさせていただきました。恒吉ゼミで大学院生活を送っていなければ知ることのできなかったことを、たくさん学ばせてい

ただきました。

　本田由紀先生にも、学部4年生のときから大変お世話になりました。教育社会学の主流には到底乗っからず、全然まとまりがつかなかった私の卒業論文の話を、本田先生が興味をもって聞いてくださったからこそ、研究者を目指そうと思うことができました。本田先生と修士1年のときに一緒に学会発表をさせていただいたことは、今振り返ると、恵まれすぎた大学院生活のスタートだったんだなと思います。

　佐藤香先生には、修士1年のときから授業や研究プロジェクトでお世話になるとともに、東京大学社会科学研究所での仕事に誘っていただきました。なかなか研究成果の出なかったオーバードクター時代の私を、金銭面でも精神面でも支えてくれていたのは、社研の仕事と優しい先生方や同僚の方々の存在でした。オーバードクター時代を社研で過ごすことができたからこそ、今こうして研究者の道を歩み続けられているのだと強く感じています。

　博士論文の審査では、恒吉先生、本田先生、佐藤先生に加え、北村友人先生と小玉重夫先生にも審査委員を務めていただきました。北村先生には教育学研究科の助教時代の副センター長としても、小玉先生には研究プロジェクトなどでも、お世話になりました。

　大学院の外では、酒井朗先生（上智大学）にお世話になり続けてきました。博士1年のときにお茶の水女子大学でのゼミに参加して以降、研究プロジェクトに誘っていただいたり、個別に論文を見ていただいたり、マンチェスターでの調査に同行させていただいたりと、さまざまな形で面倒を見ていただきました。第6章の論文化の際には、酒井先生に何度も構想を見ていただき、書き上げた論文にも丁寧に赤字を入れていただきました。酒井先生のご指導を受けて、論文の書き方というものがやっと自分の中で形になった気がします。

　その他にも、大学院時代、社研時代、助教時代、そして今の職場で、さまざまな先生方、先輩方、同輩、後輩などに関わりをもっていただいてきました。また、酒井先生の科研プロジェクトや社研での高卒パネル調査、ダルク研究会などで共同研究をさせていただく際に学んだことは、本書を書き上げ

るうえで数多くのヒントとなりました。非行研やKSG研などの自主的な勉強会の中で交わされた議論や、研究発表の際にいただいたアドバイスも、本書の中にかなり反映されています。お一人ずつ名前を挙げることは紙幅の関係上できませんが、この場を借りて深くお礼を申し上げます。

　なお、本書は、東信堂の下田勝司氏から声をかけていただいたおかげで、刊行することができました。また、刊行にあたっては、日本学術振興会より平成28年度研究成果公開促進費（学術図書、課題番号16HP5210）の助成をいただきました。本書の内容を世に問う機会を与えていただき、本当にありがたく思っています。

　最後に、なかなか博士論文が書き上げられず、身分も収入も安定しなかった自分を認め、陰ながら応援してくれていた家族に感謝を申し上げます。

　数多くの方々から得たご指導やご配慮を、次の世代の人たちに手渡していけるよう、今後も努力していきたいと考えています。

伊藤　秀樹

事項・人名索引

〔ア行〕

アスピレーション　13, 15, 16, 25, 28-32, 34, 121, 166-171, 199, 200, 209, 225, 226, 250, 282, 283
1条校　49, 50, 144, 145
意欲の貧困　302
インボルブメント　192
お世話モード　15, 16

〔カ行〕

外国にルーツをもつ生徒　51, 60, 67, 100, 275
下位ランクの全日制高校　6, 7, 15-17, 19, 20, 22-25, 27, 28, 30-33, 103, 121, 165-168, 170, 172, 191, 199, 200, 205, 209, 227, 242, 248, 273, 280-283, 289, 294
学業不振　i, 3, 5, 6, 22, 55, 60, 66, 67, 91, 100, 139, 274, 275
隠れた選抜基準　73, 76, 79, 81, 83, 85, 88, 90, 91
学級集団　122, 125, 153, 154, 160, 277
学校格差研究　9, 12, 14, 16, 20, 21, 23-25, 28, 30, 32, 74, 248, 273, 280, 282
学校格差構造　5, 6, 8, 9, 12, 14, 16-18, 21-24, 32, 35, 42, 48, 89, 113, 139, 165, 168, 171, 228, 280, 283, 287, 288, 294
課題集中校　7, 20, 24, 27, 28, 139, 165, 167, 168, 171, 173, 191, 195, 199-201, 228, 229, 242, 271, 273, 279-281, 285, 294
技能連携校　50, 52, 54, 56, 163

規範的正当性への信念によるボンド　124, 131, 136
クランボルツ（J. D. Krumboltz）　207, 208
ケアリングの連鎖　221, 241, 242, 287, 288, 292, 293
「計画された偶発性」理論　32, 206-208, 239, 243
現在志向　29, 209
現地化　15, 19, 169
後期中等教育のセーフティネット　i, ii, 5, 201
高校中退　i, 3, 5, 6, 11, 22, 33, 51, 52, 55, 60, 66, 67, 71, 75, 78, 91, 98-100, 113, 116, 119, 139, 274, 300, 305
高卒認定予備校　4, 56, 57
高等専修学校　i, ii, 4, 6, 9, 37, 39, 41, 47-50, 52-56, 58-62, 64-67, 71, 75-77, 79-83, 85, 86, 90-92, 94, 96, 97, 117, 119, 120, 125, 144, 154, 157, 188, 205, 210, 226, 230, 234, 247, 274-276, 280, 287, 296, 298, 304
ゴスチャ（R. J. Goscha）　27
コンサマトリーな自己実現によるボンド　124, 130, 135

〔サ行〕

サバイバル・ストラテジー　15, 25, 169, 282
サポート校　i, ii, 4, 6, 33, 34, 39-41, 47-50, 52-54, 56, 58-61, 69, 71, 72, 75, 76, 79-82, 85, 86, 90, 92, 93, 119, 120, 170,

324

サポート志向　　219-221, 226, 227, 230,
　　　　240-242, 278, 282, 283
志向性　　12, 25, 28-30, 32, 38, 43, 45, 46,
　　121, 122, 136, 165-167, 171, 172, 176,
　　192, 194-196, 199-202, 206, 208, 209,
　　211, 216, 217, 219, 223, 225-227, 238,
　　240, 242, 243, 250, 277, 278, 281-285,
　　　　　　　　　290, 296, 299
自己責任　　　　　　195, 196, 261, 269
自閉症　　39, 94, 97, 98, 102, 103, 105, 106,
　　108, 109, 112, 114-118, 133-135, 139-
　　142, 145, 150, 152, 153, 159, 162, 212,
　　213, 216, 218-221, 223, 225, 226, 228,
　　229, 240, 244, 259, 277, 281, 284, 287,
　　　　　　　　　288, 292, 304
社会的自立　　3, 5, 8-11, 29-31, 43, 44, 71,
　　167, 173, 174, 194, 195, 204-206, 242,
　　246, 248, 267, 270-274, 279, 296-301,
　　　　　　　　　　　305
社会保障　　　　　　　245, 301, 302
手段的自己実現によるボンド　124, 130,
　　　　　　　　　　　135
将来志向　　　　　　　29, 30, 209
自立支援　　　　　　　12, 25, 282
事例研究　　ii, 3, 10, 23, 37-40, 68, 70, 72,
　　94, 119, 166, 275, 276, 280, 283, 294,
　　　　　　　　　304, 305
神経症型不登校　　　　99, 122, 123, 161
進路形成の問題　　　　120, 122, 161
進路決定　　11, 36, 43, 117, 202, 204-206,
　　211, 218, 219, 221, 226, 234, 241, 242,
　　　　275, 282, 288, 292, 294
進路指導　　76, 77, 205, 216, 234, 235, 240,
　　　　　　　　　　　241
進路未決定　　6, 16, 65, 68, 96, 204, 206,
　　　　　　　　　209, 243

　　　　　241, 274, 298
―――率　　7, 17, 42, 47-49, 61, 62, 64,
　　66-68, 71, 72, 91, 94, 205, 210, 275, 280,
　　　　　　　　　　　295
ストレングスモデル　　　　27, 29, 30
生存権　　　　　　　　　　300-302
成長志向　　176, 178, 184, 192-195, 199,
　　209, 217, 223, 225, 226, 240, 277, 278,
　　　　　　　　282, 283, 293
生徒指導　　15, 22, 31, 34-36, 103, 155,
　　165-167, 169-173, 175, 176, 194, 195,
　　　　199-202, 244, 286, 297
―――の志向性基盤アプローチ　　201
全日制高校　　i, ii, 3, 4, 6, 15, 17, 19, 21,
　　22, 24, 27, 40, 47, 49, 51, 53, 55, 59, 61,
　　62, 64-67, 69, 72, 80, 81, 85, 93, 95, 96,
　　98-100, 112, 113, 115, 119, 122, 165,
　　204, 243, 248, 249, 274, 275, 280, 287,
　　　　　　　　　　　291
専門教科　　95, 104-106, 108, 115, 135,
　　136, 140, 144, 168, 210, 226, 233, 241,
　　　　　　　　　　　304
想起される学校経験　　32, 248, 250, 253,
　　254, 256, 257, 260-262, 264, 265, 267,
　　　　269-272, 279, 294, 297
早期離職　　10, 43, 154-157, 159, 160, 246,
　　247, 249, 252, 253, 262, 263, 265, 267,
　　271-273, 279, 285, 289, 294, 296, 298,
　　　　　　　　　　　299
卒業後の就業・就学継続　　11, 24, 35, 36,
　　40, 43, 117, 154, 156, 157, 243, 257, 262,
　　　　　　　　　275, 305
卒業生の就業・就学継続　　246-250, 252,
　　260, 265, 270-272, 278, 279, 284, 296,
　　　　　　　　　297, 300

〔タ行〕

対人関係によるボンド　　124, 128, 129,

事項・人名索引　325

135, 136, 161
立ち直り　　26, 29, 195, 200, 201
「楽しいことを仕事に」志向　217, 218, 226, 240, 278, 282
脱落型不登校　59, 89, 90, 122, 123, 161
チャレンジスクール　52, 69, 70, 75, 78, 84, 86, 87, 93, 113, 119, 120, 125, 153, 305
中退率　6, 7, 17, 20, 42, 45, 47-49, 61-64, 66-68, 70-72, 87, 91, 94, 275, 276, 280, 295
昼夜間定時制高校　35, 39, 52, 59-63, 68-70, 72, 75, 77, 87, 88, 98, 113
長所基盤アプローチ　26, 29, 195, 200, 203
通信制高校　i, ii, 4, 6, 33, 39, -41, 44, 47-54, 56-62, 64-66, 69, 75, 76, 79, 80, 85-87, 92, 119, 120, 162, 204, 205, 241, 242, 274, 294
つながり続ける教師＝卒業生関係　262, 264, 265, 267, 271, 279, 284, 288, 300
定時制高校　i, ii, 4, 6, 21, 33-35, 39-41, 47-54, 56, 58, 61-66, 68, 75, 76, 85-87, 92, 95, 96, 119, 120, 170, 204, 205, 242, 247, 274, 280, 291, 294
登校継続　11, 33-36, 43, 115, 117, 119-126, 134-136, 139, 140, 142, 143, 145, 148, 150, 152-156, 159-162, 165, 185, 221, 227, 247, 265, 275-277, 284-286, 288, 289, 293, 297
特別活動　227-229, 240, 241, 278, 293, 294, 296
トラッキング　5, 12-16, 21, 165, 168, 171

〔ナ行〕

なだらかな移行　　161, 163, 299
入学機会　42, 68, 71, 72, 88-90, 275, 276

人間関係　12, 25, 32, 33, 43, 121, 128, 130, 140, 156, 162, 163, 177, 180, 198, 227, 233, 241, 250, 254, 265, 266, 281, 282, 284, 285, 296
年長役割志向　183, 184, 192-195, 198, 199, 209, 217, 222, 223, 226, 227, 240, 242, 277, 278, 282, 283, 293, 297
ノディングズ（N. Noddings）　220, 244
ノンメリトクラティックな選抜基準　73, 74, 89, 90

〔ハ行〕

ハーシ（T. Hirschi）　28, 34, 45, 121, 123, 171, 172, 192
発達障害　ii, 6, 51, 55, 60, 67, 91, 93, 94, 98-100, 109, 139, 275
バディ　106, 133, 212, 221, 230, 244, 288, 292
非1条校　　49, 50
非行傾向　6, 11, 51, 53, 60, 66, 67, 74, 84, 91, 98-100, 139, 153, 154, 172, 275, 280
被承認志向　178, 183, 184, 193-195, 198, 199, 203, 209, 217, 277, 282, 283, 287, 290, 297
表象の危機　　41
部活動　96, 107, 111, 130, 131, 134-136, 149, 178, 181, 183, 189, 191-193, 198, 199, 213-216, 224-229, 233, 240, 241, 258, 259, 262, 264, 268, 269, 277, 278, 281, 288, 291-294
不登校　i, ii, 3, 5, 6, 11, 22, 33-36, 43, 51-53, 55, 56, 59, 66, 67, 72, 74, 75, 78, 80, 84, 85, 89-91, 96, 98-100, 110, 112, 113, 115-165, 172, 179, 190, 198, 204, 213, 214, 216, 220, 232, 233, 247, 274-277, 284-287, 289, 292, 293, 296, 297, 300
――トラック　59, 72, 75, 88, 90

部分的真実　　　　　　　　41, 252
フリースクール　4, 50, 56, 57, 122, 162
フリースペース　　　　4, 50, 56, 57
フリーター　　6, 11, 16, 221, 231-234, 239,
　　　　　　　　　　　241, 267, 278
ベイジー（B. M. Veysey）　　　　26
ペタゴジカル・ストラテジー　　19, 45
ボルノウ（O. F. Bollnow）　　　　181
ボンド理論　　34, 121, 123-125, 192
　──による不登校生成モデル　32,
　　　　　　　　　　　121, 123, 161

〔マ行〕

マズロー（A. H. Maslow）　　　　45
マルナ（S. Maruna）　　195, 203, 261
密着型教師＝生徒関係　　143, 147-150,
　152, 159, 185, 190, 191, 193, 199, 221,
　227, 247, 260, 264, 265, 277, 284, 285,
　　　　　　　　　　　287-291, 296
メリアム（S. B. Merriam）　　　11, 39

〔ヤ行〕

夜間定時制高校　7, 39, 52, 60-63, 68, 70,
　　　　72, 75, 78, 86-88, 93, 241, 244, 303
辞めないための指導　258, 262, 265, 269-
　　　　　271, 279, 285, 288, 297, 298
やりたいこと　　205, 206, 208, 211-216,
　221, 226, 227, 230, 231, 233, 234, 240-
　　　　　　　　　242, 278, 282, 293
──志向　　29, 30, 205, 209, 283

〔ラ行〕

ラップ（C. A. Rapp）　　　　　　27
リターン・マッチ　　　　　　18, 113
利用者あるいは読者の側の一般化可能性
　　　　　　　　　　　11, 24, 39, 290

〔ワ行〕

ワード（T. Ward）　　　　　　　26

著者略歴

伊藤　秀樹（いとう　ひでき）
東京学芸大学教育学部講師
1983年、東京都生まれ。
2013年、東京大学大学院教育学研究科博士課程単位取得退学、博士（教育学、東京大学）。
東京大学社会科学研究所特任研究員、東京大学大学院教育学研究科附属学校教育高度化センター助教を経て、現職。
専門は、教育社会学・生徒指導論。
主な著書に、『生徒指導・進路指導 ── 理論と方法』（編著、学文社、2016）、*Nonformal Education and Civil Society in Japan*（分担執筆、Routledge、2015）、『ダルクの日々 ── 薬物依存者たちの生活と人生』（分担執筆、知玄舎、2013）などがある。

高等専修学校における適応と進路 ── 後期中等教育のセーフティネット

2017年2月20日　初　版第1刷発行　　〔検印省略〕
定価はカバーに表示してあります。

著　者ⓒ伊藤秀樹／発行者　下田勝司　　印刷・製本／中央精版印刷

東京都文京区向丘1-20-6　郵便振替 00110-6-37828
〒113-0023　TEL (03)3818-5521　FAX (03)3818-5514

発行所　株式会社　東信堂

Published by TOSHINDO PUBLISHING CO., LTD.
1-20-6, Mukougaoka, Bunkyo-ku, Tokyo, 113-0023, Japan
E-mail: tk203444@fsinet.or.jp　http://www.toshindo-pub.com

ISBN978-4-7989-1393-3 C3037　　ⓒ Hideki Ito

東信堂

ポストドクター――若手研究者養成の現状と課題
日本のティーチング・アシスタント制度――大学教育の改善と人的資源の活用
「再」取得学歴を問う
――専門職大学院の教育と学習
航行を始めた専門職大学院
学級規模と指導方法の社会学――実態と教育効果
高等専修学校における適応と進路――後期中等教育のセーフティネット
夢追い形進路形成の功罪――高校改革の社会学
進路形成に対する「在り方生き方指導」の功罪――高校進路指導の社会学
教育から職業へのトランジション――若者の就労と進路職業選択の社会学
教育と不平等の社会理論――再生産論をこえて

〈シリーズ 日本の教育を問いなおす〉
第1巻 教育社会史――日本とイタリアと
第2巻 現代的教養Ⅰ――生涯学生涯学習の地域的展開
第3巻 現代的教養Ⅱ――技術者生涯学習の生成と展望
第4巻 学習力変革――地域自治と社会構築
社会共生力――東アジアと成人学習

〈大転換期と教育社会構造：地域社会論的考察〉

北野秋男　三六〇〇円
北野秋男編著　二八〇〇円
吉田 文編著　二八〇〇円
吉田 文　二六〇〇円
橋本鉱市　二六〇〇円
山崎博敏　二二〇〇円
伊藤秀樹　四六〇〇円
荒川 葉　二八〇〇円
望月由起　三六〇〇円
山内乾史編著　二六〇〇円
小内 透　三二〇〇円

西村和雄・大森不二雄・倉元直樹・木村拓也編　二四〇〇円
西村和雄・大森不二雄・倉元直樹・木村拓也編　二四〇〇円
戸瀬信之・西村和雄編　二四〇〇円

小林 甫　七八〇〇円
小林 甫　六八〇〇円
小林 甫　六八〇〇円
小林 甫　近刊
小林 甫　近刊

〒113-0023 東京都文京区向丘1-20-6
TEL 03-3818-5521　FAX03-3818-5514　振替 00110-6-37828
Email tk203444@fsinet.or.jp　URL:http://www.toshindo-pub.com/

※定価：表示価格（本体）+税